인생이
우리를
속일지라도

우리를
인생이 속일지라도

영국
베이비부머 세대
노동 계급의
사랑과 긍지

브래디 미카코 지음
노수경 옮김

사□계절

일러두기

- 각주는 모두 옮긴이 주이다.
- 아저씨, 아줌마 등의 어휘는 때로 특정 연령대의 사람을 비하하거나 희화화할 때 쓰여 인쇄 매체에서는 덜 사용하는 추세이지만, 이 책에서는 저자가 그 비하나 희화화의 뉘앙스까지 포함하여 한 세대의 이미지를 표현하고 있기 때문에 원문의 의도를 살려 번역했다.
- 이 책은 일본어로 쓰였지만 영국을 배경으로 하기 때문에 영어 단어가 종종 등장한다. 문맥에 따라 영문을 먼저 쓰고 괄호 안에 그 뜻을 적거나, 번역문을 먼저 쓰고 영문을 병기했다.

아저씨들 아직 안 죽었거든?

"당신이 세상의 문제들에 관심을 갖고 살펴본다면 보통은 나이 든 사람들, 나이 든 남자들이 길을 막고 서 있을 겁니다."

2019년 12월 미국의 버락 오바마 전 대통령이 싱가포르에서 연설 중에 이런 말을 했다고 한다. 세계가 격동하는 이 혼란의 시대, '아저씨'들은 언제나 악역이었다.

트럼프가 대통령이 된 것도 아저씨들 탓이고, EU(유럽연합) 탈퇴도 아저씨들 탓이다. 그들은 어째서 과거의 '좋았던 시절'만 되뇔 뿐 새로운 시대의 가치관을 받아들이려 하지 않는 것일까? 성희롱과 약자에 대한 괴롭힘도 아저씨들 탓이며, 정치가 부패하고 기득권 세력만 잘사는 것도 아저씨들 탓이다. 자유주의가 후퇴하는 것도, 살기 힘든 세상이 된 것도 모두 아저씨들 탓이며, 배외주의도 사회가 악화되는 것도 전부 아저씨들이 나빠서다. 그들은 세상 모든 악의 근원이며, 불안한 정세와 사회 쇠퇴의 원흉이다.

이 정도면 아저씨들을 세상의 사탄이나 다름없다며 공격하는 것 아닌가? 하지만 아저씨들 쪽에도 할 말은 있을 것이다. "나이 든 남자들이 길을 막고 서 있다"라고 하지만 과연 아저씨들이라고 그러고 싶어서 그럴까? 어쩌면 아저씨들이야말로 젊은 사람들에게 길을 양보하고 조용히 칩거하며 편안히 살고 싶을지도 모른다. 하지만 고령화가 진행되는 사회다 보니 연금 개시 연령도 올라갔다. 일할 수 있는 동안 일을 하지 않으면 먹고살 수 없으니 아저씨들도 양보하고 싶어도 할 수가 없는 것이다. "늙은 몸에 채찍질을 해가며 젊은이들과 맞서야 하는 괴로움을 생각해보란 말이다"라고 절절하게 호소하고 싶을지도 모르겠다.

그리고 잘 생각해보라. 예전에는 '어르신에게 길을 양보합시다'라고 하는 것이 보통이었다. 그런데 이제는 '늙은이들이 길을 막고 서서 비켜주지 않는다'라고 하니 좀 무례하지 않은가? 솔직히 지금의 아저씨들은 베이비부머 세대라 불리는 사람들이다 보니 그 수가 너무 많기는 하다. 그 많은 사람이 한꺼번에 나이를 먹어버렸으니 젊은이들이 하나하나 깍듯이 대하면서 양보하다가는 앞으로 걸어 나갈 곳이 없어지는 것도 사실이다. 모셔야 할 어르신의 수가 많다는 것은 아랫세대에게는 두려움이다. '이렇게 많은 사람에게 줄 연금을 왜 소수인 우리가 책임져야 하지? 불평등하지 않나?'라는 생각은 언제부터인가 혐오로 변했다.

그런데 똑같이 나이 든 사람이라도 할머니나 아줌마는 그렇게까지 미움을 받지 않는다. 과거의 '좋았던 시절'에 젖어 강경하게

EU 탈퇴를 주장하던 중·노년층 여성을 나는 몇 사람이나 알고 있지만 그들은 이 세상의 사탄 취급을 받지는 않는다. 역시 여성은 소수자이기 때문에 규탄의 대상에서 제외되는 것일까? 하여튼 지금 세상은 아저씨들을 특별 취급하며, 문제는 전부 거기서 나온다고 해두면 양식 있는 사람 대접을 받는 모양이다.

영국에서 특히 '문제적인' 존재로 간주되는 사람들은 노동 계급 아저씨들이다. 그들은 시대에 뒤처졌고, 배외주의적이며, 정치적으로 올바르지 않다고 지적될 만한 문제 발언을 아무렇지도 않게 해대며 EU를 싫어하는 우익 애국자들이라고 불린다.

하지만 아저씨들이라고 해서 다 결이 같은 한 덩어리는 아니다. 노동 계급 아저씨들도 자세히 들여다보면 여러 종류의 사람들이 있어서 대충 하나로 묶을 수 없다는 것을 나는 안다. 어째서냐고? 바로 내 주변에 그런 사람들이 널려 있기 때문이다.

아저씨들이 이 세상의 사탄 취급을 받기 전부터 나는 그들을 알고 있었다. 그래서 아저씨가 신의 적대자인 사탄이 될 정도로 대단한 존재라고는 생각하지 않는다. 그들은 그냥 한 명의 사람이며, 우리와 비슷한 인간이다.

아저씨이지만 살아 있다. 살아 있으니 노래를 부른다. 아저씨이지만 살아 있다. 살아 있으니 슬프다. 이렇게 노래를 부르고 싶어지는 것도 그 때문일 것이다. 손바닥을 햇빛에 비춰보라. 아저씨들의 손바닥에도 새빨간 피(고지혈증으로 탁해 보일지도 모르겠지만)가 흐르는 것이 보일 것이다. 또한 아저씨들의 오래된 혈관에는 현대 영국 사회뿐만 아니라 근대의 역사가 비쳐 보일 것이다.

세상은 이제 그만 아저씨들이 길에서 비켜나기를 원한다. 하지만 여전히 인생의 여정에서 '와일드 사이드wild side(거칠고 낯선 길)'*를, 변방을 비틀비틀 걷는 아저씨들의 모습을 보면 하나의 세계를 관통하는 진리가 내 가슴을 죄어오는 듯하다. 그 진리를 쉽게 말하면 다음과 같다.

살아 있으니 우리 모두는 친구다.

---

*   이 책의 원제는 'ワイルドサイドをほっつき歩け(Still Wandering Around The Wild Side)'로 미국의 록 밴드 벨벳 언더그라운드의 리더 루 리드가 1972년에 발표한 〈Walk on the Wild Side〉에서 따왔다.

차례

1부
디스 이즈 잉글랜드
2018~2019

2부
[해설] 현대 영국의
세대, 계급, 술에 관하여

레이   1956년 런던 이스트엔드 레이턴스톤 출생. 파견직 자동차 수
         리공 출신.

레이철   레이의 파트너. 미용실 운영. 세 명의 아이가 있다.

스티브   1958년 브라이턴 출생. 예전에 일하던 공장 터에 생긴 대형 마
         트에서 일하고 있다. 고령의 어머니와 함께 산다. 매드니스*의
         팬이었다. 개와 책을 좋아한다.

제프   1956년 레이턴스톤 출생. 암거래에 손을 댔다가 체포되어 복
         역. 출소 후 도장공으로 살아간다. 20대의 태국인 아내 나타야
         와 에식스주에서 생활.

테리   1955년 런던 포레스트 게이트 출생. 불량하게 살다가 블랙캡
         택시 운전기사가 된다. 은행에 근무하는 아내와 고급 주택지
         에 저택을 구입함. 노동당원.

---

*   1980년대에 활약한 영국의 스카ska 음악 밴드. 스카는 자메이카에서 발생한
     음악 장르로 1960년대 영국에서 유행했다.

데이비드 로스차일드 은행에서 오래 일했다. 중·상류층 부자(하지만 젊었
        을 때는 스카를 좋아했다). 테리의 친구.

사이먼   1955년 레이턴스톤 출생. 해외를 방랑하는 택배 기사. 에식스
        주에 조카와 함께 산다. NHSNational Health Service(국가보건서비
        스)와 노동조합의 힘을 믿는다.

대니   런던 이스트엔드에서 에식스주로 이주. 생전에 엄청난 미남이
        었다. 아시아에 여행을 갔다가 20대 베트남 여성을 만난다. 만
        년에 암에 걸리자 이 여성이 그를 임종까지 돌봐주었다. 제마
        라는 여동생이 있다.

로라   1961년 웨일스 출생. NHS 간호사 출신. 런던에 있는 부동산의
        임대료와 연금으로 살아간다. 카누가 취미. 마이클이라는 파
        트너가 있다.

재키   싱글 맘. 저자의 이웃. 아마추어 건설 노동자.

션   도장공. 아일랜드계 영국인. 헤어진 파트너와의 사이에 아들
        하나와 딸 둘을 두고 있다.

디스 이즈 잉글랜드

2018

~

2019

1. 문신과 평화

『해머타운의 녀석들 – 학교에의 반항, 노동에의 순응』*이라는 유명한 책이 있다. 폴 윌리스라는 문화인류학자가 쓴 이 책은 1977년 영국에서 출판된 이후 문화인류학 및 교육사회학 분야 사람들에게 많은 영향을 주었다.

뭐, 이렇게 쓰면 괜히 어려운 책 같아 보이지만 책의 내용을 요약하자면 다음과 같다. 영국 노동 계급의 철부지 녀석들은 반항적이며 권위에 저항하는데, 어찌하여 스스로 기존 사회 계급의 틀 안으로 들어가고 마는가. 어찌하여 스스로 육체노동을 선택하고 너무나 노동 계급다운 아저씨가 되어버리는 것인가.

나는 1996년에 영국에 왔지만 남편은 줄곧 영국에서 살았다.

---

* 한국에는 『학교와 계급 재생산』이라는 제목으로 출간된 *Learning to Labour: How Working Class Kids Get Working Class Jobs*를 가리킨다. 여기서는 본문이 자연스럽게 읽히도록 일본어판 제목을 그대로 번역했다.

폴 윌리스가 노동 계급 소년들에 관한 조사를 시작한 1972년에 열여섯 살이었던 남편은 이 책에 나오는 소년들과 나이가 같다. 당연하게도 남편의 친구들도 모두 같은 나이다.

『해머타운의 녀석들』에 봉인된 소년들은 영원히 늙지 않는다. 하지만 실제로는 그로부터 40여 년이 지났다. 지금은 완전히 아저씨가 되어버린 현실의 '녀석들'은 전직도 했고 정리 해고도 당했다. 양육비도 내야 하고 빚도 있으며 폭동도 일으키고 요통도 있는, 산 넘고 물 건너는 굴곡진 인생을 살아왔다. '와일드 사이드'를 걷던 노동 계급의 철부지들, 그들은 도대체 어떤 아저씨가 되어 무엇을 생각하며 인생의 황혼기를 걷고 있을까? 그러고 보니 우리 남편과 친구들은 딱 연구하기 좋은 샘플이 아닌가!

남편의 어릴 적 친구 가운데 레이(가명, 이하 친구 이름은 모두 가명)라는 아저씨가 있다. 간단히 약력을 소개하면, 레이는 남편과 같은 해인 1956년에 런던 이스트엔드의 레이턴스톤에서 태어났다. 레이의 아버지는 도장공이었고, 어머니는 청소 노동자였다. 전형적인 노동 계급 가정에서 자라나 중학교를 졸업한 레이는 근처 자동차 수리 공장에서 일하다가 30대가 되면서 자기 공장을 열었다. 자수성가하나 싶었는데, 도산. 어쩔 수 없이 RAC<sup>Roadside Assistance Service</sup>에 취직했다. RAC는 자동차가 길 위에서 연료가 떨어지거나 움직이지 않게 되었을 때 수리공을 파견해주는 회사로 레이는 그곳의 파견 수리공, 일반적으로 'RAC 순회 수리공 patrol man'이라 불리는 사람이 되었다.

그즈음 레이는 만날 때마다 일에 관한 불평불만을 늘어놓았다. 대개는 "차가 움직이지 않는다"는 연락을 받고 현장으로 가면 도움을 기다리던 고객이 태도가 엄청나게 불량했다든가, 혹은 엄청 재수가 없었다든가, 혹은 말도 안 되는 요구를 했다든가 하는 이야기였다. 당시 레이는 "BMW를 탄 부자 놈들은 말이야. 망할, 세상에서 제일 성격이 썩었다고"라든가, "알파 로메오를 운전하는 놈들은 한 놈도 빠짐없이 아이큐가 두 자리가 안 돼"라는 편견을 세상에 뿌려댔다.

업무 스트레스가 많아서인지 레이는 언제부터인가 술고래가 되었다. 주말이 되면 토요일 아침부터 일요일 아침까지 계속해서 술을 마시기도 했다. "그러다가 큰일 난다고요. 젊을 때랑은 다르다니까"라며 말리기도 했는데, 정말로 간에 질환이 생겼다. 의사에게 "이대로 가면 죽습니다"라는 말을 들은 레이는 이제 완전히 술을 끊고 인생에 대해 다시 한번 생각해보기로 했다. 그런데 가족의 도움이 필요해진 바로 그때 레이는 가족을 잃었다. 새로운 인생을 시작하기 전의 레이는 불평불만이 많았다. 그에 더해 만취 상태로 폭력을 휘두르기도 했기 때문에 레이가 퇴원했을 때는 이미 아내와 아이들이 증발한 뒤였다.

레이는 충격을 받았다. 하지만 "내가 사는 게 그렇지 뭐"라며 의외로 사태를 냉정하게 받아들였다. 술을 끊고 직장에 복귀했다. 일도 열심히 했다. 하지만 매일 일을 마치고 기다리는 가족이 없는 집으로 돌아오는 것은 외로운 일이었다. 그렇다고 술집에

갈 수도 없으니……. 그런 이유로 레이는 헬스클럽에 다니기 시작했다. 그리고 거기서 분홍색 운동복에 표범 무늬 코트를 걸친 금발의 젊은 여성을 발견했다. 반년 정도 레이는 멀리서 그 여성을 바라보기만 했다고 한다. 하지만 그런 쓸모없이 뜨겁기만 한 아저씨의 시선이 여자 쪽에서 신경 쓰이기 시작했던 모양이다. 어느 날, 어째서인지 그 여성이 레이에게 차라도 한잔하자고 했고, 어쩌다 보니 둘은 동거를 시작했다. 행복이란 대체 어디를 굴러다니는 건지 모르겠다.

이 매력적인 여성은 레이철이라는 이름의 엄청나게 수완이 좋은 사업가였다. 30대인 레이철은 런던 동부에서 미용실을 두 개나 운영했고, 본점에서는 직접 미용사로도 일했다. 한편 레이철은 과거에 만난 여러 파트너들 사이에서 낳은 세 아이를 키우는 싱글 맘이었다. 일하는 동안 아이들을 어린이집에 보내거나 베이비시터에게 맡겨야 했고, 그만큼 육아 비용이 많이 들었다(런던 시내에서 만 두 살 아이를 전일제 보육 시설에 보내려면 한 달에 900파운드[약 150만 원]가 든다. 아이가 여러 명이라면 만만치 않은 비용이다. 레이철은 주말에 특히 더 바쁜 미용사였기 때문에 베이비시터도 고용해야 했다). 마침 레이는 네 아이를 키운 베테랑 아버지였으니, 그렇다면 레이가 일을 그만두고 레이철의 아이들을 키우면서 집안일을 하면 비용 면에서 싸게 먹히겠네? 그런 이유로 레이는 조기 은퇴를 했다.

레이와 레이철은 이렇게 저렇게 6년 정도 파트너로서 행복한 삶을 이어갔다. 그러다 둘 사이에 균열이 생기고 말았다. 바로

2016년 6월에 있었던 EU 탈퇴, 즉 브렉시트Brexit* 찬반 국민투표 때문이었다. 국민투표가 다가오자 이전까지 그렇게 순조롭게 굴러가던 가정에 먹구름이 드리웠다.

"영국이 탈퇴하기를 바라다니, 도대체 당신 무슨 생각 하는 거야! 그렇게 되면 내 사업은 어떻게 될 것 같아? 솔직히 우리 미용실 고객의 70퍼센트는 EU에서 온 이민자들이라고."

레이철이 격앙된 목소리로 말하면, 레이는 이렇게 응수한다.

"그렇게 런던을 외국인들 손에 넘겨준 게 EU 따위가 하라는 대로 글로벌 자본주의를 추진한 우리 정부라고. 어떻게 된 게 말이야, 우리는 선거에서 브뤼셀의 EU 관료를 뽑은 게 아니라고. 도대체 우리 나라 주권은 어떻게 된 거냐고."

"그렇게 잘난 척해도 결국 당신은 인종차별주의자야."

"제 나라 국경을 어떻게 관리할지 스스로 결정할 수 있게끔 힘을 되돌려놔야 한다는 뜻이야."

"아이고, 이거 봐. 그냥 단순한 인종차별주의자잖아."

"내 나라 주권을 되찾겠다는데 어디가 인종차별주의야?"

이렇게 매일 싸우기만 하니 아이들도 점점 성격이 어두워졌다. 일곱 살인 막내가 "우리 엄마, 아빠가 브렉시트 때문에 헤어질지도 몰라"라면서 담임 선생님에게 울며 호소할 지경에 이르렀다.

이러니저러니 하다가 마침내 국민투표 날이 왔다. 레이는 최종

---

*   브리튼Britain과 엑시트Exit의 합성어로 영국의 EU 탈퇴를 뜻한다.

적으로는 "어차피 잔류파가 이길 게 뻔하니 가능한 한 투표를 많이 해서 정부와 EU 관료들을 위협하자"라면서 탈퇴에 찬성 표를 던졌다고 한다.

그런데…….

국민투표 결과는 레이의 예상과 정반대였다. 2016년 6월 24일 이른 아침, 국민투표 결과가 발표되었을 때의 심경을 레이는 이렇게 표현했다.

"여자 친구에게 임신했다는 말을 처음 들었을 때만큼 깜짝 놀랐어."

솔직히 '망했다'라고 생각했단다. 하지만 이 '망함'이란 영국 사회가 앞으로 어떤 방향으로 나아갈지 같은 거시적 수준의 걱정이라기보다는 미시적 수준의 걱정, 제 발밑에 관한 문제였다. 그러니까 레이는 자기 집에 무슨 일이 일어날지 모르겠다 싶어 '망했다'라고 생각한 것이다.

예상대로 레이철은 반미치광이처럼 굴었다. "이제 꼴도 보기 싫어" "EU 이민자들이 자기 나라로 돌아가서 내가 사업을 못 하게 되면 당신도 집에서 우아하게 살지는 못할걸?" "너 때문에 영국이, 아니 전 세계가 망했다고"라고 레이에게 악담을 퍼붓기 시작했다. 이제 더 이상 이 집에는 못 있겠다 싶었던 레이가 진절머리를 치며 술집 구석에 앉아 오렌지 주스를 마시고 있자니 이번에는 큰아들에게 휴대폰으로 전화가 걸려왔단다.

"우와, 장난 아니네? 레이철한테 들었는데, 아버지 설마 정말 탈퇴에 투표했어?"

단도직입적인 질문에 레이가 "예스"라고 대답하자, 아들도 갑자기 휴대폰에 대고 일장 연설을 늘어놓았다. 이 아들은 아까 레이가 투표 결과를 알았을 때 얼마나 놀랐던지 첫 번째 여자 친구가 임신했다는 이야기를 들었을 때만큼 놀랐다고 했던, 그 일로 태어난 아이였다. 레이가 "내 아이들 가운데는 예외적으로 특출났다"라고 표현할 정도로 똑똑한 아들이었다.

이미 40대로 레이철보다 훨씬 나이가 많은 큰아들은 직장에서 알게 된 네덜란드 여성과 결혼한 뒤 독일계 은행에서 근무하며 오랫동안 독일에서 살고 있었다.

레이가 "그 녀석 때는 아직 대학 수업료가 무료였거든. 계급 상승 가능성이 남아 있던 마지막 노동 계급 세대였지"라고 말하던 아들이다. 그런 아들이 레이를 비난했다. 나이도 먹을 만큼 먹은 사람이 어째서 탈퇴에 투표를 한 거냐고, 어째서 그런 분별없는 행동을 했느냐고, 제발 적당히 좀 하라고.

"그 녀석은 대학을 나온 엘리트고 머리도 좋으니까 말싸움을 하면 내가 지는 거야. 뭐랄까 일방적으로 야단맞는 느낌이랄까?"

우리 집 거실에 앉아 괴로워하는 레이를 향해 나는 칠칠치 못하게 웃어버렸다.

"하하하. 탈퇴에 투표하자마자 파트너에게 혼나고, 아들에게 혼나고……."

그때로부터 1년 반이 지났다. 브렉시트 교섭도 미궁에 빠져 있

고, 영국 정부도 테리사 메이 총리도 어찌하면 좋을지 잘 모를 정
도이니 국민이라고 알겠나. 매일같이 상황이 엎치락뒤치락하니
연일 언론에서도 "브렉시트! 브렉시트!"를 연호한다. 그 모습을
볼 때마다 레이철과 큰아들은 또 열을 받아서 전부 네놈 때문이
라며 레이를 혼낸다. 그러자 레이도 화가 나서 되받아치게 되었
다. 논리로 못 이길 것 같을 때는 소리도 질렀던 모양이다.

　하지만 언제까지고 이렇게 살벌한 일상을 이어갈 수는 없지 않
나. 레이는 의견을 좁혀가야겠다고 생각했다. 싸우는 어른들의
모습에 겁먹은 아이들을 위해서라도 관계를 회복하려는 자세가
필요하지 않을까 하고.

　"다른 생각을 가진 사람들이 함께 살아갈 수 있다는 것을 말이
야, 어른은 그럴 수 있다는 것을 아이들에게 실제로 보여줘야 하
지 않나 싶어서."

　"오오, 좋은 생각인데?"

　"그런 결의랄까, 각오랄까? 내가 먼저 보여야 할 것 같아서."

　"어떻게?"

　내가 묻자 레이가 대답했다.

　"문신으로."

　"…… 뭐?"

　"PEACE(평화)라는 뜻의 한자를 새겨서 레이철에게 보여주려
고 해. 그게 내가 보내는 메시지야."

　"……."

문신과 평화. 그게 어떻게 연결되는지 잘 모르겠지만, 레이가 정한 것이다. 하고 싶으면 하면 되잖아. 그렇게 생각했는데, 얼마 전 레이에게 문자 메시지가 왔다. 빠르기도 하지.

"레이철이 좋대"라고 쓰여 있었다. 나는 첨부 사진을 열어 보았다. 자랑스럽게 웃으며 오른팔 위쪽, 딱 이두박근 바깥쪽을 보이며 서 있는 레이. 그 뒤에는 "한 번 더 당신을 믿어볼게"라는 듯 레이철이 미소를 띤 채 레이의 어깨에 손을 올리고 있었다.

'오오, 드디어 레이의 집에도 평화가 찾아왔구나.'

나는 그의 오른팔 윗부분에 새겨진 한자 문신으로 시선을 돌렸다. 곧바로 그 모양에 문제가 있음을 눈치챘다. 새겨진 글자는 중화中和였다. 평화平和가 아니라.

인터넷에서 대충 번역기를 돌린 게 문제였는지, 혹은 문신해 주는 사람의 기술적인 문제로 이어져서는 안 되는 부분이 이어진 것인지 도대체 무슨 영문인지 모르겠다. 레이의 문신은 당초 의도와는 미묘하게 다른 뜻이 되어버렸다. 하지만 나는 아직도 그 사실을 레이에게 전하지 못했다. 왜냐고? 머릿속에서 내 조국의 오래된 유행가가 흘러나오고 있었기 때문이다.

상관없잖아, 행복하다면.*

---

* 〈상관없잖아, 행복하다면いいじゃないの幸せならば〉은 1969년에 발매된 사가라 나오미의 여덟 번째 싱글로 가사의 일부를 소개하자면 다음과 같다.

  그날 아침 당신은 담배를 입에 물었고 / 그날 아침 나는 혼자서 꿈을 꾸었지 / 가벼운 여자라고 사람들은 말하겠지 / 상관없잖아, 즐거웠으면 // 내일은 당신에게 마음을 남기고 / 내일은 당신과 헤어지겠지 / 차가운 여자라고 한들 / 상관없잖아, 행복하다면

2. 초겨울 찬 바람을 맞으며

내가 사는 공영 주택지는 해변 리조트로 잘 알려진 브라이턴 시의 구릉 지대에 있다. 경사가 제법 가파르기 때문에 제일 높은 곳은 구름과 맞닿아 있지 않나 싶을 정도로 높다. 거기까지 올라가는 것은 꽤 힘든 일이라 사람들이 잘 접근하지 않는 곳이기도 하다. 그런데 이 은밀한 장소에 관한 불온한 소문이 떠돌기 시작했다. 중국계 이민자로 보이는 엄청나게 많은 사람들이 두 채의 주택 안에서 생활하고 있다는 내용이었다.

2004년 영국 랭커셔주 해안에서 만조 시간을 알려주지 않은 고용주 때문에 조개 채취 작업에 종사하던 중국인 이민자가 익사하는 가슴 아픈 사고가 발생했다. 〈고스트〉*라는 영화도 있었고,

---

* 2006년에 개봉한 닉 브룸필드 감독의 영화로 중국 여성이 어린 아들과 부모를 부양하기 위해 브로커에게 돈을 지불하고 영국으로 밀입국한 뒤 빚진 돈을 갚으려 점점 더 위험한 노동 현장으로 내몰리는 과정을 그렸다.

또 이에 관해 텔레비전에서 몇 번이나 방송했기 때문에 "거기 사는 중국계 사람들도 뭔가 위험한 일에 연루된 것 아니야?"라는 소문이 퍼진 것이다. 그러던 와중에 동네의 어린 녀석들이 중국인들이 사는 주택 앞뜰 벽에 낙서를 하기 시작했다.

"칭크(동양인에 대한 차별적인 호칭)는 돌아가라."

"KKK*가 너희를 주시하고 있다."

정말 진심으로 대단하다고 느끼는 것은 빈민가 10대들이 사용하는 인종차별주의 용어는 내가 영국에 온 1996년 이후로 조금도 바뀌지 않았다는 점이다. 시간이 흘러 기술이 진보하고 공중전화 시대에서 스마트폰 시대로 옮겨왔으니 비슷한 연령대의 젊은이들이 품는 불만이 이제는 좀 바뀌어도 좋으련만, 인종차별주의란 완벽하게 같은 말로 재생산되는구나 싶었다. 그런데 이들에게 맹렬히 반기를 드는 아저씨가 나타났다.

"중국인들의 집에 돌이나 벽돌을 던지는 녀석들이 나타났어. 같은 동네에 사는 사람으로서 두고 볼 수가 없다고."

스티브는 술집에서 우뚝 일어선 채로 말했다. 이 공영 주택지에서 태어나고 자란 스티브는 이 주변에 관한 일이라면 무엇이든 잘 알았다. 우리 뜰에 서 있는 커다란 나무들이 예전에는 이 지역 사람들의 이정표였다는 사실이나, 석회질이라 아무 식물이나 키울 수 없는 빈민가의 땅이 어쩌다 그렇게 되었는지 그 경위까지

---

* Ku Klux Klan. 남북전쟁 후 미국 남부에서 조직된 극우 백인 비밀 결사.

도 말이다. 스티브는 몇 년 동안 할 일이 없어 실업보험으로 살았던 적이 있는데, 그때 지역 사회의 역사를 연구했던 모양이다. 적어도 이 구역에 관해서만큼은 방대한 지식을 가지고 있었다.

영국의 노동 계급 아저씨 중에는 이런 사람들이 많다. 단순히 질이 나쁜 아저씨인가 했는데, 실은 은근히 오타쿠 같은 면이 있어서 무언가 하나에 관해 쓸데없이 풍부한 지식을 갖추고 있는 사람들. 대처 정권부터 브라운 정권 정도까지는 생각보다 간단하게 실업보험과 생활보호수당을 받을 수 있었기 때문에 노동 계급의 도시에는 일하지 않고 어슬렁어슬렁 돌아다니는 사람들이 제법 있었다. 그런데 이것이 생각지도 못한 풍요로운 과실을 맺은 것이다. 실업보험의 과실 가운데 하나라고 할 수 있는 사람이 우리 동네의 '지역사 연구자' 스티브였다. 그는 이렇게 말했다.

"나는 이제껏 10대의 다양한 배외주의를 보았어. 인도 출신 잡화점 주인이 칼에 찔린 일도 있었고, 중국집 유리창이 몇 번이나 깨진 적도 있었어. 하지만 그건 옛날이야기라고 생각했어. 우리 지역 중학교 교장 선생님이 열심히 하셔서 최근 2, 3년 동안 학교 평판도 좋아졌고, 이런 흉흉한 시대에 어른들과 학교가 힘을 합쳐 지역의 치안을 위해 노력해왔잖아? 그런데 다시 잡화점 주인이 칼에 찔리던 시절로 퇴행하는 짓은 용서할 수 없어."

스티브는 술집 카운터에서 단골 아저씨들에게 말했다.

"전적으로 옳아."

이렇게 말하며 고개를 끄덕인 사람은 중학생 쌍둥이의 아버지인 이웃 아저씨.

"나도 그렇게 생각해."

카운터 옆에 설치된 스크린으로 축구 중계를 보고 있던 우리 남편, 옆집 아들과 신나게 당구를 치던 단골 아저씨들도 스티브의 말에 동조했다.

"하지만 어떻게 그 녀석들이 나쁜 짓을 못 하게 하지?"

누군가 이렇게 질문하자 스티브는 자기 생각을 말했다. 스티브의 말에 따르면 10대들이 그런 나쁜 짓을 하는 것은 어두워진 뒤, 그러니까 대충 저녁밥을 먹고 나서인 오후 8시부터라고 한다. 그러니 그 시간대에 순찰을 시작하면서 무서운 아저씨들이 순찰한다는 소문을 흘리면 이 지역 중학생일 것이 분명한 그 아이들은 무서워서 더 이상 나쁜 짓을 못 하리라는 것이다.

그런데 무서운 아저씨란 실은 스티브 본인의 외모를 두고 한 말이었다. 스킨헤드에 매서운 눈빛, 큰 키의 스티브는 한때 매드니스의 팬이었다. 아마도 그즈음부터 35년 이상 패션에 아무런 변화도 주지 않았던 모양인지, 스티브는 항상 어정쩡한 길이로 접어 올린 통이 좁은 청바지를 입고 닥터마틴 부츠를 신었다. 겨울에도 반소매 티셔츠 한 장에 요즘은 잘 입지 않는 연지색 보머 재킷bomber jacket*을 걸쳤다.

예전에 근무하던 공장 터에 새로 생긴 대형 마트에서 일하는

---

* 항공기 조종사들의 방한과 편의를 위해 제작한 옷에서 유래한 재킷.

스티브. 그는 일을 마치고 집으로 돌아가는 길에는 마트 유니폼을 입고 있지만, 그 밖의 상황에서 만나면 항상 도장을 찍어놓은 듯 같은 차림을 하고 있었다. 한결같은 사람이랄까? 완고한 성격이었다.

이렇게 1980년대 차림을 한 무서운 얼굴의 스킨헤드 아저씨가 이끄는 야간 순찰대가 조직되었다. 처음에는 그날 밤 술집에 있던 여섯 명뿐이었으나 중학생 쌍둥이의 아버지가 중학교 관계자들에게 알린 덕분에 젊은 남자 체육 교사와 다른 보호자들도 연달아 야간 순찰대에 참여하게 되었다. 사람이 늘자 한 사람당 일주일에 두 번씩 공영 주택지 깊숙한 안쪽까지 순찰할 수 있었다.

스티브를 비롯해 순찰대에 참여한 많은 이들이 실은 EU 탈퇴 찬성파였다. "이민자가 너무 늘어나 학교와 병원이 감당할 수 없게 되었다" "영국은 이민을 통제할 수 있는 주권을 되찾아야 한다"라고 말하던 아저씨들이었다. 하지만 이들은 이미 영국에 들어와 사는 외국 국적의 사람들에 대해서는 반드시 존중하며 생활해야 한다는 신념을 가지고 있었다. 그래서 지역 사회의 어른으로서 10대들의 배외주의적 행동을 가만히 두고 볼 수 없다는 생각으로 단결한 것이다. 이런 활동의 배경에는 보수당의 긴축 재정으로 공공 서비스가 삭감되자 빈민가의 공동체 의식 같은 것이 되살아났다는 사실이 있다. 이제 정치권에서 이들을 거들떠보지도 않게 되자, 가난한 사람들은 스스로 돌보지 않으면 살아갈 수 없는 상황이 된 것이다. 정부가 도와주지 않는다면 스스로 돕겠다. 긴축으로 인원이 줄어든 경찰이 빈민가를 방치한다면, 우리 스스로 순찰하겠다. 벼랑 끝에서 나온 상호 부조의 정신이다.

이렇게 순찰대 활동은 계속되었다. 남편은 순찰을 하는 동안 두 번 정도 10대들이 자전거를 타고 중국인들이 사는 집 근처로 가는 것을 보았다. 그 10대들은 아저씨들이 팔짱을 끼고 서 있는 모습을 보고는 아무 일도 없다는 듯이 앞을 지나갔다. 남편은 그 뒤에 대고 "얼른 집에 들어가서 숙제나 하고 자"라고 해두었다고 한다.

돌아가면서 순찰을 하기 때문에 매일 참가할 필요는 없었다. 하지만 스티브는 마트 야간 근무가 없는 날에는 반드시 순찰을 나왔다. 역시 발기인이라 책임을 느끼는 모양이구나 싶었는데, 남편 말로는 그게 아니라고 했다.

"안 와도 된다고 하는데도 매일 오는 거야. 최근에 그 뭐야, 젊은 사람들이 입을 것 같은 그런 재킷도 사고 말이야."

남편 옆에서 듣던 옆집 아들이 히죽히죽 웃어댔다.

"보람이 있지, 정말?"

내가 말했다.

"아니, 그게 아니라…….'

남편도 히죽히죽 웃었다.

"스티브 말이야, 아무래도 사랑에 빠진 것 같아."

"뭐라고?"

예상치 못한 말에 얼떨떨해하고 있는데 남편과 옆집 아들이 사정을 설명해주었다. 둘의 이야기를 종합하면 이랬다.

동네 술집에 본거지를 둔 아저씨들의 순찰 활동은 성공적이었다. 활동 개시 이후 중국인들이 사는 곳에 나쁜 짓을 하는 사람은 단 한 명도 없었으니까. 중국인들이 언제 이 순찰 활동에 대해 알게 되었는지는 모르겠다. 아마 누구에게 들었거나, 매일 밤 자기들 집 주위를 어슬렁거리는 아저씨들을 보고 알았을 것이다. 어느 날, 젊은 중국인 여성이 현관에서 뛰어나와 길에 서 있는 스티브를 갑자기 끌어안더니 "고마워"라고 하고는 집 안으로 들어갔다고 한다.

"그런데 그게 또 예쁜 아가씨였던 거야. 그때부터지, 스티브의 말과 행동이 이상해진 건."

남편이 이렇게 말하자 옆집 아들이 배꼽을 잡고 웃었다. 혹시 순찰 대원들 사이에서 유행하는 농담 같은 건가 싶기도 해서 '사랑에 빠진 스티브'라는 이야기가 얼마나 진실성이 있는지 가늠할 수 없었다. 그러다 나중에 스티브를 봤는데, 글쎄 저스틴 비버나 입을 법한 후드 달린 재킷을 입고 있더란 말이지.

뭐, 어쨌든 그렇게 아무 문제 없이 지속되던 아저씨들의 순찰이었다. 그런데 두 달 정도 뒤에 갑자기 순찰 활동이 종지부를 찍게 되었다.

어느 밤, 중국인들이 살던 집 두 채가 알맹이 없는 껍데기가 되었기 때문이다. 그렇게 많던 사람들이 홀연히 사라져버렸다. 어쩌다 그렇게 되었나 하며 며칠 동안은 순찰 활동을 이어갔다고 한다. 하지만 사라진 중국인들은 다시 돌아오지 않았고, 2주일 후 그 두 채의 집에는 새로운 사람들이 이사를 왔다.

순찰 관계자와 근처 주민들 사이에 한동안 중국인들의 행방에 관해 여러 소문이 나돌았다. 이번에는 다른 지역에 끌려가 불법 노동을 강요당하는 것 아닐까, 순찰 활동이 화제가 되는 바람에 중국인들의 불법 체류가 결국 이민국에 들킨 것 아닐까 등등 다양한 설이 나왔다.

"아주 불법, 불법. 처음부터 그렇게 정해놓고 말하지 않았으면 좋겠는데 말이야."

내가 이렇게 말하자 입을 다물고 있던 스티브가 불쑥 입을 열었다.

"…… 자기 나라로 돌아가서 잘 살아주면 제일 좋겠는데."

"Go Back To Your Country(네 나라로 돌아가라)!"는 배외주의자들이 사용하는 아주 고전적이고도 상투적인 문장이다. 하지만 스티브의 말에는 상투적인 것과는 다른 울림이 있었다.

"그럼 이만."

스티브는 일어나 술집 밖으로 나갔다. 밖에는 찬 바람이 쌩쌩 불고 있었다.

하얀 계절풍에 실려 추운 겨울이 찾아왔다. 창밖의 스티브는 다시 오래된 연지색 보머 재킷을 입고 있었다.

3. 브라이턴의 동화

부두 창고에서 일하는 아저씨 션이 선술집에서 격앙된 목소리로 말했다.

"내가 창고 사무실에서 타임카드를 찍고 있었거든? 근데 맞은 편에서 직장 동료가 걸어와 내 얼굴을 보더니 갑자기 'cunt!'*라고 하고 나가는 거야."

"뭐야, 엄청 무례하네?"

내가 깜짝 놀라 말하자 션은 이렇게 답했다.

"나한테 왜 그런 말을 하는지 전혀 모르겠어. 나는 그 녀석에게 민폐를 끼친 적도 없고 화나게 한 적도 없거든. 얼마 전만 해도 서로 농담을 주고받던 사이인데……. 설마 EU 탈퇴 문제 때문에 그

---

* 성기를 뜻하는 비속어로 영어권 국가들 간에 약간의 차이는 있으나 일반적으로 사람을 지칭할 때는 심한 욕설로 쓰인다.

러는 걸까?"

"응? 설마……. 아일랜드 때문에 EU 탈퇴를 위한 교섭이 힘들어졌다. 뭐, 이런 이유란 말이지?"

"응. 그것 말고는 다른 이유가 없는 것 같아. 아일랜드 사람이라는 이유로 잉글랜드 사람들한테 욕 먹는 거 진짜 오랜만이라고해야 하나……. 거의 몇 십 년 만인 듯한데? 뭐랄까, 요즘 영국은내 젊은 시절로 타임머신을 타고 돌아간 것 같아."

"……."

정말 그렇다. EU 탈퇴 교섭이 진행되는 영국에서 아일랜드 사람은 탈퇴파의 첫 번째 '공공의 적'이 되었다. 왜냐하면 브렉시트에 관한 국민투표를 한 지 1년 반이 지난 지금 아일랜드 정부에서"그런데 영국이 EU를 탈퇴하면 북아일랜드와 아일랜드 간의 국경은 어떻게 되는 겁니까?"라고 성난 질문을 했기 때문이다. 이질문에 잉글랜드 사람들은 낭패감을 느꼈다. "헉, 그런 문제가 있다는 거 완전 까먹고 있었네"라고 말이다.

예전에 아일랜드 섬은 영국의 식민지였다. 이후 아일랜드의 독립을 계기로 섬은 두 개로 나뉘었다. 남부에는 가톨릭(아일랜드 국교)계 주민이 많고 북부에는 개신교계 주민이 많이 사는데, 북부사람들은 독립보다는 영국과 함께하기를 바랐고 결국 독립하지않기로 결정했다. 북부에 개신교계 주민이 다수라고는 하지만 가톨릭계 주민이 아예 없는 것은 아니었다. 가톨릭계 주민들은 이결정에 불만을 품었고, 그런 사정으로 인해 이곳에서는 영국 잔류파와 독립파의 대립이 끊이지 않았으며 테러 사건이 빈번하게 발생했다.

하지만 '모두 다 큰 어른들이니 적당히 해야 하지 않나'라며 영국, 아일랜드, 미국, 유럽의 정치가들이 중개를 하여 세 걸음 앞으로 나가면 두 걸음 물러서는 길고도 험난한 교섭 끝에 1998년 마침내 벨파스트 협정이라는 역사적 평화 협정이 맺어졌다.

그런데 지난해에 결정된 EU 탈퇴로 영국과 EU에 속한 나라 사이에 국경이 설치된다면, 북아일랜드와 아일랜드라고 해서 예외일 리 없다. 서로 다른 나라니까 말이다. 다시 한번 국경에 철조망이 설치될 것이다. 그렇게 되면 20년 전에 체결한 평화 협정을 파기하는 셈이 아닌가? 아일랜드 정부의 주장은 어떻게 봐도 타당했다.*

"애초에 말이야, EU 탈퇴 국민투표 하기 전에는 아무도 그런 말 안 했다고."

남편이 말하자 션이 고개를 숙이며 대답했다.

"북아일랜드는 항상 잊힌 존재니까 뭐."

---

*　벨파스트 협정으로 20년 넘게 유지된 영국령 북아일랜드의 평화가 브렉시트로 인해 다시 위기에 처했다. 영국 정부는 북아일랜드를 EU 단일 시장 안에 남기는 조건으로 브렉시트 협상을 맺었다. 북아일랜드가 EU 회원국인 아일랜드와 국경을 맞대고 있다는 특수성을 고려한 결정이었다. 이에 따라 영국 본토인 브리튼섬과 북아일랜드를 오가는 화물은 모두 통관 및 검역 절차를 밟게 되었고, 영국에서 멀어지는 것을 우려하는 친영파와 북아일랜드의 독립을 지지하는 친아일랜드파의 대립이 다시 시작되었다.

"북아일랜드와 아일랜드 사이만 특별하게 취급해서 국경을 두지 않게 되면 아일랜드에 들어온 EU 이민자는 그대로 북아일랜드를 경유해 영국으로 들어갈 수 있잖아. 그렇게 되면 EU 탈퇴 전이랑 똑같아지는 거 아냐?"

"응, 뭐랄까. 최종적으로는 아일랜드가 브렉시트를 저지했다는 식이 되겠는데?"

션의 말에 남편이 고개를 끄덕였다.

"응, 뭐랄까. 이런 거, 좀 안 좋은 예감이 드네. 그렇게 되면 우리도 결국 미움을 받겠는걸?"

"아일랜드인 대차별 시대가 다시 오겠구먼."

이런 어두운 이야기를 하면서 아일랜드계 영국인 아저씨 둘이 선술집 구석에 쭈그러져 있다. 정말 어이없는 것은 사실 남편과 션 둘 다 EU 탈퇴파라는 점이다. 이렇게 보면 브렉시트는 그리스 비극 같기도 하고, 동시에 어딘가 허둥대는 희극 같기도 하다.

"아니, 어……. 애초에 말이야 국민투표 같은 걸 하자고 한 놈이 나쁘다고."

"맞아, 맞아. 바로 그만둔 전 총리 말이지?"

"아 진짜, 그레이트 브리튼Great Britain에 미래는 없지 않아?"

"그레이트는커녕 테러블 브리튼terrible Britain이다."

"브리튼은 똥이다."

아일랜드계 영국인 두 사람이 영국을 저주하고 있기에 "당신들 말이야, 또 그런 말 하고 있으면 잉글랜드 사람이 싸움 걸어올

걸? 얼른 집에나 가셔들"이라고 해주고 선술집을 나왔다.

어느새 비는 눈으로 바뀌어 있었다. 육교 아래에 종이 상자를 깔고 앉아 있는 사람이 보였다. 이런 눈 오는 밤에 길바닥에 앉아 있는 사람은 정말로 갈 곳이 없는 노숙자다.

"동전이라도 좀 주세요."

노숙자 남성은 우리 일행 앞을 걸어가던 아저씨 둘에게 이렇게 말하며 오른손을 내밀었다. 아저씨들이 무시하고 걸어가자 노숙자는 한 번 더 말했다.

"동전이라도 좀 주세요. 부탁이에요."

북아일랜드 억양의 영어를 구사하는 노숙자에게 털모자를 쓴 아저씨가 소리쳤다.

"그렇게 힘들면 아일랜드로 돌아가!"

붉은 얼굴의 다른 사람도 소리쳤다.

"대체 너희 아일랜드 놈들은 옛날부터 잉글랜드한테 돈 뜯어 내는 것밖에 몰라. 우리는 너희가 필요 없다고."

붉은 얼굴이 다리를 들어 노숙자를 발로 찬 순간, 남편과 션이 달려갔다.

"어이, 네놈들 뭐 하는 짓이냐."

살짝 취한 앞의 두 아저씨는 별로 취하지 않은 아저씨 둘이 전속력으로 달려오는 것을 보더니 다급히 도망쳤다. 션도 그렇지만 우리 남편도 온화하게 생겼다고는 보기 힘든 얼굴이라 분명 달려 오는 모습을 보고 겁에 질렸으리라.

멀리서는 중년 남자처럼 보였던 노숙자는 가까이 와서 보니 젊은 남자였다. 추위 때문인지, 술에 취한 아저씨가 발로 차서 그런지 온몸을 덜덜 떨고 있었다.

"따뜻한 것 좀 사 올래?"

남편의 말에 나는 가까운 카페에 가서 홍차와 따뜻한 샌드위치를 사 왔다. 돌아와 보니 남편과 션은 이미 청년이 앉아 있던 자리 옆에 앉아서 함께 이야기를 나누고 있었다.

홍차와 샌드위치를 건네자 청년은 양손으로 홍차가 든 종이컵을 꼭 쥐고는 "따뜻해"라고 했다. 곧이어 따뜻한 샌드위치가 들어 있는 종이 봉지에 뺨에 가져다 대고는 또 "따뜻해"라고 했다.

"이제 그 친구 집에는 갈 수 없는 거야?"

남편이 묻자 몸을 담요로 둘둘 감은 청년이 대답했다.

"바로 나갈 거라고 하면서 계속 안 나가고 거기서 지내다 보니 친구도 이제는 지쳐서……. 이제는 친구 집으로 갈 수 없어."

고개 숙인 청년의 얼굴을 한참 바라보던 션이 말했다.

"아무튼 이런 눈 오는 밤에 여기 앉아 있다가는 얼어 죽을 테니까 오늘은 우리 집으로 가자."

이번에는 나와 남편이 션의 얼굴을 한참 바라보았다. 누구라도 노숙을 하게 된 사람에게 측은한 마음을 가질 수는 있다. 하지만 자기 집으로 초대하는 것은 다른 차원의 문제다.

"먼저 말해두지만, 우리 집에는 고양이가 일곱 마리 있고 고양이 오줌 냄새가 엄청나. 늙은 수고양이가 최근에 여기저기 실례를 하는 통에 말이야. 그래도 여기보다는 따뜻할 거야."

선의 집에는 어째서인지 고양이들이 모인다. 고양이들이 자기 집에 돌아가지 않고 멋대로 눌러앉아 언젠가는 열네 마리 고양이와 함께 생활한 적도 있다. 하지만 사람은 고양이와는 달라서 선은 20년 전 파트너와 아이가 집을 나간 뒤로 줄곧 혼자 살았다.

선은 노숙자 청년을 안아 일으켰다. 둘은 육교를 건너 고양이들이 기다리는 집을 향해 걸어갔다.

"션, 배짱 좋네!"

내가 말했다.

"사람은 고양이가 아닌데 말이야."

남편이 중얼거렸다.

그렇게 며칠이 지났다. 하얀 눈이 검게 더럽혀져 녹아내리기 시작한 즈음에 남편이 선술집에서 션을 만났다. 얘기를 들어보니 눈 오던 밤의 다음 날 아침, 노숙자 청년은 션의 집에서 아무 말 없이 자취를 감췄다고 한다.

"현금이나 휴대전화, 돈이 될 만한 건 전부 없어졌대."

남편이 말했다.

"용감하다 싶었어. 그 청년 옆에 쌓인 술병 개수를 보면 보통은 집에 못 데려가지."

"응······."

"주방 테이블에 '해피 크리스마스'라고 날려 써놨더래. 사람을 바보로 아나."

해피 크리스마스. 우리 집 거실 난로 위에 걸려 있는 크리스마스카드 중 하나에도 그렇게 인쇄되어 있다.

문득 션이 20년 전에 집을 나간 파트너와 아들에게 매년 크리스마스카드를 보내고 있다고 말했던 것이 떠올랐다. 아예 답장이 오지 않았다면 션도 더 이상 보내지 않을 텐데 몇 년에 한 번씩 잊을 만하면 아들이 카드를 보낸다고 한다.

"화이트 크리스마스가 될 확률과 마찬가지 확률이지."

션이 그렇게 말하며 웃었던 적이 있다.

영국 사람들은 크리스마스에 눈이 내릴지 안 내릴지를 두고 도박을 한다. 추운 나라니 화이트 크리스마스가 자주 있는 일이려니 싶겠지만 실은 그리 쉽지 않다. 크리스마스 직전이나 직후 살짝 시기를 벗어나 눈이 쌓이는 경우는 있어도 정작 크리스마스 당일에 눈이 오는 일은 거의 없다.

영국의 마지막 화이트 크리스마스는 7년 전이었다. 매년 베팅숍betting shop에서 화이트 크리스마스에 돈을 거는 션은 7년째 돈을 잃었다. 도박은 남자의 꿈이라며 꼰대 같은 소리를 하면서 올해도 눈이 오는 쪽에 돈을 걸었다고 한다.

내가 영국에 왔을 즈음 어머니를 따라 브라이턴을 떠난 션의 아들은 딱 그 노숙자 청년 정도의 나이가 되었으리라.

크리스마스가 되기 2주 전에 눈이 왔으니 올해도 화이트 크리스마스는 어려울 것이다.

4. 2018년의 워킹 클래스 히어로

"나이를 먹을수록 점점 퉁명스러워져. 기분 언짢아하고 잘 안
웃고. 해가 갈수록 점점 심해져. 정말 싫다."

선술집 화장실에서 나타야는 잔뜩 짜증이 난 얼굴로 말했다.
제프와 결혼해 태국에서 영국으로 건너온 지 2년째 되는 스물네
살의 나타야.

'아니, 아니, 아니. 해가 갈수록 퉁명스럽고 다루기 힘들어지는
노동 계급 아저씨의 클라이맥스는 아직 시작도 안 했단 말이지
요.'

나는 미소를 지으며 생각했다.

"아기 보는 건 아주 잘하긴 하지. 그런 부분이 없었다면 정말로
싫어졌을지도."

출산한 지 석 달밖에 안 되었다고는 믿기 어려운 너무나도 완
벽한 몸매를 가진 나타야는 몸에 착 달라붙는 니트 원피스를 입

은 채 긴 머리카락을 쓸어 올리며 거울을 보고 있었다. 그런 나타
야를 보며 문득 버블 시대의 일본으로 돌아간 듯한 착각에 빠지
는 나. 하지만 거울에 비친 내 모습, 50년 인생사가 가득한 얼굴로
나타야 옆에 서 있는 나를 보면 여기가 버블 시대의 일본이 아님
은 분명했다. 화장실 세면대 거울 속의 우리 모습은 마치 모녀처
럼도 보였다. 화장실 안의 영국인들은 분명 그렇게 생각했을 것
이다.

"육아라는 면에서 보면 제프는 경험이 풍부하니까."

내가 말했다. 나타야와 결혼하기 전 제프에게는 배우자 한 명과
파트너 두 명이 있었다. 전 배우자와의 사이에는 두 명의 아이가,
전 파트너들과의 사이에도 각각 아이가 한 명씩 있었으니 석 달
전에 나타야가 낳은 아기는 제프에게는 다섯 번째 아이가 된다.

그렇다고는 해도 다른 아이들은 이미 모두 성장하여 넷째마저
고등학교를 졸업했으니 제프에게 다섯째 아이는 나이로 보면 손
자나 마찬가지였다.

영국의 중·노년층 남성 가운데는 태국이나 필리핀, 중국 등 아
시아 국가를 여행하는 것을 좋아해서 현지에서 만난 젊은 여성과
결혼하는 사람들이 있다. 인터넷에는 "당신의 태국 미인을 찾아
드립니다"(Thaicupid.com)나 "이상적인 아시아인 파트너를 찾아드
립니다"(asiame.com) 같은 슬로건을 내걸고 만남을 주선하는 사이
트가 여럿 있어 직접 가지 않아도 아시아 여성을 만날 기회는 매
우 많다.

제프가 이런 사이트를 통한 것은 아니었다. 제프는 남자 친구들과 떠난 태국 여행에서 나타야를 만났다. 보자마자 사랑에 빠진 성미 급한 제프는 곧바로 결혼을 하기로 마음먹었다. 예전의 카일리 미노그*처럼 엄청 짧은 핫팬츠를 입은 나타야의 모습에 반했다고 한다.

영국으로 건너온 나타야는 영국 아저씨와 결혼한 젊은 아시아 여성에 대한 세간의 차가운 시선 때문에 둘의 관계를 다른 사람들에게는 말하지 않는 모양이었는데, 같은 아시아 출신인 내게는 마음이 놓였는지 둘 사이의 이야기를 아주 적나라하게 했다.

"좋고 싫은 문제가 아니야. 나는 영국에 살고 싶었으니까 나를 좋아하는 영국인과 결혼한 거야. 내 행복은 내가 거머쥘 거야."

나타야가 이렇게 단언할 때는 거추장스러운 말은 한마디도 붙이지 않겠다는 서늘함마저 느꼈다. 일본 버블 시대의 젊은 여성 같은 외모를 한 나타야는 내면 또한 투지로 가득했다.

나타야는 제프를 태국에서 만났을 때 돈 잘 쓰는 부자라고 생각했던 모양인데, 영국에 와서 보니 뜻밖에도 가난한 도장공이라 실망했다고 한다. 하지만 나타야는 넘어져도 그냥은 일어나지 않는** 부류의 여성이었다. 일껏 영국에까지 왔으니 10대 때 대책 없이 낳아 태국의 친척에게 맡겨놨던 큰아들을 불러다 영어를 가

---

*   1980~90년대를 대표하는 호주 출신의 여성 댄스 가수.

**   일본의 속담.

르치면 나중에 좋은 직업을 얻을 것이고, 그렇게 되면 자기 생활도 편할 것이라며 벌써부터 노후 설계도를 그리고 있었다.

"영국 노동 계급 아저씨들에게도 좋은 점이 있다고 생각되는 부분은 딱 하나……."

이렇게 말하며 나타야는 눈 화장을 고치기 시작했다.

"향상심을 가지라며 아들을 엄하게 지도하는 부분."

내가 알기로 향상심이라는 말과는 한참 거리가 먼, 닥치는 대로 인생을 살아온 제프가 여섯 살짜리 소년에게 도대체 무엇을 엄하게 가르친 걸까.

"나처럼 대충 아무 일이나 하는 어른은 되지 말라고 하거든."

속눈썹 안쪽에 마스카라를 꼼꼼하게 바르며 나타야가 말했다.

"너희가 어른이 되었을 때는 내가 하는 일은 전부 로봇이 하게 될 거야. 그러니 건설 노동자나 운전기사 같은 일로 먹고살 생각은 하지 마. 이렇게 말해."

"아, 그렇구나. 우리 남편도 그렇게 말해. 매뉴얼대로 하는 일은 전부 로봇이 하게 될 테니 제대로 공부해서 대학에 가야 한다고 하지? 우리 남편도 완전히 똑같은 말을 해."

그러고 보니 최근 노동 계급 꼰대 아저씨들 사이에는 이런 잔소리가 유행하는 모양이었다.

"텔레비전에서 그렇게 말하니까 아저씨들도 나름대로 위기의식을 느꼈던 모양이네? 하하하."

무심코 웃어버리긴 했지만 실은 사회적으로 매우 중요한 변화와 변혁의 징조 아닐까. 『해머타운의 녀석들』에서 "반항적이고 권위에 저항하면서도 사회 계급의 틀에서 벗어나려 하지 않고 스스로 '육체노동'으로 살아가기를 택하여 기존의 계급 제도를 재생산한다"라고 지적된 영국의 노동 계급 아저씨들이 이 계급 재생산의 길을 드디어 끊으려 하고 있다. 나보다 출세하라면서 계급 재생산의 길을 끊어내려 한 아버지들은 이전에도 많이 있었을 것이다. 하지만 최근 그들이 하는 말에는 "이제 우리가 하는 일은 없어질 것이다"라는 궁지에 몰릴 대로 몰린 현실감이 있었다.

사실 AI는 인간의 두뇌 노동을 대신해주는 것이다. 육체노동을 대신하기 위해서는 두뇌 부분뿐만 아니라 손발이 되어 작업을 하는 기계 부분도 필요하다. 기계 부분에는 다양한 비용이 더 들어가기 때문에 일단은 사무실에서 일하는 사람들의 일자리가 먼저 없어질 것이라고들 한다. 그런데 노동 계급이 '바뀐다'는 두려움을 다른 누구보다 절실하게 느끼는 듯 보이는 것은 왜일까?

나타야와 함께 화장실에서 나와 자리로 돌아가 보니 제프가 나타야의 아들에게 나이프와 포크 사용법을 가르치고 있었다. 완두콩은 너무 작아서 먹기 힘든지 손으로 주워 먹는 버릇이 생겼다는 나타야의 아들.

"이렇게 칼로 끌어 모아서 포크 위에 올려. 그런 다음 입으로 가져가는 거야."

이렇게 말하며 제프는 시범을 보였다. 짜증이 났는지 아이는 못마땅한 얼굴이 되어 나타야에게 뭐라고 말을 했다.

"뭐야, 말하고 싶은 게 있으면 영어로 하라고!"

제프가 화를 냈다.

나타야의 아들은 눈을 치뜨고 어두운 얼굴로 제프를 한 번 쳐다보더니 고개를 돌렸다. 아이 입장에서 보면 싫을 만도 하다. 순전히 엄마 사정으로 모르는 나라에 따라오게 되었는데, 외국인 할아버지를 "오늘부터 너의 아버지다"라며 소개받지를 않나, 로봇에게 직업을 빼앗길 거라는 둥 완두콩은 포크와 나이프로 먹어야 한다는 둥 시끄러운 설교를 듣지를 않나. 아니, 제프도 그렇다. 얼마 전까지만 해도 선술집에서 술을 마시고 귀가하다가 인도 식당에서 카레 접시에 코를 박은 채 잠들곤 했잖아. 뭘 이제 와서 식사 예절이니 뭐니 고상한 척을 하는 걸까?

이런 생각을 하고 있는데 유모차 안에 있는 아기가 으앙으앙 울기 시작했다. 제프가 유모차 바퀴에 발을 얹고 앞뒤로 흔들어 주었지만 아기는 울음을 그치지 않았다. 나타야는 눈썹 하나 움직이지 않고 파스타를 끝까지 다 먹었다. 그러고는 디저트 메뉴를 펼쳐 열심히 읽고 있다. 제프는 어쩔 수 없이 아기를 안고 가게 밖으로 나갔다. 나타야와 제프의 당연한 일상이다.

'나는 식사를 즐기는 사람. 당신은 아이를 돌보는 사람.'

이와 같은 도식이 완성되어 있어서 예전의 '가정적이고, 뭐든 알아서 잘한다'는 전형적인 동양 여성의 상을 멋지게 부숴놓은 느낌이다.

〈스타워즈 – 라스트 제다이〉에 나오는 새로운 캐릭터 로즈처럼 순박하고 한결같은, 사랑하는 남자를 위해서는 목숨도 거는 여자. 서양 남자들이 '아시안 걸'에게 바라는 이런 환상에 코웃음이라도 치듯, 성적 매력이 흘러넘치는 나타야는 조금 전부터 옆 테이블 흑인 청년들의 시선을 대놓고 의식하며 붉은 입술을 지그시 깨문 채 긴 머리카락을 스르륵 쓸어 넘기고 있다. 2017년에 영국 에식스주 선술집에서 〈남녀 7인의 가을 이야기〉의 데즈카 사토미*를 보게 될 줄은 몰랐다.

"완전 아무렇지도 않은데?"

나는 선술집 중정에서 아기를 안고 흔들흔들 몸을 움직이고 있는 제프를 발견하고 다가갔다.

"아니야, 낮에는 저래 보여도 밤에는 안 그래. 한밤중에 일어나서 혼자 울기도 한다고."

제프가 말했다.

제프는 나타야가 산후우울증에 걸린 게 아닌지 걱정했다. 그래서 같은 아시아 출신인 나를 만나면 나타야도 이야기를 하지 않을까 싶어서 오늘 점심식사를 같이하기로 한 것이었다.

"태국은 가족 간의 유대가 강한 편이니 '아이가 태어나면 어머니나 이모가 도와주었을 텐데' 하면서 향수병에 걸렸을지도 모르겠네."

---

* 1987년 일본에서 방영된 트렌디 드라마 〈남녀 7인의 가을 이야기〉에서 배우 데즈카 사토미는 부모에게 사랑받지 못한 외로움에 남자를 쉽게 만나고 쉽게 버리는 여성 캐릭터를 연기했다.

내가 말했다.

"…… 내가 나타야의 어머니나 이모가 될 수는 없을까?"

애절한 얼굴을 한 채 아기를 흔들며 제프가 말했다.

몇 년 전까지 미소지니misogyny(여성 혐오)의 화신 같은 말만 하던, 맥주배가 불룩 튀어나온 덩치 큰 남자가 도대체 무슨 소리를 하는 건가 싶어 웃음이 터질 뻔했다.

입 주변에 초콜릿 케이크를 잔뜩 묻힌 나타야의 아들이 중정으로 나왔다.

"어이, 너 말이야. 얼굴에…….."

제프는 이렇게 말하며 아기의 턱받이로 손수 여섯 살 아이의 얼굴을 닦아주었다.

"이것 봐. 너, 로봇 강아지까지 초콜릿 범벅이 되었잖아."

나타야의 아들이 손에 쥔 로봇 강아지까지 턱받이로 정성껏 닦아주는 제프를 보면서 문득 생각했다.

로봇에게 일을 빼앗긴다, 이민자에게 일을 빼앗긴다 하며 곧바로 위기감을 느끼고 소란을 피우니 "사고방식이 고리타분하다" "배외주의자다"라며 공격을 받지만, 이렇게 땅바닥에서 외국인 소년의 얼굴에 묻은 초콜릿을 닦아주는 건 항상 제프 같은 사람들이다.

로봇 강아지와 의붓아들의 얼굴을 차례로 닦아주는 제프의 옆얼굴을 보고 있으니 묘하게 처연해졌다. 이 세대의 아저씨들은 어쩌면 인류 역사상 아주 드물게 나타나는 노동의 대전환기를 살아가는 것이 아닐까?

이런 생각에 잠겨 있는 사이에 이번에는 제프의 왼팔에 안겨 있던 아기가 방글방글 웃으며 방귀를 뀌었다. 기저귀 주변에서 의심스러운 냄새도 나기 시작했다.

워킹 클래스 히어로Working Class Hero(노동 계급의 영웅)가 되기란 참 어렵다. 존 레넌이 이렇게 말한 지도 벌써 반세기가 흘렀다.*

---

* 〈Working Class Hero〉는 존 레넌이 비틀스 해체 이후 처음으로 발표한 앨범 인《John Lennon/Plastic Ono Band》(1970)에 수록된 곡으로 "A working class hero is something to be"라는 후렴구가 반복된다.

5. 원 스텝 비욘드*

남편의 친구 중에도 출세라는 걸 해낸 친구가 있다. 테리라는 친구가 그렇다. 그는 런던의 이스트엔드에서 태어나 중학교 졸업이 최종 학력인, 말하자면 중도 탈락자였다. 그 뒤에 술을 팔거나 다른 사람에게는 말할 수 없는 일도 하면서 불량한 삶을 살다가 여러 위험한 상황에 빠져 미니캡 운전기사로 전직했다. 그 후 은행에서 근무하던 연인(지금의 아내)과 만나 이른바 런던의 명물이라 불리는 블랙캡 운전기사 자격증을 땄다.

때마침 토니 블레어 정권의 쿨 브리타니아Cool Britannia** 시대(1990년대 후반)였다. 록 밴드 블러나 오아시스, 패션모델 케이트

---

* 〈One Step Beyond〉는 영국의 스카 밴드 매드니스가 1979년에 발표한 동명의 데뷔 앨범에 수록된 곡이다.
** 보수당의 18년 장기 집권을 끝내고 1997년 집권한 토니 블레어가 '새로운 노동당' '새로운 영국'을 제창하며 내걸었던 구호.

모스의 브리튼을 보기 위해 런던으로 관광객이 몰려들었다. 실은 그렇게까지 경제가 성장한 것도 아니지만 분위기만은 '성장, 성장'의 느낌이라 돈을 빌려서라도 소비에 열중하던 시대였다. 블랙캡만큼 경기를 반영하는 직업도 없다. 테리는 이 물 들어오는 시기에 엄청나게 돈을 벌어서 교외의 고급 주택가에 아름다운 저택을 구입했고, 이를 통해 일약 중산층으로 올라섰다.

그런 테리는 매년 2월이면 선술집이나 식당에 친구들을 초대해 생일 파티를 열었다. 계급 상승을 이루어낸 사람의 축하 자리이다 보니 수준 높고 우아한 분들도 제법 계신다. 뭐, 이런 분들 중에도 친절하고 좋은 사람들은 있으니 계급투쟁의 봉화를 올리는 것이 취미인 나라고 해도 '부자는 모두 적'이라는 난폭한 말을 할 생각은 없다. 하지만 역시 싫은 녀석은 있다.

그중 가장 싫은 사람이 바로 데이비드라는 게이 아저씨다. 이런 이야기를 쓰면 또 정체성 정치에 예민하신 분들이 동성애자를 차별하지 말라며 이메일로 투서를 하실 테니, 요즘에는 이쪽에 관해서는 아무리 세심한 주의를 기울여도 지나치지 않을 것이다. 말인즉슨 데이비드를 '게이'가 아니라 '스트레이트'라고 설정하는 편이 현명하고 프로페셔널한 판단일지도 모르겠다. 하지만 나는 마지막까지 진실한 태도를 취하고 싶다. 그리고 이런 나에게도 게이 친구는 있다. 아니, 내가 사는 브라이턴은 영국의 게이 수도라고 불릴 정도로 게이들과 만나지 않고서는 살아갈 수가 없는 동네다. 나도 젊었을 때는 그들과 게이 클럽에서 춤을 추며 밤을 새웠고, 아스팔트 저쪽에서 떠오르는 아침 햇살을 맞으며 니나 시몬*의 〈필링 굿〉을 부르며 극적인 기분이 되어 집으로 돌아간 적도 있다.

그런데 이런 나를 열받게 한 데이비드는 브라이턴의 펑키한 게 이님들과는 종류가 달랐다. 런던 금융가의 로스차일드라는 은행 에 오랫동안 근무한 엘리트이신데, 중산층middle class이라기보다 는 중상층upper middle class이라 할 만한 부잣집에서 태어나 자랐으 며 기숙사가 있는 퍼블릭 스쿨public school**에 들어갈 정도의 상 류 사회 출신이다. 이런 사람이 도대체 왜 테리의 친구인가 하면, 그 역시 테리가 사는 고급 주택가에 저택을 가지고 있었기 때문 이다. 지금은 다른 사람에게 빌려주었으나 10년 전까지만 해도 그 저택에 살았다고 한다.

그런 이유로 10여 년 전부터 테리가 파티를 열면 항상 데이비 드와 얼굴을 마주하게 되었다. 이런 사람과는 말이 안 통하기 때 문에 가능하면 떨어져 앉고 싶다. 하지만 바로 이것이 내 인생에 서 저주받은 부분인데, 어째서인지 정신을 차려보면 항상 데이비 드가 옆에 앉아 있는 것이다. 예를 들어 모두가 서서 술을 마시고 있을 때 내가 잠시 화장실에 갔다고 하자. 내가 없는 사이에 테이

---

* 인종차별에 반대하는 노래들로 시민권 운동에 큰 영향을 끼친 미국의 여성 뮤지션.

** 영국의 명문 사립학교로 돈만 내면 종교, 직업, 거주지 등에 따른 제한 없이 누구나 다닐 수 있다는 의미에서 '퍼블릭' 스쿨이다.

블이 다시 정리되고, 돌아왔을 때는 모두 자리에 앉아 있어서 데이비드 옆자리 말고는 빈자리가 없는 것이다. 또 언젠가는 가능한 한 데이비드와 멀리 떨어진 자리를 찾아서 앉았는데, 옆에 앉은 여성의 아이가 울면서 엄마 옆에 가고 싶다고 해서 자리를 바꿔주고 보니 아이가 앉았던 곳이 바로 데이비드의 옆자리였다.

"너 뭐랄까, 항상 데이비드 옆에 앉더라."

남편도 이렇게 말할 정도로 나의 기구한 숙명이다. 사이가 좋은 모양이라고 착각한 테리의 아내가 일부러 우리를 옆에 앉도록 자리를 지정해두었을 때는 웃었지만 슬펐다.

그러면 내가 왜 이렇게까지 데이비드를 싫어하느냐. 그건 이 남자가 보수적이라서다. 아니, 좀 더 분명하게 말한다면 우익 같아서. 그의 정치 사회적 입장은 자유주의를 넘어서 아나키스트라고 해도 좋을 만한 브라이턴의 자유분방한 게이 친구들과는 완전히 달랐다.

데이비드는 열렬한 보수당 지지자이기도 했기 때문에 마거릿 대처를 '우리 마기'라든가 '우리 엄마' 같은 호칭으로 불렀다.

'그 사람은 마기 같은 귀여운 사람도 아닐뿐더러 우리 엄마도 아니거든?'

짜증이 난 내 앞에서 데이비드는 가슴에 달린 주머니에서 유니언잭이 그려진 실크 손수건을 꺼내 팔락팔락 흔들며 아련한 눈빛을 하고는 "이 나라에는 다시 한번 강한 지도자가 필요해"라고 말하지를 않나, 해리 왕자의 약혼자였던 매건 마클이 화제가 되었을 때도 내가 "괜찮지 않아? 섹시하기도 하고"라고 말하자 "맞아요. 아주 '컬러풀한' 이미지를 가진 사람이지요. 오호호호" 같은 인종차별적인 농담을 아무렇지도 않게 해댔다.

게이가 우익일 리 없다고 생각하는 사람들이 있는데 그건 정말 착각이다. 우익 정당인 영국독립당United Kingdom Independence Party(UKIP)*에도 동성애자 그룹이 있으며, 그들은 처음부터 왕실의 열렬한 팬인 경우가 많다. 이러한 성향은 브라이턴의 펑키한 게이님들께도 적용할 수 있는 부분인데, 그들도 "캐서린 왕세자비 헤어스타일 너무 멋져"라든가 "조지 왕자 완전 귀여워" 같은 말을 자주 한다. 물론 데이비드가 훨씬 더 앞질러가는 것이긴 하다. 일전에 '영국에서 가장 중요한 것은 NHS인가, 로열 패밀리인가?'라는 논쟁이 있었는데, 그때 데이비드가 "NHS 따위 필요 없어요. 의료가 무료가 아니라면 제대로 일하는 사람이 늘어나서 나라 경제를 위해서도 좋잖아요. 영국에서 가장 중요한 것은 절대적으로 왕실입니다"라고 일장 연설을 늘어놓으시기에 대역죄로 투옥된 아나키스트의 평전**을 쓴 적이 있는 작가가 옆에 앉아 있는 것을 알기는 하고 부리는 행패인가 싶어 속에서 불이 났다.

당연히 데이비드는 순도 높은 브렉시트파다. 그는 "마이너리티는 잔류파" "중산층은 잔류파"라는 세간에 통용되는 이미지를

---

*   이들이 말하는 독립이란 EU로부터의 독립이다.

**   자신의 전작 『여자들의 테러』를 가리킨다.

보기 좋게 부숴버리는 존재다. 도시바가 영국에서 원전 건설에 투자한다는 것을 알게 되었을 때도 "EU 따위 필요 없어. 영일동맹의 부활이다"라고 말하면서 가슴에 손을 가만히 얹고 있는 걸 보고 '도대체 이 할아버지는 전쟁이라도 일어났으면 하는 건가?' 싶어서 정나미가 떨어졌다.

실제로 데이비드는 예순이 넘을 무렵부터 갑자기 할아버지가 되었다. 훌쩍 큰 키에 주름이 있기는 하지만 젊은 시절에는 아주 미남이었음을 짐작게 하는 단정한 얼굴의 할아버지다. 그런데 패션에는 신경질적이라 해도 좋을 만큼 신경을 썼다. 항상 아주 비싸 보이는 양복을 입고 꼴사납게 애스콧타이Ascottie*를 하고 있거나, 양복 가슴 주머니에 넥타이와 같은 무늬의 실크 손수건을 꽂고 있었다. 스타일 카운슬 시절의 폴 웰러**가 늙어서 머리숱이 얼마 남지 않은 모습을 상상해보라. 그러니까 데이비드는 제법 깔끔한 할아버지이긴 하다. 하지만 사상적으로 곤란할 뿐 아니라 성격 또한 매우 못된 할아버지였다.

작년이었나. 내가 흰 모헤어 스웨터를 입고 데이비드 옆에 앉아 있었을 때의 일이다. 그 옷이 마트에서 산 싸구려 스웨터였기

---

* 폭이 넓은 스카프형 넥타이.

** 스타일 카운슬은 펑크 밴드 더 잼의 폴 웰러가 펑크를 그만두고 소울을 하기 위해 결성한 밴드로 1990년까지 활동했다. 영국 중산층의 보수화와 대처리즘을 풍자하는 노래를 많이 불렀으며 1980년대의 '블루 아이드 소울', 즉 백인들의 소울 음악을 대표한다(대처를 사랑하는 데이비드의 외모가 대처를 비판하는 폴 웰러를 닮은 아이러니한 상황).

때문에 털이 좀 빠진 것은 사실이다. 그렇다고 옆에 앉은 그에게 폐를 끼친 것은 딱히 없는데, 데이비드는 나와 가까운 쪽 양복 재킷 소매를 2분 간격으로 탁탁 털었다. 탁, 탁, 탁. 아무 말도 없이 이런 행동을 계속하면 옆에서 식사를 하고 있는 사람은 접시에 뭐가 떨어지지는 않는지 신경이 쓰이는 법이다. 그런데도 데이비드는 아랑곳하지 않고 계속해서 소매를 탁, 탁, 탁, 탁 털어댔다. 나는 괜히 마음이 약해져서 "미안해요" 하고 사과를 했다. 그런데 데이비드는 나를 완전히 무시하고 미간에 주름을 만들면서 인상을 썼다. 계속 짜증을 내며 탁, 탁 옷을 털었다.

'부자라면 고급 양복에 그깟 털 한두 올 붙는 것쯤은 참아보란 말이야.'

보통은 부자에 대해 이렇게 생각할 것이다. 하지만 실은 부자이기 때문에 좀스럽게 군달까, 대범하지 않은 것이다. 아 싫다, 싫어. 올해도 또 옆자리에 앉힐까 봐 무서워서 새해가 될 무렵부터 우울한 마음으로 테리의 파티 초대장이 도착하기를 기다리고 있었다.

어차피 옆자리에 앉게 될 운명이라면, 또 통명스러운 얼굴로 탁, 탁 옷을 털면 곤란하니 올해는 싸구려 스웨터 말고 좀 춥더라도 면으로 된 셔츠 한 장만 입기로 하자. 이런 생각을 하다가 데이비드와 만나면 무슨 이야기를 할지 상상해보았다. 공통의 화제도 없으니 "요즘 무슨 영화 봤어?" 같은 일반적인 이야기를 하다가 보수당 지지자인 데이비드가 〈다키스트 아워〉*를 봤는데 너무 감동적이었다면서 가슴에 손을 얹고 "세상에는 강한 리더가 필요해" 같은 말을 할 것이 뻔했다. '아아, 이제 정말 의외성이라고는 없는 할아버지. 대화하기 전부터 짜증 나는 인간도 참 드문데 말이야'라고 투덜대며 축 처진 기분으로 테리의 파티에 도착했다.

"1년 만이네."

"안녕? 잘 지냈지?"

선 채로 술을 마시고 있는 사람들에게 인사를 하면서 안쪽 테이블을 보니 아직 자리가 몇 개 비어 있었다. 데이비드의 모습은 보이지 않았다. 지금 자리를 정해놓자 싶어서 모르는 아주머니의 옆자리에 앉았는데 예전에는 또래 아이들과 같이 앉고 싶어 하던 아들이 올해는 내 옆에 앉으려 했다.

좋았어. 이것으로 양옆은 방어 성공.

이렇게 생각하고 있는데, 테리의 아내가 익숙한 모자를 손에 들고 내게 다가왔다.

"이거 네 거 맞지?"

테리의 아내는 이렇게 말하면서 모자를 아들에게 건넸다.

그 모자는 몇 년 전에 아들이 자주 쓰던 것으로 스카를 상징하는 격자 문양의 포크파이 모자porkpie hat**였다. 언젠가 테리가 DJ가 있는 선술집에서 파티를 하던 날 매드니스와 더 스페셜스***

---

*   나치에 대항하는 윈스턴 처칠의 활약을 그린 영화.

**   영국 전통 음식인 포크파이처럼 가운데가 눌린 중절모자.

*** 영국의 스카 밴드.

의 음악을 틀었다. 그러자 갑자기 데이비드가 흥이 나서 "스카 좋아했지"라기에 아들이 모자를 그의 머리에 씌워주었다. 데이비드는 기쁨에 싱글벙글 웃으며 춤을 추었고, 아들은 '쳇, 어쩔 수 없네'라며 모자를 줘버리고 말았다.

"데이비드의 침실에 있어서 가져왔어."

테리의 아내가 말했다.

"아주 마음에 들었던 모양이야."

어찌된 일인지 과거형이었다. 그 자리에서 처음으로 그 이유를 들었다.

넉 달 전이었다고 한다. 나는 더 이상 세상에 없는 사람에 대해 이런저런 상상을 하고, 이것도 아니고 저것도 아니라며 구질구질한 생각을 하고 있었던 것이다.

"매년 반드시 네 옆에 앉았잖아."

테리의 아내가 눈물을 글썽이며 말했다.

"아니 정말, 왜 그랬는지, 그랬네요."

나는 기구한 운명을 저주했다.

6. 리얼리티 바이츠

에식스주의 선술집에서 술을 마시던 때의 일이다. 이른바 베거 beggar(구걸하는 사람)가 선술집 안으로 들어와 가게 안의 테이블을 돌기 시작했다.

20대, 어쩌면 10대일지도 모르는 아직 어린 티가 나는 얼굴의 여성이었다. 그 여성은 테이블에서 테이블로 옮겨 다니면서 술 마시는 손님들에게 "스페어 체인지Spare change(한 푼만 주세요)"라고 말하며 오른손을 내밀었다.

한동안 영국에서는 볼 수 없었던 광경이라 깜짝 놀랐다. 남편의 고향인 아일랜드에서는 선술집과 카페에서 간혹 본 적이 있지만, 이런 장면을 마지막으로 마주한 것은 1980년대 어학 공부를 위해 런던에 와 있던(이는 말뿐이고 실은 맨날 놀러 다니던) 때였다.

최근 나는 일본 신문에 칼럼을 쓰고 있는데 여기에 영국은 노숙자가 급증하고 있으며 유럽은 EU의 긴축 체제 때문에 빈곤 문제가 심각해지고 있다고 썼다. 그러자 담당 기자가 "하지만 수치만 보면 EU 전체적으로는 경제가 호황이던데요"라고 지적했다.

이것이 오늘날 유럽의 진짜 문제. 통계상으로는 경기가 좋아 보이는데 아래쪽은 점점 밑바닥을 향해가고 있다. 몇 개월 전에 방문한 벨기에 브뤼셀에도 노숙자가 가득했다.

노숙자뿐만이 아니었다. 도대체 지금이 어느 시대인지 의심스러울 정도로 거리에 서서 구걸하는 사람이 최근 몇 년 동안 많이 늘어났다. 이런 풍경은 마거릿 대처의 시대에 이미 끝났다고 생각했는데 말이다.

"한 푼만 주세요."

조금 전의 그 젊은 여성이 우리 자리로 와서 말했다. 화장기 없는 창백한 얼굴은 건조한 정도를 넘어 각질이 하얗게 일어나 분을 바른 듯 보였고, 입술도 다 벗겨져 있었다. 원래는 회색이었으리라 짐작되지만 이제는 더러워져 베이지색에 가까운 운동복을 위아래로 입고, 양쪽 발에는 짝짝이 신발을 신은 채 이 추운 날씨에 코트도 없이 서 있었다.

사이먼이 지갑을 열어 가진 동전을 다 꺼내주었다.

"고맙습니다, 선생님."

그 여성이 말했다. 우리 남편도 동전 몇 개를 꺼내 건넸다.

"당신들에게 신의 축복이."

젊은 여성은 그렇게 말하고는 옆자리로 옮겨 갔다. 뚱하게 앉아 있던 사이먼의 조카가 입을 열었다.

"나는 그런 거에 감동하지 않아. 돈 주면 안 돼."

힙스터처럼 수염을 기른 사이먼의 조카는 대학생으로 노숙자 지원 자선단체에서 열심히 자원봉사를 하고 있다.

"뭐야, 너 노숙자 지원하잖아."

사이먼이 말하자 조카가 대답했다.

"저 사람은 노숙자가 아니야. 약물이나 술 살 돈이 필요해서 구걸하는 거야. 보면 알아. 우리 단체도 그렇지만 다른 자선단체에서도 베거에게는 돈을 주면 안 된다고 강력하게 주장하고 있어."

사이먼의 조카는 마치 대학을 갓 졸업한 젊은이가 회사 신입사원 연수에서 이제 막 배운 기업 방침을 암송하듯 말을 이어갔다.

"베거의 80퍼센트는 약물을 사려고 구걸하는 거래. 정말로 그들을 생각한다면 돈을 주어서는 안 되지. 그들의 생활이 바뀌길 바란다면 약물 상담센터나 자선단체에 기부를 해야 해. 지금처럼 돈을 줘버리면 의존증에서 벗어나 새로운 삶을 사는 걸 방해할 뿐이라고. 그렇게 하면 역효과란 말이지."

사이먼의 조카가 하는 말은 노숙자와 의존증 환자를 위한 자선단체에서 주로 하는 주장이다. 『빅이슈』*의 창시자 존 버드도 "(돈을 주면) 걸인들은 비굴함과 피해자 의식에서 벗어나지 못한다. 하강 나선에 갇혀 자존심과 정직함, 희망을 잃어버리게 된다"

---

* 1991년 영국에서 만들어진 잡지로 노숙자들이 잡지를 판매한 수익으로 생활할 수 있게 돕고 있으며 한국어판은 2010년 7월에 창간했다.

라고 했다.

"뭐, 논리적으로 이야기하자면 그렇지만."

사이먼이 말하기 시작했다.

"너희 세대는 왜 그런 식으로 합리적으로 정리하려는지 모르겠다. 그런데 말이야, 사람은 그렇게만 살 수는 없다고."

사이먼이 꼰대 같은 소리를 하자 옆에서 남편이 끼어들었다.

"하지만 잘 생각해보면 대처 전 시대까지는 순수한 베거는 없었잖아. 길거리에서 돈을 달라고 하는 사람은 많았지만, 1970년 대까지만 해도 무언가와 바꿔달라고 했단 말이지. 여행 가방을 옮겨주거나 수상한 담배를 팔거나 하면서. 베거라기보다는 노상 판매 같은 거였지."

그러자 사이먼의 조카가 맥주를 벌컥벌컥 들이켜며 말했다.

"지금도 여름휴가 때 개발도상국에 가면 그런 느낌이잖아. 아이들이 '와' 하고 달려와서 가방을 옮겨주거나 길을 안내해주거나 하면서 그 대가로 돈을 요구하지. 그들은 베거가 아니야. 하지만 풍요로운 나라에는 베거가 있어. 그중에 많은 이들이 의존증 환자라는 걸 잊으면 안 돼."

사이먼은 의무교육을 마친 뒤 공장 노동자나 상점 점원 같은 일을 전전하면서 해외를 방랑하며 멋대로 살았기 때문에 가정을 가진 적이 없었다. 그가 아는 한(남자는 이에 대해 절대로 100퍼센트 완벽하게는 알 수 없다는 그 자신의 말에 따르면) 아이도 없다. 부모님 집에 살면서 저축을 하고, 그 돈으로 아르헨티나에 갔다가 돌아와서 일을 하고, 자금이 마련되면 다시 중국으로 떠났다. 이런 식으로 온 세상을 여행하며 살아왔다. 그러다 몇 해 전에 부모님이 돌아가셨다. 2년 전부터는 에식스대학에 진학한 조카가 임대료를 아끼기 위해 사이먼의 집에 들어와 함께 살고 있었다.

사이먼의 집은 순도 높은 노동 계급이었다. 하지만 조카의 어머니, 그러니까 사이먼의 여동생은 대학 교원과 결혼했다. 엄청나게 유복한 집안은 아니지만 조카는 인텔리 가정에서 자라났다. 그러니 저변의 노동자 사이먼과는 다른 사고방식을 가졌고, 둘이 함께 식사를 하거나 술을 마시러 가면 항상 이렇게 말싸움으로 번진다.

"그야 네가 하는 말이 대부분 옳다고 생각해. 하지만 맘에 안 들어."

사이먼이 말했다.

"내가 좋은가 싫은가를 기준으로 사회를 봐서는 안 돼."

사이먼의 조카가 완전히 질렸다는 표정으로 고개를 절레절레 흔들었다. 세대 차이, 계급 차이 때문일까. 정치 이념이라는 면에서는 서로 이해할 수 없는 삼촌과 조카지만 어째서인지 이 둘은 사이가 좋다. 사이가 나빴다면 조카도 삼촌 집에서 살겠다고 하지 않았을 테고, 사이먼도 그를 받아들이지 않았을 것이다.

"뭐랄까. 응, 확실히 '리얼real'이 아닌 느낌이 든단 말이야. 네가 하는 말을 들으면 항상 그래."

사이먼이 구질구질하게 말을 늘어놓기 시작하기에 '이제 그만

나가자' 하고 일어나 선술집 계단을 내려왔다.

1층에서는 조금 전에 본 그 여성이 아직도 오른손을 내민 채 테이블을 돌고 있었다. 파인트 술잔에 맥주를 따르던 흑인 여성 점원이 카운터에서 나와 그쪽으로 직진했다.

"이봐요, 여기서 이러면 곤란해요. 알죠?"

점원은 구걸하는 여자를 내보내려 했다. 이 술집은 전국 어디에나 있는 유명한 체인점이었으니 매뉴얼에 이런 경우에는 이렇게 해야 한다는 규칙이 쓰여 있었을지도 모르겠다.

키가 크고 풍채가 좋은 흑인 여성 점원이 문을 가리켰다. 긴 곱슬머리가 뒤통수에 딱 붙어 있는 흑인 여성과 비교하면 구걸하던 여성은 체격이 3분의 2 정도밖에 되지 않았다. 흑인 여성은 구걸하던 여성이 밖으로 나가는지 확인하기 위해 뒤를 따라 출구까지 같이 걸어갔다. 계단을 걸어 내려온 우리도 조금 천천히 그 두 사람 뒤를 따라 출구로 향했다.

구걸하던 여성이 문을 열고 밖으로 나가려다 흑인 여성을 향해 말했다.

"빌어먹을 깜둥이."

"기다려요."

흑인 여성이 강경한 목소리로 말했다. '우와, 싸움 나겠는걸' 싶었는데 흑인 여성이 냉정한 어조로 말했다.

"얼굴을 씻고 머리를 빗고 상담센터에 가세요. 어디로 가면 되는지 알지요?"

그러고는 청바지 주머니에서 동전 몇 개를 꺼내 보도 위에 집어 던졌다. 구걸하던 여성은 그냥 가려다가 흑인 점원의 얼굴과 바닥에 떨어진 동전을 번갈아 바라보며 한동안 머뭇거렸다. 그러다 허겁지겁 동전을 주워 총총히 가게 앞을 떠났다.

점원은 그 자리에 그대로 서서 문이 닫히지 않도록 손으로 붙잡고는 미소를 띤 채 우리 일행을 배웅했다. 우리는 "고마워요" "좋은 밤"이라고 인사하며 밖으로 나왔다. 사이먼의 조카가 마지막으로 나오며 점원에게 말했다.

"당신 그러면 안 되지."

그런 옳지 않은 모습은 도저히 참을 수 없다는 듯한 말투였다.

"당신, 내가 모르고 한 것 같아?"

흑인 여성은 사이먼의 조카를 똑바로 쳐다보고 말했다.

"나도 거기에 있었던 적이 있어."

그러고는 발걸음을 돌려 가게 안으로 들어갔다.

영어로 "나도 거기에 있었던 적이 있어"라는 말은 "나도 그와 같은 입장이었던 적이 있어"라는 뜻이다. 그런 사람이 마치 개에게 먹이를 던져주듯 길거리에 동전을 던진 데는 무슨 다른 이유가 있었을까? 아니면 인종차별적인 말에 대한 분노였을까? 사이먼의 조카는 의연한 얼굴로 문 앞에 서 있었다.

사이먼이 조카에게 다가가 어깨를 두드렸다.

"자, 자, 침착해. 세상은 여러 가지 생각을 하고 여러 가지 일을 하는 사람들로 만들어졌다고. 그럼 우리 한 군데 더 갈까? 기분

좋게 갈까?"

사이먼이 말했다.

"아니, 나는 브라이턴까지 운전해야 해서 못 마셔."

우리 남편이 퉁명스럽게 대답했고, 사이먼의 조카도 아무 말 없이 앞으로 걸어 나갔다.

그 거리가 끝나는 곳까지 걸어가자 모퉁이에 있는 술집에서 낯익은 여자가 나왔다. 좀 전에 본 구걸하던 여성이다. 그 사람은 길거리에 서서 민망한 기색은 조금도 없이 진을 병째 들이켜고는 우리 옆을 지나쳐 갔다.

"리얼리티 바이츠Reality Bites(현실은 냉혹한 법)."

사이먼의 조카가 비아냥거렸다. 그래, 우리는 가끔 이렇게 정면으로 현실에 물린다.

"그러고 보니 그런 제목의 영화가 있었지."*

"오, 위노나 라이더. 귀여웠지. 도둑질하기 전까지는 말이야."

"야, 너! 위노나는 지금도 괜찮다고."

정신없는 대화를 하면서 비틀비틀 걷는 두 아저씨 앞을 철학자 같은 표정을 한 청년이 창백한 겨울 달을 바라보며 걷고 있었다.

---

*　위노나 라이더 주연의 〈Reality Bites〉는 한국에서는 〈청춘 스케치〉(1994)라는 제목으로 개봉했다.

7. 노 서렌더

"AUSTERITY MEASURES(긴축 정책)"라는 말이 영국 거리의 여기저기에서 들리기 시작한 지 벌써 8년이나 지났다.

2010년에 보수당이 정권을 잡은 후 긴축 재정이라 불리는 악명 높은 정책이 실시되었다. 긴축 재정이 무엇이냐. 한마디로 말하자면 정부가 "나라에 빚이 너무 많아졌는데 이걸 갚지 못하면 우리는 파산이다"라고 사람들을 위협하면서 여러 분야의 재정 지출을 삭감하는 것이다. 그러니까 정부가 말단에 있는 서민에게 돈을 쓰지 않게 되었다는 말이다. 예를 들어 영국의 지방에서는 오랫동안 인프라 투자가 없다 보니 '귀중한 골동품을 인프라로 쓰지 말라'*라는 농담이 유행하고 있다. 병원과 학교도 규모를 축

---

* 인프라로 사용되고 있는 것들이 너무 오래되고 낡아 이제 사용하기보다는 보존해야 하는 골동품이라고 비아냥거리는 말이다.

소하고 인원을 줄이는 방향으로만 움직이고 지역 공공건물이 차례로 문을 닫고 있다.

부유한 사람은 이런 공공 서비스를 이용하지 않으니 긴축 재정이 대규모로 이루어진들 아무런 괴로움도 불편함도 없다. 그들은 사립 병원과 사립 학교를 이용하고 복지의 도움을 필요로 하지 않는다. 이 정책의 영향을 오롯이 감내해야 하는 사람은 바로 노동 계급, 즉 우리다.

내가 살고 있는 공영 주택지만 해도 그렇다. 최근 8년 동안 커뮤니티가 얼마나 많이 변했는지 눈이 휘둥그레질 지경이다. 가장 먼저 망한 것은 나의 직장이던 무료 탁아소였다. 망했다고 하면 어폐가 있을 텐데, 정확하게 말하자면 푸드 뱅크로 바뀌었다. 이와 관련해서는 『아이들의 계급투쟁』이라는 책에 자세하게 써놓았으니 여기서 더 이야기할 생각은 없다. 그런데 탁아소가 그렇게 되고 나서 조금 뒤에 아동센터까지 없어졌다.

아동센터란 앞서 노동당 정권이 전국에서 빈곤율과 실업률이 특히 높은 지역을 선정하여 지은 시설로 유아 교실과 탁아 시설, 어린이 건강 상담실, 정신건강 상담실, 무료 장난감 대여소, 카페 같은 다양한 서비스를 제공하며 지역의 허브 역할을 하던 곳이다. 우리 지구에 있던 아동센터도 이런 가난한 지역에 어쩌다 이렇게 현대식 건물이 세워졌을까 싶을 정도로 으리으리해서 황폐한 주변 풍경과는 전혀 어울리지 않았는데, 보수당이 정권을 잡자 폐쇄되고 말았다. 그 뒤 민간으로 매각되어 지금은 중산층을 위한 아파트가 되었다. 뒤를 이어 10대들이 청소년 전문 상담가와 함께 운동을 하거나 야외에서 춤 연습을 할 수 있었던 청소년 센터도 폐쇄되었다.

그리고 마지막 보루라고 여겼던 도서관마저 폐쇄되었다. 정말로 정부는 이 빈민가를 버리는구나 싶었다. 설마 저 위에 계신 분들은 어리석은 민중은 책 따위 읽지 않을 거라 생각하는 걸까. 그들은 몰랐던 거다. 일하지 않는 기간이 긴 노동자들 중에는 할 일이 너무 없어서 도서관에 다니며 책을 읽고 특정 분야에 별다른 쓸모도 없는 지식을 잔뜩 쌓는 '오타쿠'들이 있었음을, 조금만 더 공부했으면 에릭 호퍼*도 될 수 있었던 아마추어 연구자들이 있었음을.

스티브도 그 가운데 한 사람이다. 그는 도서관 폐쇄 소식을 선술집에서 듣고는 코피를 흘릴 정도로 분노했다. 가벼운 우울증까지 왔다. 그는 일주일에 다섯 번 대형 마트에서 파트 타이머로 일하며 연로한 어머니를 모시고 살았는데, 요양 보호사가 집으로 오는 날 근처 도서관에서 책을 읽는 것이 인생의 즐거움이었다.

스티브는 이전부터 보수당의 긴축 재정에 반대하는 입장이었으나 적극적으로 행동하지는 않았다. 하지만 긴축 재정이 이렇게 생활에 직접적으로 영향을 주니 제대로 맞서기로 마음먹었다. 사실 스티브는 우리 빈민가의 구석에 있던 중국계 이민자의 집에

---

* 한평생 떠돌이 노동자로 살았던 미국의 사회철학자.

동네 10대들이 못된 장난을 시작했을 때 아저씨 순찰대를 조직했을 정도로 본래 행동파였다. 그런 행동력을 발휘해 지방자치단체와 지역 의원에게 항의 편지를 보내고, 지역 신문의 '독자 투고란'에 도서관을 이용할 수 없게 된 아저씨의 비통한 심정을 절절하게 써서 보냈다. 보수당의 전당 대회가 열리는 장소에 가서 날달걀을 던지며 항의하는 등 애를 썼지만 긴축 정책의 거대한 톱니바퀴를 세울 수는 없었다. 지난해(2017년) 가을 결국 우리 빈민가의 도서관은 문을 닫았다.

그런데 위에 계신 분들은 이런 상황에서도 '폐쇄'라는 말을 쓰시지 않더라. '도서관 서비스는 커뮤니티센터 안으로 이전'이라는 모호한 표현을 사용해 마치 커뮤니티센터 안에 도서실을 설치한 것 같은 뉘앙스를 풍겼다. 하지만 실은 이 커뮤니티센터라는 곳 또한 매우 작고 초라한 건물이었으며, 심지어 그 건물의 반은 이미 민간 기업에 매각되어 헬스클럽으로 바뀌어 있었다. 그렇게 좁은 곳 어디에 도서실이 생겼을까 싶어 가봤더니, 글쎄 지역의 어머니, 아버지와 영유아가 사용하는 어린이 놀이방의 한구석에 있었다. 다다미 여섯 장* 정도 되는 공간에 종이 상자들이 늘어서 있었고 그 안에 어린이들이 보는 그림책이 들어 있었다. 그리고 옆의 탁자에 데스크톱 컴퓨터가 한 대 있었다. 도서실이라기보다는 헌책 노점상 같은 느낌이었지만 이것이 현재 빈민가의 유일한

---

* 약 4.8제곱미터.

공공 도서 서비스인 것이다.

"우민 정책이군."

스티브가 말했다.

"EU 탈퇴 찬반 투표를 할 때는 노동 계급을 바보라는 둥 무지하다는 둥 그렇게까지 폄하하더니만, 정부는 우리 머리를 더 나쁘게 만들 셈이야."

스티브의 말처럼 어린이 놀이방 한구석의 종이 상자 속에는 어른이 볼 만한 책은 한 권도 없었다. 이는 스티브뿐만 아니라 내게도 몹시 곤란한 일이었다. 왜냐하면 영국은 책이 무척 비싸기 때문이다. 하드커버는 한 권 살라치면 20파운드(약 3만 원) 이상, 페이퍼백이라고 해도 6파운드(약 1만 원) 아래로는 없다.

"이러지 말라고 정말, 도대체 왜 이런……."

내가 말하자 스티브가 대답했다.

"나는 포기하지 않을 거야. 억지로라도 공공 도서 서비스를 계속 이용할 거란 말이지."

스티브는 자기가 말한 대로 당당하게 어린이 놀이방을 열심히 다녔다. 물론 그렇다고 해서 어린이 그림책을 읽은 것은 아니다. 도서관 시스템으로 운영되는 배송 서비스를 이용했다. 우리 동네 커뮤니티센터도 시의 도서 서비스를 받을 수 있게 등록은 되어 있었기 때문에 시민이 읽고 싶은 책을 주문하면 도서관에서 이쪽으로 책을 배송해주었다.

그렇게 〈노 서렌더〉*(항복은 없다)의 브루스 스프링스틴 같은 정신으로 스티브는 새로운 도서실, 아니 어린이 놀이방에서 책을 읽었다.

상상해보시라. 키가 꺽다리처럼 크고 빡빡머리에 매서운 눈빛을 한 아저씨가 한겨울에도 반팔 티셔츠 한 장에 어정쩡한 길이로 접어 올린 스키니 진을 입고 닥터마틴 부츠를 신은 채 어린이 놀이방 구석 테이블에 진을 치고 앉아 독서에 열심인 모습을 말이다. 그 테이블 옆과 앞에는 고무공을 굴리며 아장아장 걸음마를 하는 침투성이 아기, 장난감 피아노를 주먹으로 쾅쾅 치면서 "토토토 랄랄라, 베리로로 햐……" 의미를 알 수 없는 노래를 작곡하는 꼬마가 있고, 뒤로는 수유 중인 엄마와 아기가 있다. 아기가 젖을 먹다 말고 갑자기 스티브 쪽으로 고개를 돌리더니 동그랗고 귀여운 눈동자로 스티브를 바라보며 까르르 웃는다.

그런 상황에서도 미간에 잔뜩 주름을 잡은 채 독서를 하는 스티브를 보았을 때 '과연 이것이야말로 긴축 재정에 항거하는 민중의 모습이로군' 하며 깊은 감명을 받았지만, 결국 나는 참지 못하고 웃음을 터트리고 말았다. 스티브 한 사람의 저항에 맡겨둘 수만은 없다. 뜻을 함께하는 반긴축파인 나도 어린이 놀이방에 노트북을 가지고 가서 스티브 옆에서 일을 해보기로 했다.

---

* 〈No Surrender〉는 미국의 록 뮤지션 브루스 스프링스틴이 1984년에 발표한 앨범 《Born in the USA》에 수록된 곡으로 2004년 미국 대통령 선거에서 민주당 후보이자 브루스 스프링스틴의 팬인 존 케리가 캠페인 송으로 사용하면서 다시 유명해졌다. "후퇴는 없어, 베이비, 항복은 없어No retreat, baby, no surrender"라는 후렴구가 반복된다.

하지만 불가능했다. 일단 소음이 신경 쓰였다. 엄청나게 빠른 속도로 기어오던 아기가 경찰차 장난감을 밀 때 나는 바퀴 소리에 왱왱 시끄러운 사이렌 소리가 더해졌다. 소꿉놀이 세트에 들어 있는 프라이팬을 서로 뺏으려고 치고받으며 끼이익 괴성을 내거나 으아아아앙 하고 울어버리는 녀석들도 있었다. 조용히 혼자서 노는 아기도 있네 싶어서 보면 5펜스짜리 동전을 주워 꿀꺽 삼키려 하고 있어 나는 여기저기 사건 현장으로 출동해야 했다. 그러고 보니 완전히 잊고 있었지만 실은 나는 보육사였다.

"안 돼. 나는 여기 있으면 정신이 산만해서 일을 못 하겠어."

머리를 흔들며 스티브 쪽을 보았더니 글쎄 스티브가 안 보인다. 응? 주위를 둘러보니 어린이를 안고 있는 한 어머니의 도서관 카드에 바코드 리더를 가져다 대며 그림책을 빌려주고 있었다.

이곳에도 담당자가 있긴 하지만, 이 또한 긴축 정책의 일환인지 어린이 놀이방 담당자가 도서 서비스 업무도 함께 맡고 있는 것 같았다. 이렇게 여러 가지 상황이 발생하는 방인데도 일하는 시청 직원이 한 명밖에 없었다. 스티브는 이런 상황을 자주 접하다 보니 어느새 도서 대출 업무를 돕게 된 모양이었다. 그러고 보니 여기 있는 엄마들도 "안녕, 스티브"라고 인사하는 게 그와 꽤 친해 보였다. 스티브는 '단골손님'들의 신뢰를 얻은 듯했다.

"차분하게 책을 읽을 수가 없어."

본인은 괴로운 얼굴을 하고 말하지만, 무서운 외모와 달리 바탕이 착한 아저씨다 보니 엄마들이 그림책을 고르며 이야기를 하고 있으면 "새로운 미피 책이 들어왔어"라고 조언을 해주거나, 쌍둥이 아기 중 한 명이 기저귀를 가는데 다른 한 명이 앙앙 울어서 곤혹스러워하는 어머니가 있으면 스윽 일어나 우는 아이를 안아준다. 무서운 얼굴로 앉아 있는 모습은 보기 어려울 정도로 스티브는 요즘 매우 활기차 보였다. 물론 내가 잘못 봤을 수도 있지만 말이다.

그렇게 시간이 흘러 놀이방 문을 닫을 시간이 다가오자 시청 직원이 "다음 주는 부활절 휴가라서 커뮤니티센터는 문을 닫으니 유념해주십시오"라고 했다. 집으로 돌아갈 준비를 하던 어머니 한 명이 여자아이에게 커다란 상자를 들려주었다. 세 살 정도 되는 여자아이가 자기 머리의 두 배쯤 되는 커다란 상자를 들고 뚜벅뚜벅 이쪽으로 걸어왔다. 아이는 그 상자를 스티브에게 건넸다.

"나한테?"

책에서 얼굴을 들어 올리며 스티브가 말했다. 아이는 고개를 끄덕였다. 놀이방 안의 어머니들이 이쪽을 보며 의미심장한 미소를 지었다.

"부활절 달걀."

아이는 씩씩하게 말했다. 파란 물방울무늬 포장지에 싸인 상자는 확실히 그렇게 보였다. 영국에는 부활절이 되면 초콜릿으로 만든 커다란 부활절 달걀을 가족과 소중한 사람들에게 선물하는 관습이 있다.

"고마워."

스티브가 퉁명스럽게 말했다.

포장지에 셀로판테이프로 붙인 분홍색 봉투가 보였다. 스티브가 봉투를 열자 안에서 병아리 그림이 붙은 귀여운 부활절 카드가 나왔다.

"우리의 할아버지 스티브에게. 항상 고맙습니다."

이렇게 쓰여 있었다.

"누가 빌어먹을 할아버지냐고, 망할 녀석들."

스티브가 언짢다는 듯 말하자 직원과 어머니들이 일제히 웃었다. 상자를 들고 온 여자아이도 작은 두 팔로 스티브의 다리를 껴안고 그의 얼굴을 올려다보며 웃었다.

스티브는 다시 무서운 얼굴로 돌아가 책을 읽기 시작했다. 내 눈에만 그렇게 보였을까. 열심히 활자를 쫓고 있는 스티브의 잿빛 삼백안이 눈물로 흐려진 듯 보였다. 뭐, 이것도 내 착각일지 모르지만.

8. 노 맨, 노 크라이*

부부 싸움은 칼로 물 베기라 개도 안 끼어든다고 하는데, 나는 남의 부부 싸움에 제법 끼어드는 편이다. 특히 두 사람을 다 잘 알고 둘 다 비슷하게 좋아하면 '이 사람이라면 이런 식으로 생각한 거 아닐까, 상대방은 저렇게 이해해버리는 사람이잖아'라는 식으로 양쪽이 다 이해가 되어 괴롭다. 괴로운 이유는 아직 서로 좋아하는 사이라 해도 더 이상 함께할 수 없는 때가 닥친다는 사실 때문이다.

이런 면에서 레이와 레이철은 최근에 좀 위험한 느낌이다. 친구들 사이에서는 심플하게 '레이들Rays'이라고도 불리는 이 커플. 결혼은 하지 않았으니 엄밀히 말하면 부부는 아니다. 하지만 지

---

* No Man, No Cry. 밥 말리와 더 웨일러스가 1974년에 발표한 곡 〈No Woman, No Cry〉에서 따온 제목.

난 7년간 파트너로 살아왔다. 30대인 레이철은 런던 동부에서 미용실 두 곳을 경영하는 수완 좋은 미용사이자 화려한 미모를 자랑하는 사업가이다. 한편 레이는 레이철의 각기 아버지가 다른 아이 셋을 키우며 전업주부主夫로 살아가는 60대 아저씨다. 우리 남편을 비롯한 레이 친구들의 입을 빌리자면 "부러워죽겠는" "거짓말 같은 실화" "언젠가 벼락 맞을" 관계다.

그런 두 사람 사이에 금이 가기 시작한 것은 첫 번째 글에 쓴 것처럼 EU 탈퇴 국민투표에서 레이가 탈퇴 쪽에 투표했기 때문이다. 잔류파 레이철은 격노했고, 집 안에서 말싸움이 끊이지 않았다. 아이들의 성격이 어두워질 정도로 심각한 상황으로 치달은 적도 있지만 레이가 '평화(실제로는 아무리 봐도 '중화'였지만)'라는 한자를 팔에 새겨 넣으면서까지 함께하겠다는 의지를 보여주면서 일단은 사이가 좋아졌다. 하지만 최근 두 사람 사이에 다시 먹구름이 끼기 시작했다.

"아니, 가정과 일 중에 뭐가 더 중요하냐고 하잖아."

레이철이 말했다.

'레이들'의 사이가 험악해졌다. 아니, 이미 험악한 상태를 훌쩍 뛰어넘어 차갑게 식어버렸다. 화창한 초여름 주말, 아이들을 데리고 브라이턴 해변에 놀러 왔을 때 두 사람의 모습을 보니 분명해 보였다. 뭐랄까, 이제는 서로 이야기도 안 하고 서로 무시하지도 않을 지경이었다. 완전히 가식적으로 '좋은 부모'를 연기하는 모습에서 얼어붙을 듯 찬바람이 쌩쌩 불었다. 이제 더는 못 하겠는 걸까.

레이와 아이들, 그리고 우리 남편과 아들이 집라인(나무 사이로 와이어로프를 타고 활강하는 놀이)을 하러 간 사이에 카페에서 레이철의 이야기를 들었다. 불만의 내용은 이랬다. 두 번째 미용실을 성공시킨 레이철은 이제 세 번째 미용실을 열 계획을 세우고 있어 몹시 바빴다. 뛰어난 능력과 야심, 노력을 아끼지 않는 근면함, 헬스클럽에서 단련한 단단한 몸을 가진 레이철은 솔직히 말해 신자유주의자다. 신자유주의의 적자라고 해도 좋겠다. 따라서 향상심이 없는 사람과는 마음이 맞지 않는다. 레이를 만났을 때는 아이들이 어렸고, 보육비와 베이비시터 비용이 엄청난 시기였기 때문에 육아에 익숙하고 전업주부 역할을 마다하지 않는 좋은 아저씨 레이 같은 사람이 꼭 필요했다.

하지만 레이가 "주말은 우리와 함께 보내자" "가족을 위해 빨리 퇴근하고 집에 들어와"라고 하니 레이철은 점점 짜증이 났다. 레이는 레이철이 일을 너무 많이 한다고, 가족과 자기 삶을 희생시키면서까지 사업을 확장할 필요는 없지 않느냐고 했다.

노동에 대한 두 사람의 사고방식 차이, 60대인 레이와 30대인 레이철의 세대 차이가 분명하게 드러났다. 레이와 우리 남편 세대는 영국이 아직 '요람에서 무덤까지'의 복지사회라고 불리던 시절에 사회생활을 시작한 사람들이다. '해머타운의 녀석들'은 반체제적인 불량소년들이었지만, 어쨌든 그들에게는 국가라는 안전망이 있었다. 일자리를 잃으면 쉽게 실업보험이 나왔고, 다치거나 병에 걸리면 NHS가 있으니 무료로 치료받을 수 있었다 (당시에는 처방약까지도 무료였다). 학비도 무료였으니 가려고만 하면 대학에도 갈 수 있었다. 노동조합의 힘이 강했던 시절이니 지금과 비교해 노동자들의 태도도 드셌다.

"잉글랜드는 나를 먹여 살릴 의무가 있다."

더 스미스의 모리시*는 말했다. 지금의 중·노년층은 그런 사고가 통용되던 시대에 성인이 되었다. 그들에게 노동이란 생활 자금을 손에 넣는 일로서 오전 9시부터 오후 5시까지 부지런히 일하면(모리시는 이것조차 거부했지만) 퇴근 후에 선술집에 가거나 휴일에 가족과 함께 외출하거나 사적으로 즐거운 생활을 하더라도 생활에 불안을 느낄 일이 없었다.

하지만 블레어 정권의 '제3의 길' 시대에 성장한 레이철은 달랐다. 레이철은 강경한 신자유주의, 능력주의 일변도의 영국밖에는 모르는 세대다. 그러니 레이철에게는 레이가 패기 없는 무능력한 아저씨로 보일 뿐이다.

"노동 계급 인간은 일이 있고, 쾌적하고, 청결한 집에 살 수 있고, 1년에 두 번 여행을 하면 그걸로 만족스럽다. 레이는 이렇게 말하거든. 아니 향상심이 없어도 너무 없는 거 아니야? 세상을 너무 쉽게 본다고. 요즘 세상에 그러고 있다가는 점점 생활수준이

---

* 더 스미스는 1982년 영국 맨체스터에서 결성된 얼터너티브 록 밴드로, 이 밴드의 보컬 모리시는 노동 계급 출신의 싱어송라이터이자 작가이다.

떨어져서 정신 차려보면 밑바닥으로 내려와 있다고."

레이철은 이렇게 말했다.

그러니까 소위 그거다. 브렉시트와 트럼프 대통령의 탄생으로 화제가 된 '중간층이 지닌 불안'이라는 바로 그거. 노동 계급 출신인 레이철에게는 생활보호수당으로 아이들을 키우는 싱글 맘 친구들이 있단다. 긴축 재정으로 친구들의 생활이 점점 더 어려워지다 보니 자기가 돈을 빌려주기도 한다는데, 그래서 레이철은 자칫 잘못하다가는 자기도 그 구렁텅이에 떨어지고 말 거라는 불안이 크다고 했다.

"나이가 많아서 그런 부분도 있겠지만 레이한테는 야심이 너무 없어. 이건 아이들에게도 악영향을 끼치는 거야. 아니, 애들도 10대가 되면 친구랑 시내에 나가거나 영화를 보거나 할 거 아니야. 그런 건데, 응? 오늘도 말이야, 다 같이 브라이턴에 가자고 하더라? 나 일 있다고 하면 화내고."

레이철은 한숨을 쉬며 말했다.

'영국인은 일하지 않는다'라는 말은 이제 환상에 가깝다. 영국 공인인력개발연구소가 1211개 회사 460만 명의 직장인을 대상으로 실시한 조사에서 2010년에는 "컨디션이 좋지 않아도 출근한다"라고 대답한 사람이 26퍼센트였던 것에 비해 최근 조사에서는 약 세 배인 72퍼센트나 되었다. 이런 변화는 컨디션이 나빠도 일하지 않을 수 없는 압박을 느끼는 사람이 급증했음을 뜻한다.

고용주 가운데는 86퍼센트가 "컨디션이 좋지 않아도 출근한다"라고 대답했다. 이 통계를 보면 경영자인 레이철이 돈을 많이 벌 수 있는 주말에 일을 하고 싶어 하는 것도 당연하다.

"가치관이 너무 달라. 다른 거라면 참을 수 있는데 일에 관해서는 정말 양보 못 해. 무엇보다 세 아이와 레이의 생활이 내 사업에 걸려 있는데 조금도 도와주질 않는다고."

레이철은 차가운 목소리로 '발목을 잡는다'를 '도와주지 않는다'로 고쳐 말했다.

일본에 있는 지인과 가수 오자키 유타카에 관해 나눈 이야기가 문득 생각났다. 오자키 유타카는 훔친 오토바이를 타고 학교 유리창을 깨고 다녀도 자기가 원한다면 대학에 가고 취직을 하고 가정을 꾸릴 수 있었던 경제 성장 시대의 젊은이였다. 반면에 취직 빙하기를 보며 자라고 "더 이상의 경제 성장은 없다. 세상은 자본주의에서 연착륙할 자리를 찾고 있다" 같은 축소 사회에 대한 언설이 가장 설득력 있게 들리는 시대를 사는 젊은이들은 천진난만하게 유리창을 깨고 다니지 않는다. 지인이 이런 이야기를 했었는데, 해머타운의 아저씨들과 영국 젊은이들의 관계도 이와 닮은 것 같다.

'이마에 땀이 맺히도록 일하면 보수를 받는다'와 같은 삶의 방식은 이제 지겹다며 젊은이들이 대항문화counter-culture를 형성하던 시대와 '이마에 땀이 맺히도록 일해도 보수를 받을 수 있을지 없을지 모른다'는 보합제*와 제로 아워 계약Zero-Hour Contract**

이 횡행하는 시대는 다르다. 예전의 젊은이들은 조금 길을 잘못 들어도 괜찮았다. 제도의 보호를 받을 수 있었기 때문이다. 하지만 지금은 경쟁, 경쟁, 경쟁 소리만 들리고, 경쟁에서 지면 아무도 도와주지 않는 정도에서 끝나지 않는다. '패자의 아름다움'이라는 풍류 같은 것은 고리타분한 옛날이야기가 되어버렸다. 이제 경쟁에서 진 젊은이들은 차브(하층 계급)가 되는 수밖에 없다.

묵묵히 근면하게 일하면 살아갈 수 있는 시대에는 사람들이 반항을 하고, 성실하게 일해도 생활이 보장되지 않는 시대에는 모두가 앞다투어 근면하게 일한다. 순종적이고 부리기 쉬운 노예를 늘리고 싶을 때 국가는 경기를 악화시키기만 하면 되는 것이다. '불황은 인재'라는 말이 있을 정도로 경기가 좋고 나쁨은 '운'이 아니다. 사람이 만드는 것이다.

그러고 보니 레이가 EU 탈퇴에 투표를 하고는 "EU가 하는 방식은 엿이나 먹어라"라고 했을 때 레이철이 "엿 먹으라고 해도 어쩔 수가 없잖아. 우리 가게는 미용사도 손님도 거의 모두가 EU 이민자들이야. 내 사업이 망하면 어떡할 건데?" 하고 소리를 질렀다. 두 사람 사이에는 검고 깊은 강이 흐르고 있었다.

---

*   업적과 성과에 따라 급여를 지불하는 방식으로 주로 보험이나 자동차 영업사원, 택시 운전기사 등에게 적용된다. 수입이 불안정하고 업무 중에 발생하는 위험을 개인이 감당해야 하기에 바람직하지 않은 임금 정책이라 여겨진다.

**   정해진 노동 시간 없이 임시직으로 계약한 뒤 일한 만큼 시급을 받는 노동 계약. 24시간 대기조, 현대판 노예 계약이라 비판받고 있다.

"나는 그저 일을 더 하고 싶을 뿐이야."

레이철이 말했다. 레이철은 쉬고 싶지 않다. 유유자적하고 싶지 않다. 가족끼리 화목한 시간을 보내고 싶지 않다. 더 위로 올라가고 싶다. 아니, 정확하게 말하면 아래로 추락하는 것이 무섭다.

이런 생각을 하며 창밖으로 눈길을 돌렸다. 레이와 아이들, 그리고 우리 남편과 아들이 걸어오고 있었다. 모두 소프트아이스크림을 핥는 중이었다. 둘째 딸의 분홍색 물방울무늬 모자를 쓴 레이의 턱수염에는 아이스크림이 묻어 있었다.

그가 걸어오는 방향을 보고 있던 레이철은 느린 동작으로, 하지만 의식적으로 고개를 돌려 시선을 피했다. 그리고 가방에 손을 넣어 스마트폰을 꺼내 들여다보았다. 아이들을 데리고 들어오는 레이의 모습은 이제 보지 않는다.

"수염에 아이스크림 묻었거든."

내가 냅킨을 건네자 레이가 "아아" 하고 턱을 닦았다. 레이철은 그쪽으로는 한 번도 눈길을 주지 않고 가장 어린 아이에게 "재미있었어?"라고 물었다. 그러고는 흑인 아버지를 둔 이 아이의 곱슬머리에 손가락을 넣은 채 상냥하게 뺨에 입을 맞추었다. 헬스클럽 트레이너였던 아이의 아버지는 아무튼 여자 관계가 어마어마했고, 낭비벽도 심한 미남이었기 때문에 당시 레이철은 몸과 마음이 모두 지쳤었다. 그때 레이철 앞에 나타난 아저씨가 바로 레이였다. 인생의 그 시점에서 레이철은 레이가 딱 좋았다. 하지만 이제는 그 시기를 지나왔다.

"자, 차 막히기 전에 런던으로 돌아가자."

레이철이 아이들을 보며 말했다.

"돌아가는 길에는 내가 운전할게."

레이가 말했다.

"아니, 괜찮아. 내가 할게. 당신은 편히 앉아 있어."

레이철이 대답했다. 과하지도 부족하지도 않은 그 인위적인 미소와 목소리에 깜짝 놀랄 만큼 거리감이 느껴졌다.

노 우먼, 노 크라이. 노 우먼, 노 크라이.* 이 구절을 반복해서 부르는 밥 말리의 목소리가 가게 안에 울려 퍼졌다.

"고마워. 그럼 노인은 편히 가지 뭐."

레이가 애써 밝은 목소리로 대답했다.

노 우먼, 노 크라이. 노 우먼, 노 크라이. 붉은 입술을 새로 칠하고 자리에서 일어난 레이철은 역시 압도적인 젊은 미인이다. 그 뒤를 따라 걸어가는 레이의 웃는 얼굴이 젖은 맥주병에서 반쯤 떨어진 라벨처럼 구겨져 있었다.

울고 싶은 것은 분명 아저씨 쪽이었다.

---

* "No woman, no cry"라는 후렴구는 종종 '여자가 없다면 눈물도 없다'라는 의미로 오해되기도 하지만, 두 번째 'no'는 자메이카어 'nuh'에서 온 표현으로 'don't'를 뜻한다고 한다. 즉 이 구절은 "No, woman, don't cry(안 돼요, 그대, 울지 말아요)"라는 뜻이다.

9. 우버와 블랙캡, 그리고 블레어의 망령

블랙캡은 더 이상 설명이 필요 없을 만큼 잘 알려진 런던의 명물 택시다. 레트로 감성의 동그란 차체와 런던 말씨로 말을 거는 운전기사. 나조차도 그랬다. 1980년대 처음으로 블랙캡을 탔을 때 "우와, 나 진짜 런던에 왔구나" 하면서 영문 모를 감동에 사로잡혔다.

그런데 지금은 블랙캡이 "사악한 내셔널리즘과 배외주의"의 상징으로 간주되고 있다. 배차 서비스 우버의 영국 진출이 이 사태의 발단이 되었다. 우버란 미국의 우버 테크놀로지스가 운영하는 자동차 배차 서비스 웹사이트 및 애플리케이션을 뜻하는데, 누구나 자신의 차를 이용해 손님을 태워주고 수입을 얻을 수 있다. 우버 사이트에 운전기사 등록을 해두면 이용자가 사이트를 통해 예약을 한다. 이용료도 통상 택시보다 20~30퍼센트 싸고, 스마트폰으로 근처에 있는 운전기사를 찾아 탭만 하면 차를 부를 수 있다는 간편함도 있어서 빠른 속도로 확산되고 있다. 간단하고 빠르고 싸다는 삼박자가 잘 맞아떨어지니 택시 시장을 잠식하지 않을 리가 없다.

블랙캡 운전기사들은 손님을 빼앗기니 싫을 수밖에. 이쪽은 '세상에서 가장 어렵다'는 시험을 통과하고 블랙캡을 운전하는 프로들이다. 이들은 런던 시내 약 2만 5000개의 거리와 약 10만 개의 명소, 건물, 시설 위치를 전부 외워서 써야 하는 필기시험을 치렀다. 또 그보다 더 어렵다는 구두시험에서는 면접관이 무작위로 선택하는 두 지점의 최단 경로를 답해야 했다. 그 경로상에 있는 거리 이름과 교차로 등을 바로 말하지 못하면 탈락이다. 이 시험을 통과하기 위해서는 최소 몇 년은 준비해야 한다. 불합격률이 70퍼센트에 이를 정도로 엄청나게 어려운 시험이기 때문이다.

그들이 그렇게 고생해서 암기한 모든 정보를 우버 운전기사는 스마트폰 애플리케이션으로 단번에 입수할 수 있다. 이들 중에는 비는 시간을 이용해 용돈이나 버는 아르바이트 감각으로 차를 운전하는 사람도 많다. 그런 아마추어에게 손님을 홀딱 빼앗긴 것이다. 게다가 그 영향으로 택시 업계의 가격 파괴까지 일어날 듯 보이니 블랙캡 운전기사들이 느끼는 위기감은 장난이 아니다.

블랙캡과 우버 운전기사들 사이에는 인구통계학적 차이가 있다. 런던교통공사 통계에 의하면 블랙캡 운전기사 총 2만 4618명 중에 약 67.2퍼센트가 백인 영국인이다(2017년 2월 8일 현재). 반면에 미니캡과 우버 운전기사 총 11만 7857명 가운데 백인 영국인

1부 디스 이즈 잉글랜드 2018~2019

은 겨우 7097명(약 6퍼센트)이라고 한다.

그러니까 '블랙캡 vs 우버'의 전쟁에 작금의 화제인 '글로벌 경제의 뒤틀림에 의한 영국인과 이민자의 대립 구도'가 알기 쉬운 형태로 현현한 것이다. 실제로 블랙캡 운전기사가 우버 운전기사에게 인종차별적 발언을 하거나, 우버를 규제하라며 도로 봉쇄 운동을 할 때 영국 국기를 내걸어 '우익'이라는 비판을 받기도 했다. EU 탈퇴 투표에서도 블랙캡 운전기사 대부분은 탈퇴를 지지했다.

그러나 어떤 집단에도 소수파는 있다. 우리 남편의 오랜 친구 테리는 블랙캡 운전기사지만 잔류파다. 그는 할아버지 때부터 순수한 노동당 지지자로 특히 블레어 전 총리의 팬이었다. 블레어라고 하면 지금까지는 신자유주의의 화신 같은 존재다. 현재 영국의 격차와 분열을 만들어낸 장본인이라는 취급을 받으며 작년에 "영국의 EU 탈퇴를 철회하기 위해 정계에 복귀하겠다"라고 선언했을 때도 "안 돌아와도 좋아" "애초에 모든 악의 원흉은 너야"라며 거의 모든 영국인에게 무시를 당했다. 하지만 테리는 블레어의 복귀 가능성에 가슴이 뛰었던 모양으로 "모두 그의 공적을 잊고 있어"라며 쓸쓸해했다.

테리의 말에 따르면 블레어의 공적은 능력주의 사회를 확립한 것이라고 한다. 많은 사람이 "블레어는 안 돼"라고 말하는 바로 그 이유 때문이라니, 테리는 정말 블레어의 콘크리트 지지층이 아닌가 싶다. 실제로 블레어 시대에 성공한 사람은 대체로 능력주의자였다.

"나는 우버도 괜찮지 않나 하는데."

테리는 이런 말을 아무렇지도 않게 해버리고는 하는데, 블랙캡을 운전하는 날이 일주일에 이틀밖에 되지 않는 그는 사실상 반은 은퇴한 셈이었다.

테리는 10대 시절에는 남편의 친구들 가운데서도 가장 불량했던 모양으로 중학교도 마지막 연도에 퇴학당하고, 지역 선술집과 나이트클럽에서 일하거나 책에는 쓸 수 없을 정도의 일도 하면서 불량 가도를 걸었다고 한다. 하지만 그는 서른 살을 앞두고 마음을 고쳐먹었다. 심기일전하여 블랙캡 시험에 멋지게 합격했다. 그즈음에 테리의 버팀목이 되어준 연인은 금융가의 은행에서 일하던 여성으로, 두 사람은 후에 결혼하여 에식스주의 아름다운 전원주택 지역에 너무나도 중산층다운 저택을 구입해 살았다. 그 외에도 플랫flat*을 두 채나 소유하고 있어서 그 임대 수입이 있기 때문에 테리는 이제 일할 필요가 없다. 그런 그가 "우버도 괜찮잖아"라고 하면서 아름다운 저택의 정원 잔디밭에서 바비큐를 하고 있으니 블랙캡 운전기사 동료는 화가 난 표정을 감추지 못했다.

"흥, 이제 너한테는 강 건너 불구경이구먼."

동료의 이런 말에도 테리는 미소를 지으며 양고기를 뒤집었다. 오늘은 매해 여름이면 테리의 집 정원에서 열리는 바비큐 파티 날이다. 엄청난 양의 술과 고기를 대접하는 이 파티에 테리 가족

---

*   영국의 공동 주택.

의 친구와 이웃 50명 정도가 초대를 받았다.

"그런데 우버 말이야, 작년에 런던교통공사에서 안전이 우려 된다는 이유로 영업 면허를 갱신해주지 않겠다고 결정하지 않았 어?"

조금 탄 양고기를 종이 접시에 받으면서 내가 말했다.

"으응, 하지만 우버가 그 결정에 항소를 했으니 판결이 나올 때 까지는 영업할 수 있어. 항소는 몇 년이나 걸리니까 아무것도 변 하지 않았지."

테리의 친구가 그런 상황이 아주 밉살스럽다는 듯 말했다.

우버를 계속 이용하고 싶은 사람들과 우버 운전기사 50만 명 이 런던교통공사의 우버 금지에 항의 서명을 하고 탄원서를 냈 다. 하지만 런던의 사디크 아만 칸 시장은 "여러분의 분노는 우버 를 향해야 한다"라고 발언했다. 무슬림 런던 시장으로 화제가 된 칸도, 그의 소속 정당인 노동당의 대표 제러미 코빈도 이 문제에 서는 우버 금지를 지지했다.

전과 달리 오른쪽과 왼쪽의 구별이 간단치 않게 된 한 가지 사 례일 것이다. 정체성 정치라는 관점에서 보면 이민자 운전기사가 많고, 국가 단위의 규제 같은 것은 부숴버리라고 하는 우버 측이 '진보적'이니 '좌파' 정당이 지지할 것 같지만 '미스터 마르크시 스트'라는 별명을 가진 코빈의 노동당은 "잠깐만요. 여러 나라에 들어와 지역에서 정한 고용과 안전 규칙을 무시하고 제멋대로 장 사판을 벌여 지역 산업을 엉망으로 만들고 노동자의 임금과 고용 조건을 저하시키는 것은 진보가 아닙니다"라고 말했다.

우버는 말하자면 제로 아워 계약처럼 유연성이 높은 고용 형태라 고용된 사람에게 복리후생을 제공하지 않는다. 최근에 겨우 장시간 운전하는 기사에게는 출산휴가와 상병수당*을 주겠다는 말을 하는데, 이 부분도 상당히 미심쩍다. 게다가 차량 예약과 요금 지불 등 모든 것을 스마트폰으로 하기 때문에 관리가 전혀 필요 없는데도 25퍼센트의 수수료를 받아가기 때문에 소요 경비를 제하면 수입이 최저 임금보다 낮아진다는 운전기사도 있다.

"우버는 나쁜 글로벌리즘의 상징이야. 런던에서 날뛰도록 놔둘 수는 없지."

동료가 이렇게 말하자 테리가 대답했다.

"아니, 뭐 이제 시대가 달라지지 않았어? 노동자에 대한 대우가 중요하다고 나라를 닫아버리면 세계적으로는 뒤처진다고."

"너희가 말하는 '나라를 열라'는 결국 국내 노동자를 궁핍하게 만드는 거야."

"하지만 궁핍하지 않은 노동자도 있잖아."

"그럼 궁핍한 녀석과 궁핍하지 않은 녀석의 격차가 점점 더 커질걸."

"아니, 그렇잖아. 평등이라는 건 아주 좁은 곳에 한정된 목표

---

*   일을 하다가 다치거나 아프게 되었을 때 요양에 필요한 비용 외에 따로 받는 수당.

야. 온 세상을 평등하게 하는 건 불가능하잖아. 그러니까 지금 '나라를 닫자' '진입 금지' 같은 말을 하고 있는 거지? 그게 퇴보라고. 글로벌하게 나아가지 않으면 안 돼."

"그러니까 글로벌리즘은 안 된다고."

"무슨 멍청한 소리야. 이제 멈출 수 없어."

"노동자의 최저 임금이 깨지더라도?"

"응, 그렇잖아. 최저 임금이 깨지지 않는 사람도 많으니까."

진전이 없는 공방을 이어가는 두 아저씨였다. 어느덧 밤도 깊어가고(라고는 하지만 6월의 영국은 밤 10시까지 밝기 때문에 밤이 깊었다는 느낌은 들지 않았다) 테리의 친구가 막차를 놓치기 전에 돌아가야 한다고 했다. 테리의 아들이 스마트폰으로 택시 회사에 전화를 걸어 역까지 가는 택시를 부르려 했지만, 금요일 밤이다 보니 택시 회사도 바빠서 바로 올 수 있는 택시가 없다고 했다.

대학생인 테리의 아들이 스마트폰을 이리저리 만지작거리더니 "오, 우버가 근처에 있어. 2분이면 도착한대"라고 했다.

"바보 녀석! 내가 하필 우버를 타겠느냐고."

테리의 동료는 얼굴을 붉히며 화를 냈지만, 막차를 놓치면 돌아갈 수 없다는 현실에 지고 말았다. 그렇게까지 저주를 했음에도 우버 택시를 타게 된 것이다.

눈 깜짝할 사이에 테리네 문 앞으로 온 자가용 운전석에는 머리에 히잡을 두른 운전기사가 앉아 있었다. 무슬림 여성 운전기사였다.

"너, 무례한 말은 하지 마. 취해서 걱정이네."

테리가 말하자 친구가 대답했다.

"나를 얕잡아 보지 말라고. 동업자에게 실례되는 말은 하지 않아. 재수 없는 건 우버라는 회사지 말단 운전기사가 아니라고."

"'여자는 역시 운전을 못한다'라든가 '외국인은 길을 모른다' 같은 말도 하면 안 돼."

"걱정 말라고. 나는 그런 말 안 해. 신사니까. 최저 임금 이하로 받는지 어떤지는 물어보겠지만."

이렇게 말하면서 테리의 동료는 문밖으로 나가 우버 택시 뒷좌석에 올라탔다. 영국인 블랙캡 운전기사가 무슬림 여성이 운전하는 우버 택시를 타고 달리는 모습이 시대를 단적으로 상징한다 싶었는지 멀어지는 차를 바라보며 테리가 말했다.

"무인 자동차가 달리는 시대가 되면 다 일자리를 잃겠지. '이런 걸로도 싸웠지'라며 추억에 잠기지 않겠어?"

달관한 듯 말을 하기에 내가 이어서 말했다.

"너는 이미 거의 은퇴한 사람이니 그렇게 우아한 말이 나오는 거야."

테리가 크크 웃으며 말했다.

"하지만 난 아직도 믿고 있어. 앞으로 더 나아질 일만 남았다고 Things can only get better."

이 노래 제목을 그는 여전히 말버릇처럼 입에 달고 다녔다. 당연히 하워드 존스*의 곡이 아니다. 블레어가 이끌던 노동당이

1부 디스 이즈 잉글랜드 2018~2019

1997년 총선거에서 캠페인 송으로 사용한 디림**의 곡이다.

앞으로 더 나아질 일만 남았어. 그런가?

이제 김이 빠져 입에 쓰기만 한 맥주를 전부 들이켰다.

검게 타버린 양고기가 이제 쓸모없어진 듯 바비큐 불판 한구석에 높이 쌓여 있었다.

---

*   1980년대에 신스 팝, 뉴웨이브 장르 음악으로 큰 인기를 끌었던 영국 뮤지션으로 〈Things Can Only Get Better〉는 그가 1985년에 발표한 곡이다.

**   1990년대에 큰 인기를 모은 북아일랜드 출신 밴드로 〈Things Can Only Get Better〉는 1993년에 발매된 그들의 데뷔 앨범 《D:Ream On Volume 1》의 수록곡이다. 1997년 총선거에서 노동당은 보수당의 장기 집권으로 영국이 최악의 상황에 치달아 '더 이상 나빠질 수 없다'는 의미를 담아 이 곡을 캠페인 송으로 사용했다.

10. 언제나 인생의 밝은 면을 보기를

일본어로 '1주기'라고 말하면 검은 상복이 떠오르고 향냄새가 진동하는 느낌이다. 하지만 이 말을 영어로 하면 무엇이 되느냐 하면 바로 'anniversary(기념일)'이다. 마쓰토야 유미의 노래*처럼 하얀 원피스를 입은 모델이 플래티넘 반지를 낀 채 해변에서 웃고 있는 광고 같은 느낌의 단어로 고인의 기일을 표현해도 되는 걸까? 일본인인 나는 그런 생각이 들지만, 대니의 1주기 기일 초대장에도 'First Anniversary(첫 번째 기념일)'라고 쓰여 있었다. 심지어 선술집 중정을 빌려 월드컵 잉글랜드전을 보면서 고인의 1주기를 기념한다고 했다.

---

*   마쓰토야 유미는 1970년대 초에 데뷔한 일본의 싱어송라이터로 국민 가수라고도 불리며 별명인 '유밍'으로 잘 알려져 있다. 여기 언급된 노래는 〈기념일~ 끝없이 너를 부르며ANNIVERSARY~無限にCALLING YOU〉로 1989년에 발표한 23번째 싱글 앨범에 수록되어 있으며 결혼을 축하하는 내용의 서정적인 곡이다.

대니는 축구를 좋아했다. 월드컵과 유로 시즌이 되면 자동차 천장의 네 모퉁이에 성 조지 깃발St. George's Flag*을 달아 펄럭이게 했고, 집 창문에도 커다란 성 조지 깃발을 늘어뜨렸으며, 기르던 불도그에게 잉글랜드 유니폼을 입혔다.

대니의 첫 번째 기일을 기획한 사람은 여동생 제마였다. 제마는 남편, 아이들과 함께 대니의 집 근처에 살았다. 처음부터 그런 것은 아니었다. 원래 대니는 런던의 이스트엔드에 살았는데 2000년대에 들어서 에식스주에 집을 구입해 이주했다. 이주의 계기는 부모가 런던의 집을 팔고 에식스주 캔베이 아일랜드에 있는 작은 1층집을 사서 살기로 결정했기 때문이다. 결혼하지 않고 부모와 함께 살던 대니도 새집으로 옮겨 왔고, 대니와 부모님의 병간호를 분담하기로 한 제마의 가족도 근처에 집을 사서 이사를 왔다.

런던은 영국인보다 이민자가 많은 도시다. 그 이유가 단순히 이민자 수가 계속 증가했기 때문은 아니다. 영국인이 런던 바깥으로 나가기 때문이다. 특히 고령자들은 부동산 가격이 높아지자 런던의 집을 팔고 지방의 싼 집을 구입해 이사하면서 그 차액을 노후 자금으로 썼다. 대니의 부모는 그 전형적인 예라 하겠다.

그 지역 시내 한복판에 제마가 예약한 술집이 있었다. 에식스주는 대니의 가족처럼 런던에서 이사해 온 영국인이 압도적으로

---

* 흰 바탕에 붉은 십자가가 그려진 잉글랜드 국기.

많았다. 지난해 지역 교회에서 치른 대니의 장례식 참석자 가운데 백인이 아닌 사람은 나와 대니의 마지막 연인이었던 젊은 베트남 여성뿐이었다.

대니는 17년 전에 부모와 함께 이 땅으로 이주해 왔다. 먼저 어머니가 별세했다. 치매로 고생하던 아버지는 6년 뒤에 별세했다. 병간호에서 해방되어 가벼운 몸이 된 대니는 원래부터 여행을 좋아하기도 했던 터라 태국, 중국, 베트남 등 아시아로 여행을 떠났다. 하지만 그런 편안한 생활을 시작한 지 얼마 되지 않아 암 선고를 받았다. 치료하고 회복하고 나면 다시 전이가 발견되고, 또다시 치료를 받는 생활을 몇 년 동안 반복하던 끝에 대니는 세상을 떠났다.

대니의 투병 생활에 버팀목이 되어준 사람은 베트남 여행에서 만난 아름다운 20대 여성이었다. '여명 3개월'이라는 시한부 선고를 받자 대니는 그 여성을 영국으로 불러들였다. 변호사를 통해 "60대 말기 암 노인을 간병하기 위해 왔다"라는 이유로 비자를 취득하고 연장했다. '여명 3개월'이라고 했으나, 결국 이 베트남 여성은 열한 달을 생존한 대니 옆에서 임종까지 지켰다. 물론 혼자서 모든 것을 다 할 수는 없었다. 행정적인 수속이나 병원, 비자 관련 업무 등 일상의 소소한 일들은 전부 제마가 해야 했다.

대니의 첫 번째 기일에도 금발의 제마가 마치 술집 주인이라도 된 양 거의 모든 진행을 알아서 했는데 제마는 세상 물정에 밝고 두려울 것 없는 엄마라는 느낌을 주는 사람이었다. 선술집 중정

에는 생전의 대니가 집을 꾸몄던 것처럼 커다란 성 조지 깃발이
몇 개나 걸려 있었다. 우리가 도착했을 때는 이미 잉글랜드 티셔
츠를 입은 사람들이 시끌벅적하게 맥주를 마시고 있었다. 살아 있
었다면 대니도 틀림없이 여기에 있었을 텐데 싶어 조금 슬퍼졌다.

갑자기 남편의 휴대폰이 따리링 하고 울렸다. 왓츠앱 메신저에
메시지가 도착한 모양이었다. 남편은 메시지를 보더니 내게도 보
여주었다.

"곧 시작이네요. 대니 대신 두근두근하고 있습니다."

베트남으로 돌아간 대니의 전 연인이었다.

"베트남은 지금 몇 시야? 새벽 2시쯤 아니야?"

내가 이렇게 말하자 남편이 대답했다.

"안 자고 보는 모양이네."

그러자 제마가 만면에 미소를 띤 채 이쪽으로 다가왔다.

"맥주 다 마셨네. 뭐로 할래? 라거?"

대니에게 슬픈 기일은 어울리지 않아. 온 힘을 다해 이 밤을 즐
겁게 만들어주지. 이렇게 말하는 듯 제마는 새빨간 꽃무늬 점프
슈트에 붉은 하이힐을 신고 있었다. '나와 같은 나이였던 것 같은
데'라고 생각하면서 나는 제마에게 라거 맥주를 한 잔 더 달라고
부탁했다.

"이거 봐."

남편이 제마에게 휴대폰을 보여주었다.

"뭐야? 누군데?"

제마는 휴대폰 화면을 보며 거기 쓰인 것을 읽었다. 그러더니 '흥' 코웃음을 치며 옆 테이블로 가버렸다.

대니가 죽은 뒤 제마와 대니의 마지막 연인은 격렬하게 싸웠다. 그 당시 제마가 몇 번이나 우리 남편에게 전화를 걸어 하소연했던 것을 기억한다.

대니와 남편은 네 살 때부터 친구였다. 그러니 남편은 제마가 아기 때부터 잘 아는 사이였고 제마는 남편을 "오빠나 다름없다"라고 했다. 제마는 10대 때 임신한 사실을 주위에 숨기고 있다가 (원래 통통한 체형이었기에 가족들도 눈치채지 못했다고 한다) 고등학교 화장실에서 산기를 느끼고 출산을 한 불량소녀였다. 그 뒤에도 가족들이 알면 야단을 맞을 것 같으니 선생님한테 우리 남편에게 전화를 해달라고 하는 바람에, 남편은 아기 아버지로 몰려 대니에게 두들겨 맞는 등 세상에 그런 소동이 없었다고 한다.

결국 제마는 그때 태어난 아기의 아버지인 동급생과 가정을 꾸리고 지금까지 행복하게 살고 있다. 제마는 사람들을 잘 챙기는 성격이라 부모님도 대니도 생전에는 제마에게 완전히 기대어 살았다. 대니가 말기 암 선고를 받고 베트남의 젊은 연인을 영국으로 불러들이고 싶다고 했을 때도 그랬다. 제마는 오빠가 삶의 마지막 시간을 아름다운 연인과 함께 보낼 수 있도록 번거로운 수속이나 준비를 전부 해주었다.

제마는 베트남에서 온 오빠의 연인을 마치 딸처럼 귀여워했다. 하지만 대니가 세상을 뜨자 모든 것이 달라졌다.

"글쎄, 대니의 유서를 보여달라고 하는 거야. 대니가 자기한테 더 많은 돈을 남겼을 거라면서 변호사 사무실에 멋대로 들어간 거지."

제마는 우리 남편에게 전화를 해서 이렇게 말했다. 처음에는 믿을 수가 없었다. 그 베트남 여성은 나도 몇 번 만난 적이 있지만 전혀 그런 사람으로 보이지 않았기 때문이다.

"대니가 누구한테 얼마를 남겼는지 알고 싶대. 자기한테는 알 자격이 있다는 거야. 아내도 아니었고 함께 산 건 겨우 열한 달뿐 이었는데 자기가 유산 상속자라는 거지."

젊은 날 런던 동부의 전설적인 미남이었던 대니는 처음 후두 암 진단을 받았을 때 섹스 파트너가 몇 명인지 묻는 의사의 질문 에 500명 정도라고 하려다가 의사가 놀랄 것 같아 50명 정도라고 말했을 만큼 잘나가는 남자였다. 덕분에 멋진 미남 조카를 데리 고 다니고 싶었던 비혼의 친척 아주머니에게도 귀여움을 받았고, 그분 사후에는 유산까지 물려받았다. 제마는 베트남에서 온 젊은 연인이 대니의 재산을 노린 것 같다고 말했다.

하지만 카사노바였던 대니는 워낙 인기가 많았기 때문인지 젊 은 연인에 눈이 머는 일은 없었다. 이 부분은 정말 대니답다고 생 각하는데, 자기 유산의 반을 다운증후군이 있는 조카에게 남겼 다. 대니는 20대인 조카를 특별히 귀여워했다. 그리고 남은 재산 을 다른 조카 여섯 명과 조카의 자녀들 네 명에게 나누어 주라 고 유서에 적었다. 그와는 별도로 베트남에서 온 연인을 위하여

3000파운드(약 480만 원) 정도를 남겼다. 연인에게는 이것이 불만이었다.

제마는 우리 남편에게 몇 번이나 전화를 했다. 눈물을 흘리며 대니의 연인에 관해 불평을 늘어놓았다. 얼른 베트남으로 돌아갔으면 좋겠다고 하면서도 얼마 동안은 자기 집에 데리고 있었다. 대니가 살던 집은 부모님이 네 명의 자식들에게 남긴 것이라 대니가 죽은 뒤에는 팔아야 했기 때문이다.

베트남에서 온 여성은 제마에게 비자를 연장하고 싶다고 했다. 하지만 제마로서는 대니가 죽은 마당에 그 여성을 더 이상 영국에 머무르게 할 이유가 없었다.

"이제 나는 우리 나라에서는 살 수 없을 것 같아."

베트남 여성이 했던 말이 떠올랐다.

"영국은 너무나 자유로워. 무엇을 하든 어떤 차림을 하든 아무도 신경 안 쓰잖아. 아무런 지적도 받지 않으니 내 마음대로 살 수 있어. 하지만 베트남은 그렇지 않으니까."

이렇게 말했었다.

어쩌면 정말로 자기 나라로 돌아가고 싶지 않았을지도 모른다. 그러니 영국 체류 비자를 받고 혼자서 살아가기 위해서는 대니의 돈이 필요했을 수도 있다. 대니에게 그런 이야기를 했을 가능성도 있다. 대니라면 적당히 "응, 응" 하고 대답했을 것이다. 대니는 여자랑 이야기할 때는 당장 눈앞에 닥친 상황을 모면하려 대충 둘러대던 사람이었으니까.

그런데 대니는 젊은 연인이 아니라 다운증후군이 있는 조카에게 많은 돈을 남겼다. 이것이 대니의 결단이었던 것이다.

"욕심이 많은 여자로 보이지는 않았는데. 여자는 무서워."

맥주잔을 거머쥐고 남편 옆에 서 있던 테리가 남편의 휴대폰을 들여다보며 말했다.

"조용해서 자기주장은 안 하는 사람인 줄 알았는데 말이지. 그러니까 대니도 안심하고 베트남에서 부른 거잖아."

그러니까 이건 '어른들의 말 못 할 사정'일 것이다. 얼핏 멍청한 녀석들처럼 보이지만 남자들끼리 만나서 대충 어떻게 넘어가면 될지 의논했을 것이다.

하지만 지금 떠올려보아도 베트남 여성에 대한 제마의 혐오는 거의 공포라고 해도 좋을 정도로 어떤 뿌리 깊은 감정의 표출이었던 것 같다. 내가 그 자리에 없었으니 그 청초한 외모의 베트남 미녀가 어떤 얼굴을 하고 제마와 친척들에게 이야기를 했는지는 모른다.

하지만 평정을 잃고 당황스러워하는 제마의 모습은 마치 오빠가 남긴 것을 그 사람에게 빼앗기느냐 마느냐에 가족의 운명이 걸려 있기라도 한 듯 보였다. 소위 '골육상쟁'에서 '골육'도 아닌 사람이 이방인 취급을 받는 것은 당연할 것이다. 게다가 같은 나라 사람도 아니라면 '안쪽'과 '바깥쪽'의 개념이 두 배로 진해지지 않을까. 이런 것을 자꾸 생각하게 되는 것은 내가 이민자라서인지도 모르겠다. 그때 제마가 감정을 발산하는 모습을 보면서 영국 사람들이 평소에는 꺼내 보이지 않던, 깊은 곳에 묻어두고 있던 감정이 한꺼번에 폭발한 게 아닌가 싶었다. 영국 땅에서 우리가 땀 흘리며 슬픔을 안고 어렵사리 키워온 것들을 이방인이 나타나 휙 하고 수확해 가는 것을 보고만 있을쏘냐. 이런 느낌의 분노, 아니 두려움에 가까운 어떤 감정.

증오. 분명 영국에 살고 있는 이민자들은 요즘 이런 것에 과민해졌다. 그것만으로도 브렉시트 찬반 투표는 결코 해서는 안 되는 유해한 것이었다. 영국 사람들의 속마음이 드러나는 바람에 우리 이민자들은 투표 이전처럼 그들을 믿어줄 수 없게 되었다.

이런 생각을 하고 있자니 새빨간 꽃무늬 점프 슈트를 입은 채 나비처럼 테이블에서 테이블로 날아다니던 제마가 중정 입구를 향해 "하이, 달링!"이라고 소리쳤다. 제마의 남편이 잉글랜드 대표팀 유니폼을 입은 다운증후군 아들을 데리고 도착한 것이다. 제마의 둘째 아들은 스물여섯 살이다. 실은 대니의 마지막 연인이었던 베트남 여성과 같은 나이였다.

내가 영국에 온 22년 전 그는 아직 어린아이였다. 지역 어린이집에서 입학을 거부당하고 장애가 있는 아이들을 받아준다는 먼 거리의 어린이집을 추천받았을 때 부모인 제마와 그 남편은 물러섰지만, 대니는 격노하여 원장을 만나러 갔다.

당시 대니는 남자가 제일 멋질 때라는 40대였다. 아니, 그 정도가 아니다. 이건 꼭 말해야겠는데, 대니는 우는 아이 울음도 그치게 하는 미남이었다. 일본에서 잘생긴 남자를 표현할 때 '일본의 브래드 피트'라든가 '일본의 조니 뎁'이라고들 하는 것처럼 대니는 '영국의 다무라 마사카즈'*라고 할 만큼 섹시한 남자였다. 미모란 그 자리에 존재하는 것만으로도 무서운 영향을 끼치는 일종의 마물魔物임을 그를 보고 깨달았다. 자기 조카를 어린이집에 다니게 해달라고 항의를 하러 간 마물은 어찌된 일인지 그날 밤 어린이집 원장 선생님과 카레를 먹으러 가더니 어느새 잠자리를 같이하는 사이가 되었고, 그 어린이집에는 곧 장애 어린이 보육 전문가가 고용되어 대니의 조카를 받아주었다.

대니의 인생에는 이런 이야기가 수도 없이 많았다. 월드컵 관전과 1주기를 함께 엮은 이벤트인데 이상하게도 화장품 냄새가 진동을 하고, 화려한 옷차림의 아주머니들이 잔뜩 와 있는 것도 다 그런 탓이다. 거의 모두 대니와 잠자리를 한 적이 있는 여성들일 것이다. 대니의 조카가 졸업한 후에도 한동안 대니와 교제를 이어가던 어린이집 원장 선생님도 보라색 탱크톱을 입은 채 와인을 벌컥벌컥 들이켜고 있었다.

"안녕! 1년 만이네!"

대니의 조카가 우리 쪽으로 다가오자 남편이 인사했다.

"그런가?"

대니의 조카가 대답했다.

---

*   일본의 배우로 가부키 집안 출신이며 빼어난 외모와 연기력으로 인기를 모았다.

"좀 어때?"

남편이 묻자 그가 말했다.

"잘 지내요. 대니가 이제 겨우 꿈에 안 나오게 됐어요."

대니가 세상을 뜬 후 조카는 한동안 삼촌 꿈만 꿀 정도로 정신적으로 힘들어했다. 그는 오크나무 가구를 만드는 작은 공방에서 일하고 있었는데 최근에는 일도 못 나간다고 했다. 조카에게 그 일자리를 권한 것도 대니였다. 공방 주인이 대니의 술친구였던 것이다.

"직장에는 잘 다니고 있어?"

"응. 보스가 저기에 와 있어."

대니의 조카는 남편 뒤에 숨어서 조금 떨어진 테이블을 가리켰다. 맥주를 마시며 담소를 나누고 있는 초로의 장발 남성과 우리의 눈이 마주쳤다.

"오오!"

"오랜만이에요."

우리는 인사를 나누었다.

모두 여기에 있다. 1년 전, 대니의 장례식에 온 사람들이 다시 한번 그를 위해 모였다. 장례식장 한가운데서 대니의 사진을 안고 앉아 있던 그의 연인을 제외하면 말이다.

그러는 사이에 축구가 시작되었다.

"컴 온 잉글랜드!"라는 굵은 목소리가 중정 여기저기에서 들려왔다. 경기가 시작된 직후에 키런 트리피어가 오른발로 골대의 오른쪽 윗부분을 향해 슛을 날려 득점하자 "오오오오오오오오"
하는 소리와 함께 맥주를 머리 위로 던지는 사람도 있었다. 그 바
람에 일찌감치 황금빛 물줄기가 우리 머리 위로 쏟아져 내렸다.
도대체가 죽은 사람의 기일에 이렇게까지 달아올라도 되는 건지
술집 중정은 개시 5분 만에 열광의 도가니가 되었다.

1 대 0으로 전반전을 끝내고 휴식 시간이 되었다. 모두 줄지어
술집 건물 안으로 들어와 맥주를 주문하거나 화장실에 갔다. 남
편과 내 몫의 파인트를 사서 양손에 유리잔을 쥐고 돌아오니 남
편이 내게 휴대폰 화면을 보여주었다. 다시 베트남에서 온 메시
지였다.

"풋볼 이즈 커밍 홈Football is coming home(축구가 고향에 돌아온다)."

커밍 홈, 커밍 홈, 커밍 홈, 풋볼 이즈 커밍 홈……. 귓전에서 대
니가 속삭이는 목소리가 들리는 듯했다. 맥주잔을 쥔 채 친구들
과 어깨를 걸고 잉글랜드 대표팀 응원가를 부르던 대니의 모습을
중정 구석에서 본 것만 같았다.

응원가 〈스리 라이언스〉*의 '풋볼 이즈 커밍 홈'이라는 가사는
축구의 종주국인 잉글랜드로 월드컵 우승 트로피가 돌아온다는
말이다. 잉글랜드는 1966년에 딱 한 번 우승을 했다.

"내가 살아 있는 동안 축구가 고향에 돌아올까."

---

* 〈Three Lions〉는 잉글랜드 축구 대표팀 응원가로 다음 구절이 반복된다.
  It's coming home. / It's coming home. / Football is coming home.

지난해 대니가 이렇게 말한 것을 기억하고 있다. 내심 월드컵 시즌까지는 살 수 있으리라고, 분명 그렇게 여겼으리라. 눈앞이 흐려져 꿀꺽 하고 맥주를 목구멍으로 넘기고 보니 남편의 눈에도 눈물이 고인 듯했다.

"무슨 일 있어? 이상하게 조용하네, 여기."

제마가 그렇게 말하며 다가왔다.

"아니, 대니가 〈스리 라이언스〉 노래를 부르던 모습이 눈에 선해서."

남편이 대답했다. 나와 같은 생각을 하고 있었던 것이다.

"있어. 대니 여기에 있어."

제마는 너무 당연하다는 듯이 말했다.

"대니는 여기서 함께 시합을 보고 있는 거야. 나는 아까부터 계속 느끼고 있어."

'제마, 설마 귀신을 느끼는 사람이었어?'라는 생각이 들었지만, 주변의 광경을 보면 확실히 여기에 대니가 섞여 있다 해도 이상하지 않을 것 같았다. 아니, 오히려 섞여 있지 않은 쪽이 이상할 지경이었다. 제마가 그의 첫 번째 기일에 월드컵 관전을 기획한 이유를 알 것 같았다. 드디어 후반 24분, 크로아티아가 골을 넣었다.

"아아아아아. 뭔가 좋지 않은 시간대야."

"저 녀석들이 시합을 지배하기 시작했어."

술집 중정에서도 부정적인 말이 튀어나왔을 정도로 크로아티아 대표팀이 기선을 잡았다.

"망해라. 잉글랜드는 망해라. 져라. 망해! 망해!"

이렇게 말하면서 대니의 조카가 건물 안으로 들어왔다. 서둘러 제마가 뒤를 쫓아갔다.

"잠깐 진정해봐. 대니 삼촌한테로 와."

갑자기 대니의 상냥한 목소리가 들리는 듯했다. 그는 이런 때 조카를 참 잘 달랬다. 성인이 된 조카를 작은 아이처럼 무릎 위에 올려놓기도 했다.

잉글랜드가 기세를 뒤집지 못하고 후반전이 끝났다. 1 대 1. 그대로 연장전에 돌입했다.

"아아 또. 왜 항상 연장전이니 승부차기니 그런 극적인 걸 하게 되는 건지. 어찌하여 평범하게 이기거나 지지를 못 하는 걸까?"

"어쩔 수 없지. 이게 잉글랜드니까."

"젊고 다양성이 풍부한, 지금까지와는 다른 잉글랜드. 이런 이야기를 해도 연장전의 전통만큼은 완벽하게 계승하고 있네."

불평을 하면서도 모두가 빠져들 것처럼 화면을 노려보았다. 성난 외침보다 불평을 말하는 사람이 많아진 것은 잉글랜드가 이길 것 같은 느낌이 전혀 들지 않았기 때문이다. 선수들의 움직임이나 얼굴, 패스하는 리듬에 패색이 짙었다. 결국 공격하고 공격당하다가 연장전 전반이 종료되었다. 그렇게 소극적으로 싸우면서 이길 수 있을 리가 없었다. 연장전 후반 개시 4분 만에 크로아티아가 골을 넣었고 잉글랜드는 졌다.

"노오오오오오! 노오오오오오오! 제기랄! 제기랄! 제기랄!!!"

어느새 중정으로 돌아온 대니의 조카가 부동자세로 우뚝 서서 소리를 질렀다. 그리고 쾅쾅 발을 구르기 시작했다.

"으으으, 그으으으으으아아, 그으아아아아."

안타까운 마음과 성난 마음이 혼연일체가 된 듯한 신음 소리였다. 제마와 그 남편이 달려와 아들을 양쪽에서 껴안듯이 하여 중정의 울타리 문을 열고 주차장으로 나갔다.

패전 직후의 중정은 그야말로 파국이었다.

테이블 위에 엎드려 움직이지 않는 아저씨, 양손으로 얼굴을 감싸 쥐고 부들부들 떠는 청년, 마스카라가 눈 주위로 흘러내려 록 밴드 키스의 진 시먼스* 같은 얼굴이 되어 우는 중년 여성. 대니의 조카가 떠난 후에는 침묵만이 그곳을 지배하고 있었다. 세상의 끝이 이런 느낌일까.

주차장 쪽으로 나갔던 제마가 술집 건물 안으로 들어왔다. 가게 종업원에게 뭐라고 이야기하는 모습이 유리창 너머로 보였다. 불현듯 덩덩디디딩 어쿠스틱 기타 소리가 중정에 울려 퍼졌다.

"인생에는 나쁜 일도 있어. 그런 일들은 정말로 우리를 미치게 하지."

에릭 아이들의 목소리가 스피커에서 나오기 시작했다. 무슨 노

---

* 하드 록 밴드 키스의 진 시먼스는 창백하게 흰 얼굴에 눈 주위를 검게 칠한 기괴한 화장으로 유명하다.

래인지 눈치챈 사람이 한 명, 또 한 명 일어나 맥주잔을 높이 들고 좌우로 몸을 흔들며 큰 소리로 노래를 부르기 시작했다.

"언제나 인생의 밝은 면을 보기를."

몬티 파이선의 영화에 나온 이 노래는 대니의 장례식에서 가장 마지막에 나온 곡이었다.* 잉글랜드 대표팀이 경기에서 지면 대니는 이 노래를 질리도록 불렀다. 자기 장례식을 끝마칠 때 이 노래를 틀어달라고 유언을 하고 떠났을 정도다.

대니는 자기가 인생에서 졌다고 생각했던 걸까? 문득 누가 등을 쿡쿡 찔러서 돌아보니 남편이 또 휴대폰을 내 얼굴 앞으로 내밀었다.

"언제나 인생의 밝은 면을 보기를."

베트남에서 온 메시지였다.

"엄청난 싱크로율. 닭살 돋았어. 어떻게 알고?"

그러자 남편이 말했다.

"그야 당연하지. 대니를 알던 사람이라면 그 녀석이 지금 무슨 노래를 부르고 있을지 다 안다고."

중정으로 돌아와 테리와 어깨를 걸고 노래 부르던 제마가 조용히 앉아 있는 우리를 보고는 자기 쪽으로 오라고 손짓했다.

---

*   〈Always Look on The Bright Side of Life〉는 영국의 코미디 그룹 몬티 파이선이 만든 영화 〈Monty Python's Life of Brian〉(1979)의 마지막 장면에 나오는 삶과 죽음에 관한 노래로 영국과 영연방의 국민 가요라고 할 만큼 널리 불리며, 장례식에서도 곧잘 불린다. 영국의 배우, 코미디언, 뮤지션, 작가이자 몬티 파이선의 구성원인 에릭 아이들이 만들고 불렀다.

"그 사람도 베트남에서 혼자 노래를 부르고 있을까?"

내 말에 남편이 의자에서 일어나며 말했다.

"혼자가 아닐지도."

"응, 그러네."

나도 웃으며 일어나 제마와 테리 쪽으로 가서 노래를 불렀다.

베트남의 그 사람도 혼자가 아니면 좋겠다. 그 작은 어깨를 안고 있는 이가 대니든 다른 누군가든. 살아 있는 사람의 인생은 계속된다.

11. 노를 저어라

앞에서는 『해머타운의 녀석들』 세대의 아저씨들에 관해서만 썼다. 당연하게도 폴 윌리스가 녀석들을 연구하던 당시의 영국에는 '해머타운의 언니들'도 있었다. 지금 이 언니들 사이에서(어쩌면 내 주위에서만) 조용히 유행하고 있는 것이 카누다. 아들 친구 엄마들 중에도 카누를 가진 사람이 있어서 엄마들로 팀을 꾸려 템스강을 따라 내려가는 카누 대회에서 우승한 적도 있다. 남편 친구의 파트너 가운데에도 카누를 가진 사람이 있었다.

여자와 카누. 무슨 상관관계가 있는지는 모르겠지만 어쩐지 내 주위에는 '노 젓는 여자'가 많다(여기에는 나도 포함된다). 아들 친구 엄마 하나는 마흔 살 생일을 맞아 무엇이 갖고 싶으냐는 가족들의 물음에 "카누"라고 대답했단다. 영국에서 마흔 살 생일은 스물한 살 생일만큼이나 중요해서 인생에서 매우 의미 있는 날로 여겨진다. 그래서 마흔 살 생일에는 친구들과 해외여행을 가는 사람도 있고, 술집이나 식당을 빌려 파티를 하는 사람도 있다. 그런데 그 사람은 카누를 사달라고 한 것이다.

"혼자서 카누를 타고 훌쩍 어디론가 떠나고 싶었어."

이렇게 말했지만 이 엄마는 원래부터 운동을 좋아하고 경쟁심이 넘치는 여성이었다. 언제부터인가 "혼자서 어디론가 떠나고 싶어"라는 몽상은 대회에서 속도를 겨루고 싶다는 욕망으로 바뀌었다. 카누를 타고 강을 내려갈 때면 다음 날 움직이지도 못할 만큼 이두박근이 팽팽하게 부풀어 오르도록 훈련을 하는 사람이라, 고즈넉하게 휴일을 즐기고 싶은 날에는 대부분 남편 친구의 파트너인 로라와 카누를 탔다.

실은 로라의 카누도 선물로 받은 것이었다. 그렇다고 영국에 카누를 선물하는 관습이 있는 것은 아니다. 로라는 파트너인 마이클과 동거 25주년(그러니까 은혼식에 해당한다)을 맞았을 때 마이클이 뭔가 갖고 싶은 것이 없느냐고 묻자 "카누"라고 대답했단다.

하지만 로라는 "혼자서 노를 저어 어디론가 떠나고 싶다"는 마음에서 카누라고 대답한 것은 아니었다. 동거한 지 25주년이 되는 파트너와 앞으로도 함께 사이좋게 살아가기 위해 뭔가 같이 할 수 있는 취미가 있으면 좋겠다고 생각했고, 결론이 카누였다는 것이다. 또한 로라와 마이클이 자동차 위에 카누를 얹고 조금만 달리면 템스강에 이르는 그리니치에 살고 있기 때문이기도 했다.

두 사람은 처음 몇 년 동안은 봄이 오면 템스강에 카누를 띄우고 가을이 올 때까지 사이좋게 노를 저었다. 하지만 마이클이 50대 후반이 되면서 더 이상 카누를 같이 할 수 없게 되었다. 원래부터 살집이 있던 마이클이 나잇살이 찌면서 무릎이 점점 나빠졌고, 지팡이 없이는 걸을 수 없게 되었기 때문이다.

그 이후 로라는 카누를 타고 싶을 때면 나에게 연락을 했다. 여자 둘이서 세 시간씩, 어떤 때는 네 시간씩 노를 젓는다. 나는 이제까지 영국의 다양한 얼굴을 봐왔지만 그리니치에서 시작해 켄트주 욜딩에 이르는 강을 따라 카누를 저어 내려갈 때만큼 '영국이 이렇게 아름답다니!'라고 느낀 적은 없었다. 마치 라파엘 전파Pre-Raphaelite Brotherhood*의 회화 가운데 들어와 있는 느낌이었다.

일본의 배우 기키 기린**이 세상을 떠났을 때 그가 존 에버릿 밀레이***의 그림 〈오필리어〉의 분장을 하고 아름다운 수풀을 뒤로한 채 웃으며 하천에 떠 있는 광고 사진이 인터넷에 돌아다닌 적이 있다. 카누를 타고 템스강을 따라 내려가면 바로 그 사진 속 기키 기린이 된 기분을 느낄 수 있다.

---

* 19세기 중엽 영국에서 일어난 예술 운동으로 라파엘로 이전처럼 자연 관찰과 세부 묘사에 충실한 중세 고딕 및 초기 르네상스 미술로 돌아갈 것을 주장했다. 영국 왕립미술원의 권위에 반기를 든 진보적인 예술가 그룹이 주도했으며, 이후 수십 년간 영국 화단에 강력한 영향을 미쳤다.

** 일본의 국민 배우라고 불리는 여성 배우로 한국에는 고레에다 히로카즈 감독의 영화를 통해 많이 알려졌으며 2018년에 사망했다.

*** 19세기 중후반 활동한 영국 화가로 라파엘 전파의 창립 회원 중 한 명이다.

조지프 말로드 윌리엄 터너*도 템스강을 그렸다. 그의 그림처럼 음기로 울창한 가을, 겨울은 카누를 타고 강을 내려가기에는 춥다. 우리가 템스강을 내려가는 봄과 여름의 강변 풍경은 밀레이나 단테 가브리엘 로세티**의 그림에 가깝다. 강폭이 호수처럼 넓어지는 지점에는 아름다운 백조가 우아하게 떠 있어 더할 나위 없이 아름답다. 사실 그 백조들은 대단히 사납다. 잘못해서 근처에라도 가면 '샤아' 하고 독뱀 같은 소리를 토하며 온 힘을 다해 부리로 공격을 하는데, 나도 한 번 크게 당해 혼비백산한 적이 있다.

"올해도 이제 한 달밖에 안 남았네. 카누 타는 거 말이야."

백발이 섞인 땋은 머리를 흔들며 멋지게 노를 젓던 로라가 말했다. 간호사였던 로라는 지난해 조기 퇴직을 했다. NHS 직원을 대상으로 한 연금 체계에서 조기 퇴직 연령인 쉰다섯 살이 된 것을 계기로 일을 그만두고 연금과 런던 시내에 있는 부동산 임대료로 생활하고 있다. 이 부분이 디플레이션 상태인 일본과 경제 성장을 해온 영국 사이의 큰 차이다. 예를 들어 노동 계급이라도 영국의 중·노년층은 부모가 구입해 살던 집을 상속받는 경우 순조롭게 주택 가격이 상승해 그것을 밑천으로 자산을 잘 운용하면 부유해질 수 있었다. 로라와 마이클이 바로 그런 사람들인데, 자기들이 사는 집을 포함해 런던에 주택을 세 채나 가지고 있었다.

---

*   19세기 초중반 활동한 영국 화가로 영국 각 지역의 풍경을 주로 그렸다. 영국 최고의 미술상인 '터너상'은 그의 이름을 딴 것이다.

**   19세기 중반 활동한 영국 화가로 라파엘 전파의 창립 회원 중 한 명이다.

런던으로 한정해서 말한다면 지금은 외곽에서도 침실이 두 개 이상 있는 집은 임대료 2000파운드(약 280만 원)로도 구하기 힘들 정도이니 덕분에 로라와 마이클은 상대적으로 유유자적하게 조기 은퇴 생활을 하고 있다.

구입하는 즉시 가격이 내려가고 건물은 낡기 시작할 뿐인 일본의 주택과 순조롭게 가격이 상승하며 지은 지 100년 이상 된 건물도 많은 영국의 주택. 똑같이 집을 사서 가지고 있다고 해도 그 의미는 완전히 다르다.

로라의 등에서 땋은 머리가 흔들리는 것을 보며 내가 말했다.

"머리 기르고 있어? 많이 길어졌네."

"기르는 거 아니야. 곧 자르려고. 나이 들어서 머리 기르면 끝이 푸석푸석해지니까."

"그치, 그치. 나도 최근에 머리카락이 자꾸 빠져."

22년 전 나는 로라를 처음 만났다. 당시 로라는 눈썹 위로 짧게 자른 앞머리, 허리까지 늘어뜨린 긴 갈색머리에, 연지색 프레드 페리 폴로셔츠와 밑단을 접어올린 청바지를 입고 발에는 닥터마틴 8홀 부츠를 신고 있었다. 나는 그 모습을 보고 '런던 간호사는 어쩜 이렇게 멋지지?'라고 생각했다.

레트로나 모즈mods*를 미친 듯이 좋아할 것 같고, 사슴 밤비의

---

* 1958년 런던에서 시작되어 영국 전역은 물론 전 세계의 패션과 음악, 트렌드에 큰 영향을 미친 하위문화.

엄마 같은 눈을 한 상냥한 로라에게 나는 한눈에 반해 친구가 되고 싶었다. 당연하게도 당시에는 갱년기에 우리가 머리 빠지는 이야기를 나누며 카누를 젓는 사이가 될 줄은 몰랐다.

"10월 말에는 오스트레일리아에 가니까 그 전에 머리를 자르려고."

"그리고 11월에는 인도, 크리스마스에는 카나리아 제도. 그럼 영국에는 없는 거네?"

런던 지하철에서 근무하던 마이클도 몇 년 전에 조기 퇴직을 했다. 그때부터 두 사람은 여름에만 영국에 있고 겨울에는 여행을 한다. 가정을 꾸린 사람은 대개 여름휴가를 해외에서 즐기고 겨울에는 영국에 있는데, 아이가 없는 두 사람은 완전히 반대다.

아이를 낳지 않기로 한 것은 로라와 마이클 둘이 내린 결정이다. 30대 후반 체내 시계의 소리가 들린다며 걱정하던 로라의 모습이 기억난다. 최종적으로 아이를 낳지 않겠다고 결정을 내린 사람은 로라였다.

"아이가 생기면 둘의 관계가 변할 것 같아서 싫어."

로라는 이유를 이렇게 말했다. 생각해보면 그때부터 로라는 "조기 은퇴를 하고 마이클과 둘이서 전 세계를 여행하면서 살고 싶어. 그런 희망이라도 있으니 이 힘든 NHS 일을 견디는 거야" 라고 했다.

로라는 10대 때 견습생으로 간호사 일을 시작해 38년 동안 NHS에서 일했다. 마지막 10여 년은 일반 간호사가 아니라 자격을 취득하여 유방암 환자의 상담사로 일했다. 하지만 "NHS는 더 이상 복지국가 시절의 의료제도가 아니야. 얼마나 변했는지 현장에 있으면 마음에 상처를 받을 정도였거든"이라고 한 적이 있다.

그러고 보니 지난해 로라가 직장을 그만둔 다음 날도 이렇게 둘이서 카누의 노를 저었다. 그날 아침, 로라의 집에 가보니 전날 송별회에서 로라가 동료와 환자들에게 받은 꽃다발과 카드가 거실에 놓여 있었다.

"좀 있으면 역시 쓸쓸해지겠네?"

"아니, 글쎄. 정말 속이 후련한 거 있지."

로라가 놀랍도록 상쾌한 표정으로 대답했던 것이 기억난다.

"복지국가가 축소되면서 장기간에 걸쳐 축적된 기존 경제에 대한 불만이 긴축 재정에 의해 터져 나왔을 가능성이 높다"라는 것이 브렉시트에 관한 최근의 분석이다. 워릭대학교 경제학부 부교수 시에모 펫저가 발표한 「긴축이 브렉시트를 불러왔나?」*라는 제목의 100쪽이 넘는 보고서에 나오는 내용이다.

NHS의 모습은 복지국가의 축소를 그대로 체현한 듯 보인다. 브렉시트 국민투표에서 탈퇴 쪽에 표를 던진 많은 사람이 "탈퇴하면 일주일에 3억 5000만 파운드(약 5600억 원)의 분담금을 국내로 돌려 NHS에 투입할 수 있다"라는 탈퇴 운동 단체의 가짜 뉴

---

* Thiemo Fetzer, "Did austerity cause Brexit?", Working Paper. Coventry: University of Warwick. Department of Economics. Warwick economics research papers series (WERPS) (1170), 2018.

스를 믿었다는 사실은 영국인들이 NHS에 얼마나 (집착에 아주 가까운) 애착을 가지고 있는지를 보여준다.

"저녁 때 일본에 있는 가족이랑 통화했거든. 의사가 우리 엄마 입원하는 게 좋겠다고 했다더라고. 그래서 가볍게 '그럼 입원하면 되잖아'라고 했더니 글쎄 여동생이 '그럼 돈은 어떡하라고?' 하더라. '아, 맞다. 일본은 병원에 갈 때 돈이 들지' 싶더라고. 완전 까먹고 있었어. 여기선 생각하지 않아도 되니까 말이야. 역시 NHS는 정말 좋구나, 이번에 절실히 느꼈어."

"나도 그렇게 생각하니까 마이클에게 제안하긴 했는데."

로라는 노를 내려놓고 휙 뒤를 돌아보았다. 지금 로라와 마이클은 아이를 낳지 않겠다고 결정할 때만큼이나 큰 결단을 내리기 위해 상의하는 중이라고 했다. 그런 나이가 된 것일까. 최근에는 유언에 관해 이야기하는 일이 부쩍 많아진 모양이다. 자식이 있는 사람보다 더 진지하게 생각하는 쪽은 자식이 없는 사람들이다. 로라는 자기가 죽으면 자산은 지역 NHS 병원에 기부하고 싶다고 했다.

"마이클은 그렇게 힘들게 몇 십 년이나 일한 직장에 돈을 남기는 바보가 어디 있느냐고 그러더라."

"뭐, 확실히 그런 부분이 있네."

"어디 다른 자선 단체에 기부하는 게 좋지 않겠느냐던데."

나도 노를 젓던 손을 잠시 내려놓았다. 강물 위로 푸른 숲이 비치고 하얀 꽃잎이 떠다녔다. 또다시 밀레이의 회화 한가운데 있는 착각이 일었다. 문득 기키 기린의 광고 속 슬로건이 떠올랐다.

"죽을 때만큼은 하고 싶은 대로 하게 내버려둬."

"응? 뭐라고?"

이상하다는 듯 이쪽을 보는 로라에게 내가 말했다.

"계속 NHS를 위해 일했으니 마지막은 NHS에 남기고 싶다고 하든, 계속 NHS를 위해 일했으니 돈까지는 남기고 싶지 않다고 하든 이제 그런 거 상관없잖아. 죽을 때만큼은 자유라고."

나는 카누의 후미에 머리를 대고 드러누웠다. 드디어 오필리어가 된 기분이다. 그런데 역시 내 근본은 보육사다 보니 이런 때에도 입에서 나오는 노래는 동요다.*

저어라, 저어라, 저어라, 보트를

부드럽게 물길을 따라

명랑하게, 명랑하게, 명랑하게, 명랑하게

인생 따위 그저 꿈이니

로라가 다시 노를 저었다. 카누가 슬슬 앞으로 미끄러져 나가기 시작했다. 문득 떠올랐다. 밀레이의 그림 속 오필리어는 무슨 노래를 부르고 있었을까?

---

* 한국에서는 〈리리리 자로 끝나는 말은〉이라는 제목으로 알려진 영어 동요 〈Row Row Row Your Boat〉.

12. 타올라라, 사이먼

자아아아아앙, 찻, 찻.

"후아아아아앗."

자아아아아앙, 찻, 찻.

"아타아아아앗."

문을 열자마자 들리는 소음에 고막이 찢어질 뻔했다. 아니, 소음이 아니다. 오케스트라 연주와 브루스 리(이소룡)의 우렁찬 목소리가 어우러지는 영화 〈타올라라, 드래곤〉*의 주제곡이다.

"고마워. 얼른 들어와."

얼굴 한가득 웃음을 머금은 사이먼이 들어오라고 했다. 현관을 들어서며 보니 거실 소파에는 사이먼의 조카 조와 조의 연인이 앉아 있었다.

---

* 이소룡 주연의 영화 〈용쟁호투龍爭虎鬥, Enter The Dragon〉의 일본어 제목.

"안녕, 오랜만이네."

"안녕, 잘 지냈어?"

나는 일단 인사를 하고 나서 가져온 물감 세트를 꺼냈다.

"여기, 부탁한 것 가지고 왔어."

아들이 초등학생일 때 시에서 매년 개최하는 어린이 퍼레이드에 참가하기 위해 머리에 쓰거나 손에 들고 갈 것을 만드는 데 사용하던 아크릴 물감이다. 중학생이 된 지금은 필요 없어 버리려던 것이 이런 일에 도움이 될 줄이야.

"오, 색깔이 전부 다 있네."

"응, 스프레이 타입도 있으니까 쓰고 싶으면 써봐."

사이먼이 눈동자를 반짝였다. 소파에 앉아 있는 젊은이들보다 아저씨가 훨씬 들뜬 느낌이다. 카펫 위에는 종이 상자를 뜯어 만든 플래카드 두 장이 놓여 있었다.

"빈곤 임금 반대! 노동자의 권리를 보장하라!"

"우리가 원하는 것은 생존 임금이다!"

플래카드에는 이렇게 연필로 밑그림이 그려져 있었다.

"평범하게 매직으로 쓰면 되는데 사이먼이 이상하게 신이 나서 말이야."

조가 말하자 사이먼이 대답했다.

"플래카드를 만드는 것부터가 노동 쟁의의 시작이야. 기왕 하는 거 제대로 하자고."

사이먼의 목소리와 "와타앗" "아초옷" 하는 브루스 리의 목소리가 겹쳐 들렸다. 예전부터 브루스 리의 영화를 아주 좋아했던 사이먼은 기분이 좋을 때 이 곡을 듣는 버릇이 있었다. 에식스주에 사는 그가 굳이 브라이턴에 사는 조카를 방문하여 이 음악을 듣는 이유는 조가 태어나서 처음으로 '노동 쟁의'에 데뷔를 하게 되었기 때문이다.

조와 그의 연인은 웨더스푼이라는 선술집 체인에서 일하고 있는데 맥도날드, TGI 프라이데이, 우버 이츠, 딜리버루*의 노동자들과 함께 일제히 파업을 하기로 했다. 일본식으로 말하자면 맥도날드와 쓰보하치**와 로열호스트***와 데마에칸**** 노동자들이 함께 파업을 하게 된 느낌이다.

그렇다고는 해도 전 점포가 일제히 행동하는 것은 아니다. 브릭스턴, 클레이포드, 케임브리지 등 일부 지역의 맥도날드 지점, 밀턴 케인스나 코벤트 가든 등에 있는 TGI 프라이데이 지점, 우리 동네인 브라이턴 등 두 곳의 웨더스푼 지점 등이 '숟가락 파업'이라는 슬로건을 내걸고 파업에 돌입한다.

웨더스푼은 영국의 어느 거리에나 있는 대형 술집 체인이다. 매우 저렴한 식사를 제공하는 것으로 유명한데 "파운드랜드(1파운드 숍)에서 쇼핑을 하고 웨더스푼에서 식사를 하는 것이 차브의

---

*　　영국의 배달 서비스.

**　　일본의 선술집.

***　일본의 패밀리 레스토랑.

****일본의 배달 서비스.

외출"이라고 놀리는 사람들도 있다.

웨더스푼이나 맥도날드 같은 대형 체인 음식점 노동자들의 대부분은 저임금 노동자일 뿐 아니라 제로 아워 계약직이다. 풀타임으로 근무해도 제대로 된 생활을 할 수 없을 만큼 적은 시급을 받는데도 최저 노동 시간이 보장되지 않는다. 엄청나게 비인도적인 조건으로 고용된 것이다.

"도대체가 말이야, 너희가 이제껏 입을 다물고 일을 해온 게 신기해. 신자유주의가 세상을 비참하게 만든다느니 하지만 책임의 반은 묵묵히 노예가 되어버린 노동자에게 있다고."

사이먼은 이렇게 설교를 시작하면서 물감 뚜껑을 열었다. 그는 남편 친구들 가운데서도 특히나 강경한 브렉시트파이며, 영국 국내 노동자를 보호하기 위해 EU에서 들어오는 이민자를 제한해야 한다고 줄기차게 주장하던 사람이다. 사이먼은 요즘 노동자들이 겪는 비극의 근본적인 원인은 대처 정권 이래로 블레어 정권을 거쳐 최근까지 계속해서 노동조합의 힘이 약해졌기 때문이라고 말했다. 그는 입버릇처럼 "젊은 세대와 이민자는 노동조합에 가입하지 않는다"라고 했다.

"그렇잖아. 노동 운동이라는 거 커뮤니티센터 구석에서 따지기 좋아하게 생긴 아저씨가 전단을 돌리는 이미지이기도 하고."

조가 이렇게 말하자 조의 연인도 옆에서 고개를 끄덕였다.

"응, 노동 운동은 전혀 귀여운 이미지가 아니니까. 뭐랄까, 전체적으로 어두운 느낌이랄까."

프랑스 배우 바네사 파라디의 젊은 시절을 떠올리게 하는, 스키니 진이 어울리는 멋쟁이 아가씨가 통통한 분홍색 입술을 쑥 내밀며 답했다.

"그런데 파업 말이야, 좀 새롭다는 느낌이야. 무슨 소린지 알 수 없는 연설 따위는 촌스럽지만 일제히 노동을 거부한다니 완전 멋져!"

조카의 말에 사이먼이 돌아보며 말했다.

"파업 말이야, 조금도 새로운 게 아니야. 1926년의 총파업도 있었잖아. 음, 너희 세대에는 이제 그걸 가르치지도 않나?"

이렇게 말하더니 사이먼은 바닥에 앉아 플래카드에 색을 칠하기 시작했다. 그 옆으로 바네사 파라디를 닮은 조의 연인이 쪼그리고 앉았다.

"나도 해도 돼?"

"오오, 그럼, 그럼. 여기 칠해줄래? 배경색은 선명한 게 좋아. 빨강 같은. 응, 노동당의 빨강으로 하자."

진지한 얼굴로 사이먼이 조카의 연인에게 붓을 건넸다.

60대가 되어서도 〈타올라라, 드래곤〉의 주제곡을 듣고 있다는 점에서 알 수 있듯이 사이먼은 젊은 시절부터 외국 문화에 관심이 많았다. 몇 가지 직업을 전전한 후 배낭 하나를 등에 지고 중국에 가거나 이스라엘 키부츠에서 바나나를 키우거나 하며 전 세계를 방랑했다. 그런 '인터내셔널한international(국제적인)' 방랑자가 어찌하여 '도메스틱한domestic(국내의)' 노동조합을 고집하는 걸까? 어찌 보면 신기한 일이다.

"나는 온 세상을 여행하며 알게 되었어. 노동조합이 약한 나라의 노동자는 슬픈 존재라는 걸."

사이먼은 이렇게 말했다. 그러니 그는 노동조합에 들어가 노동운동을 하지 않는 젊은이와 이민자들이 싫었던 것이다. 반면에 노조에 가입해 싸우던 예전의 이민자들은 좋아했단다. 요즘 들어오는 EU 이민자들은 몇 년 동안 일을 하고 돈을 저축해 자기 나라로 돌아갈 생각만 하며 "영국 국내 노동자의 대우와 임금을 고려하지 않는" 것이 그를 열 받게 한다고 했다.

EU 이민자를 싫어할 것이 분명한 사이먼이 조카의 연인인 프랑스 여성과 함께 노동 운동 플래카드를 만드는 모습에는 뭐랄까, 깊은 정취가 있다.

"생존 임금 부분은 노란색으로 칠할까? 그게 눈에 잘 띄겠지?"

"오오, 좋은데?"

사이좋게 작업하는 삼촌과 연인의 모습을 조가 홍차를 마시며 의아하다는 듯 바라보았다.

웨더스푼 홈페이지의 설명에 따르면, 노동자의 60퍼센트 이상은 조와 그의 연인처럼 25세 이하의 청년이며 그들 대부분이 니트NEET* 출신이라고 한다. 통계는 공개되지 않았지만 조의 연인

---

* 니트란 'Not in Education, Employment or Training'의 줄임말로 학생도 아니고, 고용 상태이거나 취업 준비 중도 아닌 청년들을 가리킨다.

처럼 이민자 스태프도 많다. 요즘은 정리해고도 많아서 최저 임금을 받으며 두세 사람 몫의 일을 하는 이들도 있다고 한다. 젊다보니 파업하는 태도는 일견 가벼워 보이지만 그들에게 생존 임금을 얻을 수 있느냐 없느냐는 말 그대로 생활을 건 싸움이다.

"Socialism이라고 쓰는 것도 멋지지 않아?"

조가 말했다.

'Socialism'이라고 쓰면 뭔가 달라 보이지만 결국 사회주의라는 말이다. 이 말이 영국 젊은이들 사이에서 '힙hip'해지는 시대가 올 줄 누가 예상했으랴. 제러미 코빈 당 대표와 노동당을 지지하는 청년층 사이에서 요즘 '사회주의'는 새로운 밴드 이름이나 제일 잘나가는 클럽 이름처럼 멋지게 들린다고 한다.

"그런 것 굳이 쟁취하지 않더라도 우리 사회의 한 부분은 계속해서 사회주의였어."

플래카드에 붉은 물감을 칠하며 사이먼이 말했다.

"이 나라는 부유한 녀석들 입장에서는 사회주의 국가라고. 우리한테만 '먹느냐 먹히느냐'의 신자유주의를 강요하면서 부유층의 '요람에서 무덤까지'는 정치에 의해 잘도 보호받고 있지. 그녀석들한테만 세금을 절약할 수 있는 샛길을 마련해주고, 규제를 완화해서 장사하기 쉽게 해주었지. 무슨 실패를 해도 그 녀석들한테만큼은 '자기 책임'이라고 안 해. 무슨 짓을 어떻게 하든 정부가 뒤를 다 닦아주는 거야. 금융 위기 때도 그랬잖아. 은행을 구한 건 시장이 아니라 정부였다고."

잔뜩 얼굴을 찌푸린 사이먼에게 조의 연인이 말했다.

"그런데 사회주의는 노동 계급을 위한 것 아니었어?"

"지금은 아니야. 이미 대처 때부터 달라졌어."

사이먼이 말하자 조의 연인이 갑자기 정좌를 하고 주먹을 위로 들어올렸다.

"노동자의 권리! 우리는 노동자의 권리를 쟁취해야 해!"

오른쪽 주먹을 위로 들어 올린 모습을 보고 사이먼이 말했다.

"노동자의 권리라는 말, 프랑스어로는 어떻게 써?"

사이먼이 옆에 있던 전단을 뒤집자 조의 연인이 그 위에 프랑스어를 쓱쓱 써 내려갔다. 사이먼은 미간에 주름이 질 정도로 그 글자들을 빤히 쳐다보며 플래카드 위에 옮겨 쓰기 시작했다.

"엥? 프랑스어로 플래카드 만들 거야?"

조의 연인이 사랑스러운 푸른 눈동자를 반짝였다.

"응, 노동자의 연대는 국경을 넘는 거지."

무심코 조와 나는 얼굴을 마주 보았다. 그가 어깨를 으쓱하며 장난스럽게 윙크를 했다. 나는 웃음이 터져 나오는 것을 꾹 참고 아무것도 못 본 척했다.

"이민자도 영국인도 모두 함께 싸워야지. 다시 그런 시대가 돌아왔어."

프랑스어 슬로건에 정성스레 색을 덧입히는 사이먼의 목소리는 아저씨답게 낮고 차분했지만, 어딘가 고양된 마음이 튀어나오지 않도록 누르고 있는 듯도 했다.

"우와, 멋져. 글씨체가 옛날 007 포스터 레터링 같아. 최고! 사이먼 아저씨! 플래카드 진짜 잘 만든다!"

조의 연인이 양손을 위로 들고 아이처럼 기뻐했다. 부끄러웠는지 사이먼은 얼굴을 들지 못하고 바닥의 플래카드를 노려보며 스스스슥 붓질을 했다.

"아효 후효오오 아햐!"

브루스 리의 목소리가 미묘하게 어두워진 느낌이었는데, 어느새 음악이 영화 〈사망유희〉*의 주제곡으로 바뀌어 있었다. 웅장한 오케스트라 연주와 브루스 리의 괴성이 활짝 열린 창을 통해 맑은 가을 하늘로 나가 용이 되어 승천하고 있었다.

"아차, 아차, 아차, 아차아아앗!

타오르는 것은 드래곤만이 아니었다.

올 가을 사이먼도 타올랐다.

---

* 〈사망유희死亡遊戱, Game Of Death〉는 이소룡의 유작으로 1973년에 이소룡이 후반부 액션 신만 촬영한 채 세상을 뜨자 〈용쟁호투〉의 감독 로버트 클루즈가 남아 있는 필름과 추가 촬영분을 편집해 1978년에 개봉했다.

13. 데어 제너레이션, 베이비

남편 친구 레이가 7년 동안 함께 살았던 파트너 레이철과 헤어졌다. 초여름 두 사람이 브라이턴에 놀러왔을 때부터 예감했기 때문에 올 것이 왔구나 생각했다.

"집도 아이들도 레이철 소유였고, 레이는 하우스 허즈번드 house husband*였으니 쫓겨나고, 그걸로 디 엔드The End."

테리가 전화로 레이의 소식을 전할 때 나는 이 이야기를 했다.

"있잖아, 근데. 지금까지 나 아무한테도 이야기한 적 없는데 말이야. 레이가 EU 탈퇴에 투표하고 레이철과 많이 싸웠을 때 화해의 증표로 팔에 문신을 했잖아."

"아, 그 중국어인지 일본어인지 그거 말이지?"

"응, 그거 실은 '평화平和'가 아니라 '중화中和'였거든. 그때 제

---

*   가사와 육아를 전담하는 남편.

대로 말해둘 걸 그랬나. 이제 의미 없어지긴 했지만."

내 말에 테리가 대답했다.

"그러게. 지금은 레이저로 지웠을지도 모르고."

"그렇지? 나도 그렇게 생각해."

"그런데 레이 녀석 같은 경우를 브렉시트 파국이라고 하나."

"일시적이긴 했지만 화해도 하고 잘 지냈는데. 역시……."

레이철은 젊으니까, 라고 하려다 입을 다물었다. 60대 초반의 아저씨들은 요즘 나이 이야기에 예민하다. 아니, 나이 이야기를 많이 하면 극단적으로 침울해지기도 한다. '유리 멘탈' 60대는 조심해서 다뤄야 하는 것이다.

"브렉시트보다 레이와 레이철의 이별이 먼저일 줄은 몰랐어."

테리는 이 말을 몇 번이나 하고는 전화를 끊었다.

영국에 살지 않는 사람들 가운데 영국이 이미 EU를 탈퇴했다고 여기는 이들도 있는 모양이지만 사실 우리는 아직 EU 안에 있다.* 탈퇴 조건이 명확하게 정리되지 않아 질질 끌고 있는데, 국민들은 이미 지친 상태라 "뭐, 이제는 내가 살아 있는 동안 브렉시트 못 하는 거 아닐까?" 하는 사람도 있다.

하지만 레이와 레이철은 브렉시트처럼 질질 끌지 않았다. 칼로 싹둑 자르듯 서로에게서 이탈했다. 레이철에게 새로운 남자가 생

---

* 영국은 지난한 협의 과정 끝에 2020년 1월 31일 EU를 공식적으로 탈퇴하고, 전환 기간을 가진 뒤 2020년 12월 31일 EU 단일 시장과 관세동맹에서 떨어져 나오며 완전한 브렉시트를 단행했다. 이 글은 그 전에 쓰였다.

겼다는 것이 가장 큰 이유였으리라. 테리는 그 이후로 정기적으로 전화를 걸어 레이 소식을 전해주었다. 집에서 쫓겨난 후로 레이가 테리의 집에서 신세를 지고 있었기 때문이다.

"혼자 놔두면 술에 다시 손을 댈 것 같아서."

테리가 말했다.

레이는 과거에 알코올 의존증 때문에 가정을 잃은 적이 있다. 이번에는 이미 잃기는 했지만, 상심한 그가 다시 술을 마시면 어떡하나 하는 것이 모든 친구의 걱정이었다. 테리와 그 가족의 부드러운 감시 덕분에 레이는 다시 술을 마시게 되지는 않았다.

테리는 몇 달 전부터 배가 나오기 시작한 것이 신경 쓰여 주량을 대폭 줄이고 운동을 다니며 그린 스무디를 마시는 건강한 아저씨가 되어 있었다. 테리의 아내는 원래 술을 마시지 않고, 아들들도 밖에서만 마시니 파티를 할 때를 제외하고는 집에 술을 놓아두지 않는다. 그러니 테리는 레이가 한동안 머무르기에는 자기 집이 가장 적당하다고 생각했던 것이다. 두 사람은 스무디 메이커에 딸기, 바나나, 라즈베리 같은 것을 다양하게 넣어서 새로운 맛을 만들어 마시곤 한단다. 이런 얘기를 들으며 아저씨 둘이 주방에 서서 껄껄거리며 뭔가를 만드는 분위기를 상상했는데, 실은 처음에는 아수라장이었다고 한다.

"죽음을 고민하는 것 아닌가 싶었던 순간이 두 번 있었어."

남편에게는 테리가 말해주었다고 한다. 그런 위기를 극복하고 레이가 다시 새 삶을 살기로 마음먹을 수 있었던 이유는 그에게

'노동 계급의 합리성'이 있었기 때문이다. 그건 "내 인생 따위 이런 일이 생겨도 이상하지 않지"라는 체념의 다른 말이었다.

'그렇게 멋진 여자에게서 버림받아 슬프다. → 애초에 그런 젊고 아름다운 여자와 내가 함께 사는 것이 이상했다. 귀여운 아이들을 만나지 못해서 슬프다. → 애초에 내 아이도 아니고 애들은 크면 어차피 부모를 떠나는 법이니 그게 좀 빨라진 것뿐이다.'

이런 깨달음이다. 이런 깨달음이 있었으니 알코올 의존증으로 입원한 동안에 전처가 도망갔을 때도 레이는 사태를 냉정하게 받아들이고 두 번 다시 술에 손을 대지 않았다.

"절망 같은 낭만적인 것은 위쪽 계급 놈들이나 하는 거야."

레이는 자주 이렇게 말한다. 그야 확실히 그렇다. 그런 추상적인 것으로는 배를 채울 수 없으니까. 노동자는 일단 하부 구조다. 먹고살아야 한다. 그런 이유로 레이는 즉시 구직 활동을 시작했다. 무엇보다 레이철과 살던 7년 동안 육아와 가사에 전념했기 때문이다. 말하자면 전업주부의 사회 복귀 같은 것인데, 레이는 전업주부로 살아온 60대 아저씨라는, 어떻게 보면 상당히 커다란 약점을 지니고 있었다. 그래서 건설 쪽 용역 파견 회사에 등록하지 않을까 생각했는데, 웬걸 바로 로드 서비스 회사 수리공 일을 찾았다. 원래 그가 이런 일을 오래 한 백전노장이었던 덕분이다.

"당신 같은 인재가 찾아와 주어서 정말로 다행이다"라며 귀한 대접을 받고, 매일 근무 일정이 잡혀 있어 매우 바쁘단다. 곧 집도 빌릴 수 있게 되어 테리의 집에서 독립해 나왔다. 그리고 석 달이

지났을 즈음 레이가 파견 나가 있는 로드 서비스 회사에서 정규직 엔지니어를 모집했다.

그 회사에서는 파견 수리공이 정규직 모집에 응시해 채용된 적이 있다고 했다. 현재 레이가 근무하는 지점에 파견 수리공이 여덟 명 있는데 그 가운데 일곱 명을 정규직으로 전환해준다고 했다. 그러니까 거의 모두가 채용되는 것이다. 다른 파견 수리공들이 모두 응시한다고 하니 레이도 이력서를 보냈다. 사실상 그 회사에는 정규직까지 전부 포함해도 레이만큼 경험이 많은 사람은 없었다. "이런 경우 어떻게 하는 게 제일 좋을까요?"라며 나이 어린 매니저가 상의를 해올 정도였는데 그 매니저가 바로 면접 담당이었다. 레이는 행운의 여신이 자신을 향해 미소 지었다고 느꼈다. 업무에 관한 구술 면접도 자면서도 대답할 수 있을 정도로 쉬웠고 잘 대답했다고 했다. 차량 수리 테스트에서는 공구가 부족한 경우의 수리법도 알고 있다며 시험관에게 가르쳐줄 정도였다. 떨어질 리가 없었다. 레이는 그렇게 생각했다. 하지만 레이 앞으로 날아온 것은 불합격 통지였다.

"왜 떨어졌는지 이해가 안 돼."

레이는 우리 남편에게 전화해서 불평을 했다. 아무래도 이유를 알아야 할 것 같아서 회사 인사팀에 연락해보았지만 "다시 전화드리겠습니다" 하고는 전화가 오지 않았다고 한다. 그 회사의 기업 연금 제도상 연금 수령 연령, 즉 은퇴 연령이 65세로 정해져 있는데, 국가 연금과 마찬가지로 그 연령을 높일 수는 없다고 한다. 그렇다면 63세인 레이는 앞으로 2년 뒤면 퇴직 연령이 된다.

'나이 때문이겠지.'

모두 그렇게 생각했다. 레이는 자기가 나이를 얼마나 먹었는지 잘 깨닫지 못하는 면이 있다. 30대의 파트너, 그리고 그 아이들과 함께 생활했기 때문인지 레이의 머릿속에서 그 자신은 40대 정도인 것 같았다.

"연령차별주의ageism는 이제 고용 현장에서는 없어졌으니까."

남편의 말에 내가 대답했다.

"없앴다고는 해도 진짜 없어졌을 리가 없잖아. 아니요, 사실은 있는데요."

문득 우리는 어찌하여 "나이 때문이야"라고 분명하게 말하지 못하는 걸까 싶었다. 만약 내가 레이의 배우자나 여동생이었다면 벌써 옛날에 말했을 것이다. 언제까지고 줄기차게 회사 인사팀에 전화를 하고, 이유를 알 수 없다며 여러 사람에게 이야기를 늘어놓으며 스스로를 비참한 사람으로 만들기 전에. 좀 잔인하더라도, '정치적 올바름'에 반하는 이야기일지라도 내 생각을 분명히 말했을 것이다. 이런 생각을 하다가 '아, 레이에게는 그런 말을 해줄 가족이 얼마 전에 없어졌구나' 싶었다.

"저 녀석, 올해는 고생 좀 할 거야."

남편이 불쑥 그런 말을 했다.

그 뒤로 몇 주일이 지나 우리와 레이 공통의 친구 딸이 결혼을 했다. 그 결혼식장에서 레이를 만났다. 예전에는 이런 모임에 항상 화려한 레이철과 함께 왔었는데, 혼자 앉아 있는 모습이 참 쓸쓸해 보였다. 피로연이 끝나고 디스코 타임이 되자 레이는 오렌지 주스 잔을 손에 들고 우리에게 다가왔다.

"인사팀에서 연락 왔어?"

남편이 묻자 레이가 말했다.

"안 왔어. 결론이 안 나니까 나를 면접한 매니저와 직접 담판을 지었어. 지금은 면접 결과도 전부 O, X 식으로 입력해서 컴퓨터가 합격, 불합격을 가른다더라고. 알고리즘이라서 이해할 수 없는 불합격도 있대."

"그럼 다른 파견 스태프들은 어떻게 되었는데?"

"다 붙었대. 떨어진 건 나 하나."

"…… 그렇구나."

"폴란드 사람, 루마니아 사람에 포르투갈 사람도 있었어. 경험도 일천하고 지식도 없고 영어도 제대로 못한다고."

"너, 이걸 계기로 네오 나치가 되면 안 된다."

남편이 말하자 레이가 웃었다.

"아니, 그런 게 아니라……. 뭐랄까, 그 녀석들은 젊어. 일도 못하면서 의욕만 넘친다고."

"아…….'"

"뭐랄까, 됐다 싶어."

레이는 이렇게 말하고는 주스를 벌컥 마시더니 댄스 플로어로 갔다. 신랑 신부의 부모가 노래를 신청하는 시간이 되어 더 후의

〈마이 제너레이션〉*이 나왔기 때문이다. 실은 레이도 알고 있었으리라. 인정하기 싫으니까 언제까지고 투덜대고 있었을지 모른다.

나는 늙기 전에 죽고 싶어

이것이 나의 세대지

이것이 나의 세대야, 베이비

더 후의 피트 타운센드는 〈마이 제너레이션〉이 사회에서 자신이 있을 곳을 찾는 노래라고 말한 적이 있다. 더 후에 열광하는 세대는 사회에서 자신의 자리를 찾았을까. 아니면 찾아내지 못한 채 퇴장하는 법을 찾게 되었을까.

레이는 지금도 같은 회사에서 파견 엔지니어로 근무하고 있다. '노동자의 합리성'이리라. 레이철은 새로운 연인의 아이를 임신했다고 한다. 조심조심 '중화' 문신 이야기를 하자, 레이는 나의 문신은 나의 역사를 새긴 것이라며 재수 없게 말했다. 레이저로 제거하는 것은 옳지 않다는 것이다.

"그럼, 그럼. 노동 계급은 간단하게 이것저것 지우거나 없었던 일로 하지 않지."

남편도 고개를 끄덕였다. 이것이 그들의 세대. 데어 제너레이션their generation이리라, 베이비.

---

*   〈My Generation〉은 영국의 록 밴드 더 후가 1965년에 발표한 곡이다.

14. 킬링 미 소프틀리 – 우리의 NHS

남편은 9월부터 계속 머리가 아프다고 했다. 기침이나 재채기가 나오면 너무 힘들다는 것이다. 두 손으로 머리를 감싸고 누르고 있지 않으면 견딜 수 없는 격심한 통증이 찾아온다고 했다.

"그렇게 아프면 병원에 가야지."

나는 계속해서 병원에 가라고 했지만 남편은 아무것도 하지 않았다. 그런데 남편이 게을러서 병원에 가지 않는 것은 아니다. 병원에 도달하기까지의 과정이 참으로 가시밭길이라 그렇다.

영국의 의료제도는 크게 NHS와 민간 의료 시설을 뜻하는 프라이빗Private으로 나뉜다. 자기 돈을 지불하고 의료 서비스를 받을 수 있는 사람은 프라이빗을 이용하고, 무료로 치료받고 싶은 사람은 NHS를 이용한다.

NHS를 이용하는 것이 얼마나 어려운 일인지에 관해서는 전작 『꽃의 생명은 No Future』에도 썼다. NHS는 일본인인 내게는 수

수께끼 같은 시스템이었다. 일본인이라면 무릎이 아프면 정형외과로, 위가 아프면 내과로, 몸에 습진이 생기면 피부과로, 즉 처음부터 내가 가고 싶은 병원에 가면 된다. 그런데 NHS에서는 먼저 자기가 등록된 지역의 진료소에 가서 일반의General Practitioner(GP)라는, 정말로 '제너럴하게' 무엇이든 봐주는(대부분은 이야기를 들어주는 정도의) 주치의에게 진찰을 받아야 한다.

여기서 일반의가 "아이고, 이건 정말로 전문의의 진단을 받아야 할 것 같은데요"라고 판단을 내리면 외과, 내과, 피부과, 이비인후과 등 해당 과의 전문의에게 소개장을 보내준다. 그러면 소개장을 받은 전문의가 환자에게 "이 날짜에 예약을 했습니다. 예약 날짜와 시간을 바꾸고 싶으면 전화를 주십시오"라는 편지를 보낸다(이 문장과 똑같다는 말은 아니다). 이렇게 전문의를 만나기 위해 예약을 하는 데만 두 달이 걸린다는 얘기를 벌써 10년 전에 나는 책에 썼다. 그런데 그 후 사태는 더욱 심각해졌다.

우리 집 근처 진료소를 예로 들어보겠다. 이 진료소에서 주치의를 만나기 위해 예약을 하려면 아침 8시에 전화를 해야 한다. 아침 8시에 모두가 일제히 전화를 하기 때문에 진료소는 항상 통화 중이다. 전화로 인기 가수의 콘서트 표를 구입할 때만큼이나 힘들다. 이 말도 10년 전에 썼는데 지금은 훨씬 더 힘들어졌다. 먼저 집 근처 진료소에 아침 8시에 전화를 하는 시스템이 폐지되었다. 그렇다면 어떻게 바뀌었을까. 의사를 만나기 위해 아침 8시에 진료소로 직접 찾아가야 한다. 덕분에 문을 열기도 전부터 진료소 앞에는 긴 줄이 생긴다. 8시에 문을 연다고 바로 진찰을 해주는 것도 아니다. 이 줄은 어디까지나 예약을 위한 줄이다. 예약이 끝나면 일단 집으로 돌아갔다가 예약한 시간에 다시 병원으로 가야 한다. 추운 겨울날 아침 노인과 아이를 동반한 여성들이 담요를 쓴 채 콜록콜록 기침을 하며 줄을 선 모습은 저개발 국가에서 치료를 받기 위해 줄을 선 모습처럼 보인다.

그랬는데, 몇 년이 지나자 이제는 줄을 서는 것만으로는 진료 예약을 못 하게 되었다. 아니, 줄을 서는 것은 마찬가지인데 일단 일반의와 통화를 한 뒤에 예약을 해야 했다. 그러니까 "일반의가 진찰과 진찰 사이에 당신에게 전화를 할 테니 그때 어디가 아픈지 설명해주십시오. 당신이 정말 위험한 상태이며 반드시 진찰을 받을 필요가 있다고 일반의가 판단을 내리면 그때 진찰 예약을 해드리겠습니다"라는 식으로 진료소가 환자를 선택하는 시스템이 도입되었다.

이 시스템은 곤란한 점이 아주 많았다. 일반의가 쉬는 시간에 전화를 해주다 보니 "몇 시쯤 전화를 주세요"라고 시간을 지정할 할 수가 없다. 그렇다 보니 직장에서 회의 중이거나 운전하는 중이라면 전화가 걸려 와도 받을 수가 없다. 이쪽에서 다시 걸면 이번에는 일반의가 다음 환자를 진찰하는 중이라는 등의 이유로 통화 기회를 날리게 된다. 아침 일찍 진료소 앞에 줄을 서서 의사와 전화 통화를 하기로 예약을 하면, 그날은 일을 쉬면서 하루 종일 전화 옆에서 대기를 해야 하는 것이다. 그렇게 하지 않으면 진찰 예약조차 할 수가 없다.

이렇게 점점 더 예약하기 힘든 시스템으로 바뀌는 이유는 환자를 줄이기 위해서다. 예약이 어려워지자 사람들은 허리가 조금 삐었다거나 두드러기가 난 정도는 그냥 참게 되었다(내가 그렇다). NHS는 "가급적 병원에 오지 말라"는 메시지를 열심히 발신하고 있다. 최근에는 구급차 부르는 사람을 줄이기 위해 '111'이라는 번호를 만들었다. 먼저 이 번호로 전화를 해서 상담원과 이야기를 나눈 뒤 정말 구급차가 필요한지를 판단하는 쪽으로 방향을 튼 것이다.

어쩌다가 NHS가 이렇게까지 되어버렸나. 한마디로 말하자면 돈이 없어서다. 정부는 2010년부터 긴축 재정을 시작해 NHS로 나가는 지출을 줄였다. 그뿐인가. NHS를 쪼개어 민영화를 추진했다. 그 결과 NHS의 경영 상태는 이전보다 더 나빠졌다.

원래 영국에서 NHS를 이용하면 치료가 무료(하지만 처방약은 일부 개인도 부담, 일률적으로 8파운드[약 1만 3000원] 정도)이지만 프라이빗이라면 전액을 부담해야 했다. '무료 아니면 전액'이라니 너무 극단적이지 않나? 일본처럼 어느 병원이든 국가의 의료보험을 이용하면 10퍼센트든 30퍼센트든 개인이 일부를 부담하는 시스템으로 바꾸면 되지 않나? 나는 예전부터 이렇게 생각했다.

그러다가 알게 된 것이 있다. NHS는 편리함 이상의 다른 측면이 있다는 사실을 말이다. NHS 자체가 좌파의 최후의 보루랄까. 말하자면 하나의 이데올로기였던 것이다.

종전 직후인 1945년, 나치를 물리치고 영국에 승리를 가져온 윈스턴 처칠이 어째서인지 선거에서 참패를 했다. 그 결과 저변 계층의 열광적인 지지를 얻은 노동당 정권이 탄생했다. 이 정권이 바로 '요람에서 무덤까지'라는 슬로건으로 유명한 복지국가 시대의 영국을 건설했다. 이 정권의 주요 정책이 바로 NHS의 설립이었다. 당시에는 서민이 민간 의료 기업의 호구였다. 가난한 아이들과 노인들은 의사의 진료를 받지 못하고 죽는 일도 있었다. 그래서 노동당은 NHS라는 꿈의 의료제도를 만들었다. "질병이란 사람들이 돈을 지불하고 즐기는 오락이 아니며 벌금을 지불해야 하는 범죄도 아니다. 질병은 공동체가 비용을 함께 부담해야 하는 재난이다"(NHS의 아버지 어나이린 베번의 말)가 NHS의 발족 이념이다.

영국 사람들은 미국 등의 나라에서 의료 보험 문제로 다투면 늘 "야만인들이네"라는 시선으로 바라보았다. 영국은 소득, 인종, 사회 계층 등과 관계없이 누구든 무료로 치료받을 수 있는 평등한 의료제도를 70년 동안이나 유지해온 세련된 나라라고 생각했고 이에 자부심을 느꼈다.

하지만 이제 지방의 밑바닥 수준에서는 더 이상 NHS가 기능하지 않는다. 그 증거로 우리 남편만 해도 두통이 몇 달이 지나도 낫지 않는다. 아니 전문의에게 보여줄 수도 없다. 수많은 난관과 몇 번의 실패(일찍 일어나 진료소에 줄을 서서 기다렸는데 일반의와 통화하는 예약 접수가 남편 바로 앞에서 끝났다든가, 겨우 예약을 했더니 일반의가 휴대폰으로 전화를 했을 때 덤프트럭을 운전하는 중이었고 하필 FM에서 좋아하는 노래가 나와 큰 소리로 따라 부르느라 전화 벨소리를 듣지 못했다든가)를 거쳐 한 달 만에 겨우 일반의 진료를 예약했다. 그런데 하필 늘 있던 일반의가 휴가를 갔는지 어쨌는지 젊은 초짜 의사에게 진찰을 받게 되었는데 글쎄 인터넷 검색을 해서 진단을 해주는 꼬락서니였다는 것이다.

"오케이, 오케이. 아마 다 괜찮을 거야!"

대충 이런 말을 하면서 진통제를 처방해주었는데 남편의 두통은 낫지 않았다.

결국 어쩔 수 없이 남편은 비장의 무기를 사용하기로 했다. 사실 남편은 암에 걸린 적이 있다. 그래서 불안하다 생각되는 증상이 있으면 암센터에 전화를 걸어 상담할 수 있었다. 남편은 NHS의 힘든 상황을 알고 있었으니 두통 정도로 암센터의 귀중한 시간을 쓰고 싶지 않다고 했지만, 머리가 너무 아프다 보니 결국 예약을 넣을 수밖에 없었다. 하지만 담당 의사의 진료는 9주일 뒤로 잡혔다.

"암센터 예약을 9주일이나 기다려야 한다니 엄청난데?"

내가 놀라자 남편이 대답했다.

"그러게. 기다리는 동안 죽는 사람도 있을 것 같아."

2010년에 보수당 정권이 긴축 재정을 시작했을 때 영국인의 평균 수명 상승세가 갑자기 멈췄다.

"이것 보라고. 긴축 재정 탓이잖아."

"그러니까 정부는 재정을 쓰란 말이야."

나 같은 긴축 반대파 사람들은 이렇게 소리쳤다. 그런 상황의 실제 모습이 바로 이런 것이다. 일각의 유예도 허용되지 않는 심각한 질병을 다루는 과에서도 의사의 진단에 9주일이 걸리는 상황. '암센터'란 말이야. '안眼센터'가 아니라고.

이후에는 어떻게 되었느냐. 누구의 목숨이든 다 소중한 것이다 보니 이런 상황에 처하면 민간의 병원을 이용하게 된다. 그런데 민간 의료 보험에 가입하지 않은 사람들(복리후생으로 민간 의료 보험을 제공하지 않는 기업에 근무하는 사람들, 즉 빈민가 사람들. 예를 들면 우리 집)은 의료비를 100퍼센트 지불해야 했다. 우리 남편처럼 몇 달씩 머리가 아프거나 하면 머리 부위를 스캔해보고 싶다고 생각하게 되는데, 이게 얼마인가 하면…….

"민간 병원에서 스캔을 하면 예전에는 1000파운드(약 160만 원) 정도였어. 지금은 아마 500파운드 정도 되지 않을까?"

남편은 어림짐작으로 말했지만 인터넷으로 알아보니 정말로 전국 평균 가격이 500파운드였다. 이런 상황이다 보니 최근 빈민가에서도 의료비로 인해 파산하는 사람이 나오고, 의료비를 내기 위해 소비자 금융 대출을 받았다가 심각한 상황에 내몰려 신용 불량자가 되거나 야반도주를 하는 사람들이 있다.

우리 남편은 암 4기 선고를 받았다가 기적적으로 완치된 운 좋은 사람이다.

"4기 암에서도 살아남은 사람이 있지."

"최초의 진단이 틀린 거겠지."

주위에서는 놀라지만 언제까지고 그 운이 이어지지는 않을 것이다. 이렇게 저렇게 남편도 이제 62세의 아저씨다. 노동 계급은 화이트칼라보다 일찍 죽는다고들 하니 아무리 조심해도 지나치지 않다.

"민간 병원에서 스캔을 해보자. 인세를 좀 모아둬서 돈이라면 있으니까 걱정하지 말고."

이렇게 말했지만 전혀 예약할 생각을 안 한다. 기다림에 지친 내가 예약을 하려고 하자 남편이 말했다.

"쓸데없는 짓 하지 마."

"뭐가 쓸데없는 짓이야. 슬슬 죽어도 좋은 나이인 건 맞지만 우리 집은 아직 아이도 어리고. 그러니까 스캔해봐."

남편은 이렇게 말해도 고집을 피우며 민간 병원에 가는 것을 거부했다.

"돈 걱정은 하지 말라고 하잖아."

"그런 문제가 아니야."

"스캔하는 건 안 아파. 주사가 아니니까."

"바보냐, 그것도 아니야."

"그럼 뭔데?"

내가 집요하게 물어보니 남편이 대답했다.

"아니, 뭔가……. 그렇게 하면 지는 것 같아서."

나왔다, 나왔다, 나왔다. 나는 생각했다. 이 '해머타운의 아저씨들' 세대의 복지국가에 대한 고집이랄까 집착이랄까. '우리의 NHS'에 대한 사랑이 분출했다. 하지만 NHS는 "이제 재원이 없으니 나를 잊어줘"라고 아주 분명하게 말하고 있다. 아무리 사랑해도 헤어질 수밖에 없는 때도 있다. 더욱이 사랑을 위해 목숨까지 걸어서 뭐 어쩌겠다는 건가.

최근 『가디언』에 실린 기사에 따르면 NHS에서 진찰과 치료를 기다리는 암 환자의 수가 사상 최고치에 달한다고 한다. NHS에는 다른 병동에서는 아무리 환자를 기다리게 하더라도 일반의에게 거부당한 암 환자를 14일 이상 기다리게 해서는 안 된다는 가이드라인이 있다. 그러나 이 가이드라인은 단지 조직 내 지침일 뿐이라 일손이 달리거나 인프라가 부족하다는 이유로 지키지 못하는 병원도 있다. 현재 잉글랜드 전체에서 한 달에 약 1만 1000명의 사람이 가이드라인 이상 기다리는 경험을 했다.

2018년 11월의 예를 들어보면, 일반의가 암센터의 진찰이 긴급하게 필요하다고 판단한 환자 가운데 약 1만 5000명이 40일 이내에 진료를 받지 못했다. 또 암 선고를 받은 약 3000명의 환자들이 지침으로 정해진 62일 이내에 치료를 시작하지 못했다.

영국간호협회 대표는 『가디언』에 이렇게 말했다.

"환자가 이런 지연을 경험하면 암 진단을 받고 이렇게 기다리는 것이 병세에 영향을 미치지는 않을까 의문을 품게 됩니다. 이런 상황에서는 간호사가 환자를 안심시키기 어려워요. 환자는 이게 아니라도 이미 엄청난 불안과 스트레스를 겪고 있는데, 더 악화되는 것이죠."

이런 상황이 된 것은 보수당이 2010년에 집권하면서 전후 최대 규모의 긴축 재정을 실시했기 때문이다. 우리 남편이 암 치료를 받을 때만 해도 긴축 재정 이전이라 암센터가 환자를 기다리게 하지 않고 운영되었다.

"그때 암에 걸린 것은 행운이었네."

남편은 자주 이렇게 말한다. 암에 걸리는 것만으로도 이미 운이 나쁜데, 불운의 시대에 치료를 받아야 한다면 분노가 터져 나오는 것도 무리는 아니다.

EU 탈퇴에 관한 국민투표를 할 때 "브렉시트를 하면 일주일에 3억 5000만 파운드씩 나가는 EU 분담금을 NHS의 자금으로 돌릴 수 있다"라며 탈퇴파가 유언비어를 흘렸다. 이는 탈퇴파 승리의 결정적인 요인 가운데 하나였다. 해외에서도 크게 보도되어 이런 말도 안 되는 유언비어에 속은 영국인들은 바보가 아니냐며 비웃음을 샀다. 하지만 거기에는 사정이 있었다. 'NHS가 개선된다'라고만 하면 설사 그것이 거짓말일지라도 영국의 밑바닥 계급은 그것을 믿고 싶고 거기에 기대고 싶을 만큼 비참한 상황이었던 것이다.

입원과 수술이 필요할 때 돈이 많다면 의료비를 전액 부담하는 민간 병원에 가면 된다. 하지만 서민은 그렇게 하기 힘들다. 그런데 아프고 괴로워서 견딜 수가 없다. 병을 방치하면서 죽어가는 것도 싫다. 그렇다면 어떻게 하면 좋을까. 돈을 빌려서 민간 병원으로 가는 것이다. 그러고는 그 빚을 갚지 못해 야반도주를 한다. 이런 사람들은 자주 이렇게 말한다.

"NHS 대기실에는 이민자들이 가득하다. NHS가 이민자들에게 공중 납치당했다."

하지만 이에 대해서는 영국에 살기 시작한 지 몇 년 되지 않았을 때 이민자의 입장에서 나도 겪은 일이라 잘 알고 있다. 이민자들은 영국인과 같은 '신용 이력credit history'이 없다. 그래서 어떤 금융 기관도 큰돈을 빌려주지 않는다. 돈을 빌려서 민간 병원에서 수술을 하다니, 이민자는 그렇게 하고 싶어도 할 수가 없다. 아무리 오래 기다리게 하더라도 NHS로 가는 수밖에 없다. 그러니까 NHS를 이용하는 이민자가 많아진 게 아니라, 영국인이 민간 의료 시설을 이용하게 되면서 이민자만 NHS를 이용하는 듯 보이게 된 것이다.

한편 힘들게 대출금을 갚으며 민간 의료 시설을 이용하는 영국인은 "어째서 이민자가 무료로 의료 서비스를 받고 우리는 비싼 돈을 치르며 민간 병원에 가야 하나"라고 말한다. 이민자는 이민자대로 "그런 말을 하는 영국인은 배외주의자"라고 하니 사회 갈등은 깊어질 뿐이다.

원래는 빈부 격차나 인종, 국적 등과 관계없이 모든 사람을 평등하게 무료로 치료한다는 아름다운 이념으로 발족한 NHS였는데, 아이러니하게도 이제는 선망과 증오, 분열을 낳게 된 것이다. 도대체 NHS가 어쩌다 이렇게 되어버렸나에 대해서는 내가 몇 번이고, 몇 번이고, 몇 번이고 여기저기에 마구마구 써놓았지만 그래도 또 한 번 이야기하겠다. 긴축 재정 때문이다.

"영국에 사는 사람은 누구든 모두 무상으로 평등하게 보살펴 드립니다"라는 대담한 국가 의료제도에 국가가 돈을 아끼며 재정을 투입하지 않게 되었으니 더 이상 꾸려나갈 수가 없는 것이다. 재정을 투입할 수 없는 이유는 언제나 "국가가 빚이 많아서 파탄 날 지경이니까"라는 '작은 정부 최고주의'라고도 알려진 신자유주의적 술책이다.

밖에서 보면 브렉시트 탓에 영국이 혼돈 속으로 빠져들었다는 인상이 강할 것이다. 하지만 훨씬 전부터 밑바닥 사회는 엉망진창이었다. 돈이 없으니 민간 병원에는 가지 못하고, NHS로는 몇 주일, 아니 몇 달을 기다려도 의사를 만날 수 없으니 마치 전쟁 전으로 돌아간 것 같다.

나 같은 일본인의 눈에는 예전이 정말 너무 좋았던 게 아닐까 싶다. 나만 해도 NHS에서 무료로 체외 수정을 통해 임신을 했고, 출산도 공짜로 했고, 남편도 무료로 암 치료를 받았다. 만약 NHS가 없었다면, 그러니까 만약 여기가 일본이었다면 나는 아이도 없었을 것이고 배우자는 암으로 사망하고 천애고아가 되었을 것이다. 나의 가족은 NHS가 있었기 때문에 존재한다. 일본에 사는 사람들이 아이는 갖고 싶지만 체외 수정을 통한 임신이 너무 비싸 엄두를 내지 못하는 모습을 보면 내가 얼마나 행운아였는지를 통감한다.*

이렇게 NHS의 이념은 아름답고 훌륭하다. 왕실이 폐지되는 일이 생긴대도 NHS는 지켜야 한다는 영국 사람들의 주장은 감동적이다. 나도 그렇게 생각하고, 정말 그렇게 되기를 바란다. 하지만 다른 관점에서 보면 이는 영국 국내에 한정된 아름다움, 훌륭함이기도 하다. 온 세상 사람들이 무료 의료 서비스를 받을 수 없다면 '영국에 사는 사람들이 행운아'일 뿐이다.

"NHS를 잃는다면 우리는 영국이 복지국가였던 시절의 유산을 전부 잃어버리게 되는 거야. 대처한테 지는 거란 말이야."

남편은 이렇게 말한다. 해머타운의 아저씨 세대는 반反 대처 기풍이 강하다. 젊었을 때 파업과 시위로 맞섰던 무시무시하게 강력했던 적은 지금도 영국과 EU의 신자유주의 정책 가운데 살아 있는 모양이다. 메이 총리와 마크롱 대통령은 대처에 빙의해 있다고 한다.

얼마 전 영국에서 베네딕트 컴버배치가 민머리 특수 분장을 하고 EU 탈퇴 운동의 총괄 책임자를 연기한 러닝 타임 두 시간의

---

* 일본의 경우 의료 보험 제도는 있으나, 임신과 출산은 병이 아니라고 간주되어 보험이 적용되지 않는다. 난임 치료에는 보험금이 거의 나오지 않고, 체외 수정 비용이 비싼 것은 말할 필요도 없다. 출산 자체는 보험 적용이 안 되고 검진에 사용하는 보조금 쿠폰과 420만 원가량의 지원금이 보험에서 나온다. 병원을 이용하면 보통은 지원금을 초과하는 병원비를 내야 한다. 지원금 안에서 출산하려는 이들은 비용이 저렴한 병원이나 조산원을 찾는다. 응급 제왕절개도 비용이 많이 들며, 선택 제왕절개는 보통 1000만 원 이상이 든다. 한편 암 치료의 경우 보험은 적용되지만 신기술이나 신약을 사용하려면 천문학적 비용이 들기 때문에 치료를 주저하는 사람이 많다.

드라마가 방영되었다. 〈브렉시트: 언시빌 워〉*라는 제목의 이 드라마에서도 탈퇴 운동 측이 사용한 선전용 마이크로버스 한가운데에 'NHS'라는 글자가 쓰여 있었다.

잔류파는 'EU 분담금을 NHS로 돌릴 수 있다'라는 탈퇴 운동 측의 주장은 사실 무근의 유언비어라며 자료를 들어가며 분명하게 부정했다. 하지만 "그러면 NHS는 이제 좋아질 수 없는 건가?"라는 사람들의 절망감 앞에서 "긴축 재정을 끝내고 앞으로는 정부가 더욱 많은 재정을 투입하겠습니다. 꼭 개선하겠습니다"라고 말하지 못했다. 잔류파의 리더였던 데이비드 캐머런 전 총리와 조지 오즈번 전 재무장관이 이렇게 한마디만 했어도 좋았을 것이다. 그들은 그러기는커녕 '세계화 시대에 국가사회주의적인 NHS 따위 시대에 뒤처질 뿐'이라며 NHS를 경시하는 인상마저 풍겼다.

"두통이 날 죽이고 있어My headache is killing me."

매일처럼 남편은 이렇게 말한다. 두통에 살해당하느니 얼른 돈을 내고 민간 의료 시설에 가면 좋을 텐데, 아무래도 남편은 NHS 암센터 의사의 진료를 받을 때까지 이대로 9주를 기다릴 셈인 모양이었다.

"NHS가 당신을 살살 죽이고 있어NHS is killing you softly."

---

* 〈Brexit: The Uncivil War〉. 'uncivil'은 '무례한, 미개한, 반시민적인, 시민의 화합과 복지에 반하는' 등을 뜻하는 단어로 한국에서는 〈브렉시트: 치열한 전쟁〉이라는 제목으로 소개되었다.

〈킬링 미 소프틀리 위드 히즈 송〉*이라는 유명한 노래 제목(물론 그 노래에서 '킬링killing'이 물리적인 것을 의미하지는 않겠지만)을 빌려와 대답했다. 옆에서 밥을 먹고 있던 아들이 풋 하고 웃으며 말했다.

"자기 건강과 돈 중에 뭐가 더 중요해?"

"그러니까 이건 건강과 돈만의 문제가 아니야. 더 큰 거라고. 나는 대처한테도, 글로벌 자본주의한테도 질 수 없다고. 물론 가담하지도 않아."

단호하게 말하는 남편에게 아들이 말했다.

"하지만 대처는 벌써 죽은 사람이잖아. 게다가 아빠의 그 구두쇠 기질은 돌아가신 할아버지랑 똑같네."

돌아가신 할아버지란 남편의 아버지를 뜻한다. 남편의 아버지는 젊은 시절 알코올 의존증과 가정 폭력으로 아내를 많이 울렸다고 한다. 하지만 아일랜드에서 런던으로 이주해 온 것을 계기로 기사회생의 대변신을 해서 런던 지하철의 야간 선로 정비원이 되었고, 할 수 있는 모든 잔업과 휴일 근무를 하는 일벌레가 되었다. 그러다 남편이 열여덟 살이 되었을 때 과로사로 세상을 떠났다고 한다.

---

* 〈Killing Me Softly with His Song〉은 1972년 로리 비버먼이 데뷔 싱글로 발표한 곡으로, 비행기 안에서 우연히 이 노래를 듣고 영감을 얻은 로버타 플랙이 새롭게 불러 1973년 자신의 네 번째 앨범 《Killing Me Softly》에 수록하면서 크게 히트했다.

남편의 아버지는 술을 끊은 뒤 저축에 몰두했던 것 같다. 항상 같은 옷을 입었고, 매일 샤워를 하는 건 낭비라고 생각해서 몸에서는 냄새가 났으며, 엄청나게 인색해서 가족 모두 그를 싫어했다고 한다. 하지만 돌아가신 후 가족들은 그의 예금 잔고를 보고 경악했단다.

덕분에 남편의 어머니는 아일랜드로 돌아가 집을 샀고, 일을 하지 않아도 되는 편안한 삶을 살았지만 남편은 아버지의 인생이 너무 슬펐다며 비판적인 태도를 보였다.

"내가 구두쇠라서 그러는 게 아니야. 이건 정치적인 문제야."

남편은 이렇게 말했지만 아들이 빙그레 웃었다.

"아니, 아빠 구두쇠야. 할아버지랑 닮았어."

"닮았다니. 너, 우리 아버지 만난 적도 없잖아."

"만난 적은 없지만, 아빠 이야기 듣고 있으면 완전 똑같은걸."

아들이 놀리자 남편은 중얼거렸다.

"그렇다고 내가 그렇게 큰돈을 남기고 죽을 거라는 생각은 하지 마. 노동 계급이 필사적으로 일해서 저축을 할 수 있던 시대는 이미 끝났거든. 요즘 시대의 구두쇠 아버지는 기적을 일으킬 수 없어."

이런 말을 하는 모습에서 어딘가 절절한 여운이 느껴져 혹시 안 좋은 일이 일어나려는 전조는 아닌가 하고 남편 몰래 민간 병원에 스캔 예약을 했다. 예약한 날이 되면 대충 일러서 데려가면 된다.

그런데 예약 확인 편지 같은 거 보내지 말아달라고 부탁까지 해놓았는데, 글쎄 다음 날 병원에서 예약 날짜 확인 편지가 왔다. 물론 남편 이름으로 왔으니 예약한 것이 일찍도 들킨 셈이다. 남편은 즉시 예약을 취소했다.

"이미 두 달이나 기다렸고, 나는 NHS 병원으로 갈 거야."

남편은 끝까지 우겼다. 이 사람은 서서히 NHS에 살해당할 셈인가.

"NHS가 당신을 죽이고 있다고NHS is killing you."

"어쩔 수 없지. 그러라고 해So be it."

남편이 대답했다.

〈킬링 미 소프틀리 위드 히즈 송〉이 실은 러브 송이었음을 떠올리며, 나는 포기의 한숨을 쉬었다.

남편 말처럼 이는 NHS만의 문제가 아니라 더 큰 문제일지도 모른다. 대처리즘에 반대하는 것도, 글로벌리즘에 반대하는 것도, EU 탈퇴도 전부 이어져 있고 얽혀 있다.

해머타운의 아저씨 세대는 현 사회에 최후의 저항을 하고 있는지도 모르겠다.

15. 너는 나를 알아

지난해 12월 초에 스티브의 어머니가 돌아가셨다. 크리스마스 전이라 모두 일에 쫓기던 엄청나게 바쁜 시기였다. 그렇다 보니 교회에서 장례식을 치른 뒤 지역 커뮤니티센터 안에 있는 술집에서(커뮤니티센터에 왜 술집이 있는지는 묻지 말기를. 그건 나도 잘 모르니까. 예전부터 우리 동네 커뮤니티센터에는 카페가 아니라 술집이 있었다) '추모회'가 열렸을 때도 "아이들 크리스마스 선물은 다 샀어?" "그 가게는 선물 포장지가 세 장에 1파운드야" 같은 이야기만 무성했다. 어머니를 잃은 스티브의 마음은 아무도 돌보지 않는 것인가 했지만, 본인은 그런 편이 마음이 편했단다.

스티브는 커뮤니티센터 안의 도서실 겸 어린이 놀이방(보통은 함께하기 어려운 두 기능이 어쩌다 방 하나에 들어가게 되었는지는 이 책의 7장에 나와 있다) 단골이다. 그 덕에 도서실 이용자인지 어린이 놀이방 스태프인지 알 수 없는 상태로 지역 사회의 인기인이 되었기 때문에 어머니 장례식에 온 사람들도 다양했다. 젊은 엄마와 유아, 아기, 마트에서 아르바이트하는 대학생, 파트 타이머 아주머니, 이민자, 스티브의 친구 아저씨들, 세상을 뜬 어머니의 친구인 노인들. 이렇게 연령도 국적도 제각각이고 인생의 다양한 국면에 있는 사람들이 왁자하게 모인 장례식은 이제껏 본 적이 없다.

"다 스티브의 인덕이야."

맥주를 마시면서 나는 이렇게 말했다.

"응. 스티브를 보면 브렉시터(EU 탈퇴파) 중에도 이렇게 쿨한 사람이 있구나 싶어."

같은 마트에서 일하는 브라이턴대학교 학생이 말했다. '이념과 이념이 대립하는 시대에서 사람과 사람이 대화하는 시대로'는 EU 탈퇴로 시끄러운 영국에서 최근 정치가와 지식인들이 자주 입에 올리는 말이다. 이런 말이 탁상공론에서 끝나는 것이 아니라 진짜로 시작되는 곳은 언론이나 학회, 회의 같은 곳이 아니라 항상 저변이다.

들어보니 이 청년은 잉글랜드 중부 출신으로 집에서 멀리 떨어진 브라이턴에서 대학 생활을 하고 있는데, 스티브가 자기한테 관심을 가지고 작은 일도 함께 의논해주고 배려해준다고 했다. 스티브는 존경할 만한 현인이라기보다는 단지 사람을 잘 보살피는 좋은 아저씨인데, 지금 시대에는 이런 사람이 별로 없으니 희소가치가 있는 것이리라.

많은 사람에게 둘러싸여 웃음이 끊이지 않았던 장례식을 끝내고 스티브는 아마도 혼자서 크리스마스를 보냈을 것이다. "우리 집에 칠면조 먹으러 올래? 같이 교회에 가서 크리스마스 런치 먹자"라고 이야기해봤지만, 스티브는 크리스마스이브에는 마트에 출근을 하고, 크리스마스 다음 날인 복싱 데이Boxing Day(영연방 국가와 일부 유럽 국가의 공휴일)에도 아침부터 마트에서 카운터를 맡기로 했으니 크리스마스에는 집에서 편히 자고 싶다고 했다.

지난해까지 스티브는 치매에 걸린 어머니를 위해 크리스마스 칠면조를 구웠다. 겨우 크리스마스 요리 노동에서 해방된 것이니 잠자는 크리스마스를 보내고 싶었으리라. 그 마음은 나도 알 것 같았다.

영국에서 1월은 사람들의 마음이 가장 가라앉는 달이라고들 한다. 1월은 크리스마스 때문에 늘어난 지출이 실제로 가계를 압박하는 달이다. 또 즐거웠던 파티와 근사한 요리의 계절 뒤에 남은 것은 의미 없이 불어난 체중뿐이라는 허무함이 사무치는 계절이기도 하다. 겨우겨우 술을 끊었는데 크리스마스 분위기에 휩쓸려 얼떨결에 다시 마시기 시작한 사람, 잘 차려입고 나간 파티에서 술에 취해 난잡한 짓을 해버리고 파트너와는 결국 파국에 이른 사람, 아이를 위해 분발해서 산 비싼 장난감이 1월에 반값 세일을 하는 것을 보고 크리스마스 같은 건 없애버리라며 분노하는 사람. 많은 사람이 다양한 문제 상황, 슬픔과 분노를 품게 되는 1월이다.

이렇게 음침한 기운 때문에 사람들이 돈을 쓰지 않는 1월에 영국의 마트나 상점에서 내거는 슬로건이 "뉴 이어, 뉴 유New year, New you(새해, 새로운 당신)"라는 캠페인이다. 구체적으로 말하자면 '건강해지자'는 상업적인 전략이다. "지난 연말에 당신은 너무 많이 마셨고, 너무 많이 먹었고, 건강은 생각하지도 않고 뚱뚱해졌습니다. 자, 신년에는 운동을 해서 날씬해진 당신과 나이스 투 미트 유!"라는 것이다.

이런 이유로 매년 1월이 되면 가게 앞에 운동 용품이 진열된다. 달리기용 운동화, 땀 닦는 수건, 휴대용 물통 등등이다. 이렇다는 건 매년 제법 팔린다는 뜻일 테다. 영국 사람은 의외로 단순하달까, 선동되기 쉬운 면이 있다.

연말에 어머니를 잃은 스티브조차 허겁지겁 목에 수건을 감고 근처에서 조깅을 시작하기에 올해는 세상의 유행을 따라가기로 마음먹은 줄 알았는데 그런 것이 아니었다. 개 산책이었다.

2년쯤 전, 스티브의 어머니는 치매가 진행되면서 귀여워하던 개 듀크를 갑자기 미워하게 되었다. 그래서 스티브는 듀크를 동료의 집으로 보내야 했다. 어머니가 돌아가신 후 듀크를 다시 집으로 데려올 수 있게 된 것이다.

"듀크는 아직 너를 기억해?"라고 물었더니 스티브는 "당연하잖아"라며 만면에 웃음을 띠었다. 메마른 겨울의 잔디 색 같은 눈동자를 가진 밝은 베이지색 래브라도레트리버는 동료 집에 보내지기 전까지 8년이나 스티브랑 어머니랑 함께 살았다. 이미 고령이 된 듀크는 하아하아 숨을 몰아쉬며 스티브와 사이좋게 조깅을 했다.

"할아버지 둘이서 무리하지 마"라고 하니 "누가 할아버진데?"라며 스티브는 기쁜 듯이 웃었다. 모르는 사람이 보면 단순히 '1월의 운동으로 다시 태어나는 유행'에 동참한 아저씨와 반려견으로 보이겠지만 아무튼 둘은 달리고 또 달렸다. 해가 길어져 5시에도 밝은 거리와 언덕 위 공원길을 마치 젊은이들처럼 둘이서 정력적으로 달리기에 우리 남편이 정색을 하며 "너 심장 발작 조심해"라고 경고를 했을 정도다.

연말에 가족을 잃었고 '1년 중 가장 우울한 달'이 이어서 스티브를 찾아왔다. 하지만 듀크 덕분에 스티브는 건강하게 극복한 듯 보였다.

개는 정말 얕잡아봐서는 안 되는 존재다. 우리 아들이 다니는 중학교에는 상주 '치유견Therapy Dog'이 있다. 특별 훈련을 받은 개라고 하는데, 문제 상황에 놓인 학생들은 이 개와 만나 함께 노는 것만으로도 마음에 위안을 얻는다고 한다. 또 책을 잘 읽지 못하는 학생 옆에 치유견이 앉아 있기만 해도 학생이 독서를 좀 더 오래 할 수 있다고 하니 정말 다양한 효과가 있는 모양이다.

실은 지난해 나에게도 개의 힘을 실감한 일이 있었다. 무엇을 감추겠는가. 일본에 있는 우리 부모님 이야기다. 우리 어머니는 중증 양극성 장애를 가지고 있어서 1년 중 거의 대부분을 누워서 보낸다. 어머니가 방에서 나오지 않으니 집안일 등은 모두 아버지가 해야 한다. 원래 아버지는 술고래에 엄청난 마초 육체노동자였는데, 사람은 참 신기하게도 환경에 따라 다시 태어나는 모양이다. 집안일은커녕 은행 통장이 어디에 있는지도 모르던 70대 할아버지가 이제 청소도 하고, 요리도 하고, 세탁도 하는 데다가 일단 시작하니 어머니보다 훨씬 열심히 하고 솜씨도 좋다. 아버지는 가계부까지 꼼꼼하게 쓰면서 가계를 관리한다.

집안일로 바빠지긴 했지만 어머니가 방에서 꼼짝 않고 나오지를 않으니 아버지는 고독했다. 개를 좋아하는 아버지였기에 "강아지라도 키우지 않을래?"라고 제안했더니 7년 전에 마지막으로 키우던 개가 죽고 나서는 "이 나이가 되면 마지막까지 책임질 수 있을지 모르니 강아지는 안 키울래"라고 했다.

그런데 지난해 여름 약 10년 만에 일본 귀성에 따라온 남편이 "강아지를 선물하자. 집에 강아지가 오면 싫다고는 못 하겠지"라는 제안을 했다. "환상적인 아이디어인데?"라고 아들도 동조했다. 슬픔을 느끼면 아무것도 하지 않는 일본 사람과 달리 영국 사람은 갑자기 행동을 한다. 그런 생각을 한 날이 길일이라는 듯 지역 브리더breeder*를 찾아가 시바견 강아지를 얻었다. 그리고 당돌하게도 그 강아지를 부모님 집에 두고 영국으로 돌아왔다.

예상대로 아버지는 강아지를 소중하게 키웠다. 어째서 좀 더 빨리 이렇게 하지 않았는지 후회가 될 정도로 기쁨이 넘쳐흐르는 강아지 사진을 휴대폰으로 보내왔다. "같이 자고 있습니다" "산책을

---

*   반려동물을 전문적으로 키워 분양하는 일을 하는 사람.

데리고 나가면 귀엽다고들 합니다"라는 간질간질한 문장과 함께.

신기하게도 방에서 나오지 않던 어머니까지 가끔 시바견을 보러 밖으로 나온다고 한다. 나와서 밥을 주거나 쓰다듬어준다고 하니 말 그대로 '치유견'인 것이다. 게다가 어머니가 심한 말을 많이 해서 집에 잘 오지 않던 여동생까지 강아지를 보러 오게 되었다. 치유견, 아니 시바견은 우리 가족의 허브 역할까지 하게 된 것이다.

영국에서 눈물을 글썽이며 이 이야기를 듣던 아저씨가 있었으니 바로 스티브였다. 어머니가 돌아가셨을 때 다른 사람한테 보냈던 듀크를 불러올 결심을 한 것도 우리 집 이야기를 듣고 나서였다고 한다. 우리 가족의 위기가 시바견 덕분에 기적적으로 완화되었다는 걸 듣고는 나름대로 생각한 바가 있었으리라.

"강아지는 정말 대단하네. 우리는 강아지 발뒤꿈치도 못 따라가."

아버지가 보낸 시바견 사진을 보여주면서 내가 이렇게 말하자 스티브가 말했다.

"그야 당연하지. 녀석들은 인간에 관해서는 뭐든 잘 안다고."

그때 내 귓가에 갑자기 들려오기 시작한 것은 이마와노 기요시로의 노랫소리였다. 기쿠치 나루요시가 쓴 『레퀴엠의 명수』라는 책에는 이마와노 기요시로의 죽음을 애도하는 추도문이 수록되어 있다. 추도문 가운데는 기요시로의 노래를 듣고 쓴 "…… 나는 온몸과 온 마음으로 울었습니다. 울고 또 울어서 이 곡이 끝나기 전에 행복하게 죽어버리는 건 아닌가 싶었습니다"라는 구절이 있는데, 이 문장은 아마 〈너는 나를 알아〉*라는 곡을 듣고 썼으리라.

하나부터 열까지 네가 알아주었어

나의 모든 걸 알아주었지

머리끝에서 발끝까지 전부 알아주었지

이는 사람과 사람 간의 관계는 아니었으리라. 사람은 말로 대화하기 때문에 무심코 흘리는 말에 "이것 봐, 알아주지 않잖아" "너는 나에 대해서는 아무것도 몰라" 같은 말싸움이 되어 의심과 증오를 낳는다. 하지만 강아지는 말을 할 수 없으니 '나에 대해 전부 알아준다. 머리끝에서 발끝까지 전부 알아준다'라며 인간이 제멋대로 망상을 할 수 있다. 그리고 개의 정말로 훌륭한 부분은 그런 인간의 망상을 수용하며 살아간다는 점이다.

사람은 이렇게 될 수 없다. 서양 회화에서 천사는 작은 생물로 표현되곤 하는데 그 천사는 사람의 아이가 아니라 개 아닐까라는 생각을 나는 자주 한다. 그렇다고는 해도 천사가 일으키는 기적에도 끝은 있다. 우리 어머니는 이제 개가 질렸는지 다시 오랜 시간 방에서 나오지 않게 되었다.

---

* 〈너는 나를 알아君が僕を知ってる〉는 일본의 록 음악과 공연, 퍼포먼스에 큰 영향을 미친 밴드 RC Succession이 1994년에 발표한 앨범 《Glad All Over》에 수록된 곡으로 밴드 리더인 이마와노 기요시로가 작사, 작곡했다.

아버지는 항상 그렇듯이 외롭게 혼자 고타쓰* 한 구석에 앉아 약주를 하고 있지 않을까. 하지만 이제 아버지의 옆에는 시바견이 앉아 있겠지. 아버지는 고타쓰에 앉아 있는 강아지 사진을 잔뜩 보내온다.

스티브는 어머니의 연금이 없어졌으니 마트에서 일하는 시간이 늘었다. 유통기한이 지난 고기를 마트에서 받아 오면 그중에서 비싼 가격표가 붙은 질 좋은 고기를 듀크에게 주었다. 이전에는 스마트폰으로 사진 찍는 것을 그렇게 싫어하던 스티브가 최근에는 자주 듀크의 사진을 보낸다. 우리 아버지한테도 듀크 사진을 가끔 전송해주는데 아버지도 답례를 하듯이 시바견의 사진을 보낸다. 나는 이걸 다시 스티브에게 전송한다.

지구의 이쪽 편과 저쪽 편에 사는 아저씨와 할아버지가 나를 매개로 반려견 통신을 보내고 있다. 웬만해서는 서로 알 수도 없었을 처지의 남자들이 인생의 추운 겨울에 같이 사는 개 사진을 주고받으며 멀리 떨어진 자기 나라에서 미소 짓는다.

역시 개들은 어떻게 해도 이길 수가 없다.

---

*   탁자에 이불이나 담요 등을 덮어 만든 온열 기구. 탁자 아래에는 화덕이나 난로가 있다.

16. 두근두근 투나잇

곤마리* 붐이 드디어 영국에도 찾아왔다. 이런 미국발 유행은 처음에는 멋쟁이 자유주의 계열 언론에서 소개를 하고, 스타일 좋은 지적인 사람들이 재미있어 하다가 점점 사회의 저변으로 내려오곤 하는데, 우리 남편이나 그 친구 아저씨들까지 물들기 시작하면 이제 그 유행은 포화 상태에 다다랐다고 할 수 있다.

우리 남편도 물건을 버리지 못하고 창고든 어디든 쌓아놓는 사람이라 거실에 정좌를 시키고 넷플릭스의 〈곤마리 – 두근거리는 인생을 위한 정리 마법〉**을 보게 했(지만 "거기 나오는 집이 우리 집보다 훨씬 크고 멋지니까 이런 건 도움이 안 돼"라는 것이 우리 남편 이야기)

---

* '설레지 않으면 버려라'라는 말로 유명한 일본의 정리 컨설턴트 곤도 마리에의 약칭.

** 넷플릭스 프로그램 〈Tiding Up with Marie Kondo〉의 일본어 제목으로, 한국어 제목은 〈곤도 마리에: 설레지 않으면 버려라〉이다.

다. 회의적인 남편과는 대조적으로 완벽한 '곤마리 신자'가 된 사람이 있으니 바로 사이먼이었다.

사이먼은 올해 직장을 잃었다. 운전기사 파견 회사에 등록한 사이먼은 로열 메일(영국의 우편 회사)에 야간 트럭 운전기사로 파견을 나갔는데 올 1월에 업무 중 교통사고를 일으키고 말았다.

다행히 인명 사고 같은 큰 사고는 아니었다. 작은 접촉 사고로 상대방 차 뒷부분의 칠이 조금 벗겨진 정도라 상대가 어떤 사람이냐에 따라 부드럽게 합의하고 넘어갈 수도 있는 일이었다. 하지만 사이먼이 얼마나 운이 없었던지, 글쎄 피해 차량을 운전하던 사람이 하필 출근하던 경찰관이었다.

상황이 그렇다 보니 모든 것이 원칙대로 적용되어 사이먼이 낸 사고는 로열 메일과 그를 파견한 회사에도 알려졌다. 로열 메일은 민영화되기 전까지는 영국의 우편 사업을 독점하던 공기업이었기 때문에 이런 부분은 상당히 엄격했다. 파견된 인력은 한 번 교통사고를 일으키면 사고가 크든 작든 6개월 동안 근무를 금지한다고 했다.

사이먼은 파견 회사 측에 로열 메일이 아닌 다른 회사에는 파견 나가지 않겠다고 했던 터라 갑작스럽게 무직 상태가 되었다. 그가 다른 회사를 거부한 데는 이유가 있었다. 급여가 너무 적고, 운전 이외에 다른 일도 시키는 악덕 회사가 많기 때문이란다. 비인도적인 고용 조건을 참고 일할 수는 없고, 또 그런 회사에서 일하면서 신자유주의에 가담하게 되는 것도 견딜 수 없다고 했다.

사이먼은 항상 조합과 노동 운동을 생각하며 사는 사람이었다.

취미가 여행인 사이먼은 다행히도 아시아와 아프리카로 여행을 떠나기 위해 저축을 해둔 터였고, 직장은 잃었지만 모아둔 저금을 헐면 밥은 먹고살 수 있을 거라고 했다. 이렇게 된 게 참 다행이라며 사이먼이 착수한 일이 있는데, 바로 집 정리였다.

사이먼은 평생 부모님 집에서 부모님과 함께 살면서 돈을 모아 해외여행을 다니며 마음 내키는 대로 살았다. 그러다 부모님이 돌아가시자 넓은 집에서 혼자 생활하게 되었다. 3년 전 그가 살던 에식스주의 대학에 조카가 입학하면서 임대료를 아낄 요량으로 그의 집에 들어온 이후로는 둘이 생활했다. 그런데 이번에 조카가 여자 친구와 함께 살게 되면서 사이먼은 다시 혼자가 되었다. 이번 기회에 부모님이 차례로 돌아가시는 바람에 제대로 마주하지 못했던 유품 정리를 포함하여 집 안 여기저기에 있는 물건들을 '단사리'*하기로 결정했단다.

"곤마리에게는 신비한 힘이 있어. 일본인은 정리를 시작하기 전에 바닥에 앉아 집에 기도를 드린다지? 그걸 처음 보았을 때 어찌나 감동적이던지 눈물을 흘릴 뻔했다고."

이렇게 말하는 사이먼을 보고 있자니 사이비 종교에 속아 넘어

---

*   '단사리斷捨離'는 '끊고 버리고 떠나다'를 뜻하는 말로 2009년 야마시타 히데코가 동명의 책에서 제창하여 일본에서 크게 유행했다. 필요 없는 물건을 끊고, 불필요한 물건은 버리고, 물건에 대한 집착으로부터 떠난다는 정리와 삶의 세 가지 원칙이다.

간 거 아닌가 싶었다.

"아, 그건 참선이라고 하는데 동양의 신비 같은 이국정취에 바로 맞이 가는 서양인을 겨냥한 마케팅이야. 모든 일본인이 정리하기 전에 집에 기도를 하지는 않아."

내 말에 옆에서 남편도 이렇게 거들었다.

"응, 그치. 얘도 일본 사람이지만 집 정리할 때 기도를 하기는커녕 거기 어질러진 거 하나도 남김없이 버릴 거니까 그렇게 알라면서 막 소리를 지르는걸."

하지만 사이먼은 그건 내가 영국에서 23년이나 사는 동안 일본인의 자질을 잃어버렸기 때문이란다. 순수하게 배양된 일본인에게는 서양 사람들이 배워야 할 아름다운 정신세계가 있다며 내 말을 들으려 하지 않았다. 잘 생각해보면 그는 젊은 시절에 이스라엘의 키부츠에서 바나나를 키우고, 스페인의 토마토 농장에서 일하는 등 자기를 찾는 여행을 통해 다른 문화를 조금씩 섭취해온 사람이다. 뜻밖에도 사이먼처럼 이국의 문물을 현 상황을 돌파하는 가능성으로 수용하는 사람들이 영국의 곤마리 유행을 지탱하고 있는 게 아닐까.

"일본에 가고 싶어."

사이먼이 진심을 담아 이야기하기에 나도 성의껏 설명했다.

"곤마리식 정리법KonMari Method의 나라라는 기대로 일본에 가고 싶어 하는 마음은 알겠어. 하지만 도착하면 바로 알게 될걸? 일본은 도시 경관을 계획하지 않는 나라라 색이나 형태, 건축 양식이 제각각인 건물들이 잡다하게 늘어서 있어. 그것만 봐도 거기에 '정리 정돈'의 정신 같은 건 없다는 걸 깨닫지 않을까 싶은데. 일본처럼 여러 가지가 산만하게 흩어져 있는 나라는 세계 어디에서도 찾아보기 어려울 거야."

하지만 일본을 향한 사이먼의 꿈은 점점 커져갔다. 일본 관광청은 올림픽을 앞두고 대책을 마련할 때처럼 '곤마리적인' 무엇인가를 구하러 오는 관광객이 증가하리라는 것을 염두에 두어야 하겠다. 거리의 쓰레기통 앞에서 플라스틱 포크와 빈 깡통을 움켜쥐고 "땡스"라고 감사의 기도를 드리는 사람은 없을 테니.

'곤마리식 정리법'이 이렇게까지 인기를 얻은 것은 지금이 혼돈의 시대라 집 안을 깨끗하게 정리하는 행위로 '주도권을 되찾으라Take Back Control'는 욕망이 채워지는 기분이 들기 때문이라는 분석도 있다. '주도권을 되찾으라'는 EU 탈퇴 찬반 국민투표 때 탈퇴파가 사용한 슬로건이다. 광고, 마케팅 전문가들이 "EU 탈퇴만이 아니라 우리 삶을 표현한 천재적인 슬로건"이라고 극찬한 문구이기도 하다. 브렉시트처럼 일을 크게 벌이지 않고 집 안을 정리하는 정도로도 내 삶을 통제할 수 있다고 느낀다면 싸게 먹히는 셈이 아닌가? 곤도 마리에는 어째서 2016년 이전에 붐을 일으켜주지 않은 것일까. EU 탈퇴를 막아줄 수도 있었을 텐데.

단순히 정리 정돈에 영성spirituality을 가미한 청소법이 영국 노동 계급 아저씨들까지 사로잡을 줄 누가 알았으랴. 사이먼은 몇 주에 걸쳐 정리 작업을 끝내고는 다시 태어난 집을 보러 오라고 전화를 했다. 그래서 우리는 주말에 에식스주까지 차를 달렸다. 집 앞에 나와 있는 사이먼이 먼저 이런 말을 했다.

"정리 정돈을 시작하기 전에 거실 카펫에 앉아 눈을 감았더니 이제까지는 한 번도 느낀 적 없는 차분한 마음이 되었어."

"그러니까 그거 완전 위험하다니까."

나는 웃었다.

"이제껏 이 집에 살던 사람, 이 집 안에서 일어난 일을 아는 존재는 나 빼고는 이 집뿐이잖아. 그렇게 생각하니까 집이 집 이상으로 느껴지더라고……. 잘 설명할 순 없지만."

사이먼이 이렇게 말하며 현관문을 여는 순간, 이 집이 예전의 그 집이 아님을 깨달았다. 겨울에 입는 코트, 부츠, 장화, 배낭에 가려 보이지 않던 현관 벽과 바닥이 드러났다. 사이먼 집 현관이 이렇게 넓었나 싶어 놀랐다.

"…… 다른 집 같아."

이렇게 말하는 나와 남편의 반응을 만족스럽게 바라보던 사이먼은 거실로 이어지는 문을 열었다. "히야" 무심코 소리가 새어나왔다. 집 안이 깨끗해져서가 아니었다. 휑해져서였다. 분명하게 말하지만 정말로 아무것도 없었다. 테이블과 소파, 텔레비전 등 기본적인 가구 이외에 모든 것이 모습을 감추었다. 부엌, 침실, 욕실도 전부 격렬하다 싶을 만큼의 미니멀리즘이 관철되어 있었다.

"단단히 결심하고 처분했겠다."

물건을 버리지 못하는 남편의 눈이 휘둥그레졌다.

"어째서 그 많은 짐을 다 버리지 못했는지 신기할 지경이야. 곤마리가 '불꽃처럼 터지는 기쁨spark joy'을 느끼는 것만 놔두라*고 했잖아. 나한테는 그런 게 하나도 없다 보니 매일매일 생활에 필요한 것만 남겼어. 그랬더니 이렇게 되었지."

'불꽃처럼 터지는 기쁨'이란 곤마리식 정리법의 '도키메키ときめき'**를 영어로 옮긴 것이다. 아무리 생각해도 이건 너무 거창한 번역 아닌가? 이 번역은 영국에 있는 일본인들의 입에 자주 오르내렸다. '도키메키'라는 것은 그러니까 '심쿵heart-pounding' 정도의 가벼운 말인데 '불꽃처럼 터지는 기쁨'이 되어버리다니. 그런 감정을 자주 경험하는 사람은 별로 없지 않을까? 감상적인 10대라면 모를까, 사이먼 정도의 나이가 되면 '불꽃처럼 터지는 기쁨'을 느끼는 물건이 그리 많을 리 없다.

"이제 죽을 때까지 이런 대청소를 할 일은 없을지 몰라. 그렇게 생각하면서 버릴 수 있는 것은 다 버렸어."

사이먼의 말을 들으며 집 안을 바라보니 어쩐지 병원에 있는 느낌이 들었다. 쓸데없는 물건이라고는 하나도 없이 펼쳐진 청결하지만 메마른 풍경. 침실은 어딘가 병실 같았고, 거실은 병원 대기실처럼 생활감이 없었다. 마치 병원에서 죽음을 기다리는 것 같았다. 아무리 60대라고 해도 사고방식이 너무 늙었잖아.

---

* 한국어로는 주로 '설레지 않으면 버려라'라고 번역된다.
** '두근거림, 설렘'이라는 뜻의 일본어.

사이먼은 자신만만하게 서랍도 열어서 보여주었다. 옷이 전부 작게 돌돌 말려 있었다. '정말로 곤마리식이네' 하며 나는 웃었다. 그런데 어찌된 일인지 서랍장 위에는 어린이 주먹 크기만 한 돌이 하나 놓여 있어 내 시선을 붙잡았다. '설마 영성에 관한 열정이 너무 커서 이상한 돌까지 사서 신앙으로 삼고 있는 건 아니겠지?'라고 생각하는 내게 사이먼이 말했다.

"이건 못 버리겠더라고."

"뭔데?"

"어렸을 때 가족과 처음 바닷가 여행을 갔을 때 주운 거야."

사이먼의 어린 시절이라면 넉넉잡아 반세기 전 이야기잖아?

"줄곧 가지고 있었어?"

"응, 정말로 즐거웠거든. 항상 소중하게 지니고 있었지. 그러다가 이제는 이 돌을 봐도 무슨 추억이 있었는지 떠오르지 않게 되었지만 그래도 지금까지 잘 가지고 있던 거니까 버리질 못하겠더라고. 이번에도 버리는 걸 주저하게 됐어."

"이걸 쥐고 있으면 불꽃 튀는 기쁨이 느껴져?"

남편이 비아냥거리며 묻자 사이먼이 대답했다.

"아니, 전혀. 느껴지지 않아."

그 어조가 너무나도 단호해 모두 함께 웃었다. 웃음이 잦아들 무렵 사이먼이 말했다.

"하지만 분명 어린 시절에는 이걸 쥐면 느껴졌을 거야. 얼마나 즐거웠는지 선명하게 떠올랐을 거야. 이제는 그런 식으로 무언가를 추억하는 일은 없어졌지만……. 그러니까 이건 뭐랄까, 말하자면 나의 불꽃 튀는 기쁨의 묘비."

두근거림(도키메키)의 묘비라니. 이 얼마나 어두운 말인가. 그렇게 생각하면서 나는 배낭에서 국화 정종 병을 꺼냈다.

"일본의 진짜 불꽃 튀는 기쁨은 이 안에 있다고. 이제 반밖에 남지 않았지만."

나는 이렇게 말하면서 머그에 국화 정종을 따랐다. 설날에 마시다 남긴 술이었다. 인생은 그다지 두근거리지도 반짝거리지도 않는다. 하지만 이 술은 금박으로 반짝거린다.

"아름답다. 이거 마실 수 있는 거야?"

사이먼은 그렇게 말하고는 신기한 듯 바라보았다.

일단 이 정도의 두근거림은 괜찮지 않을까. 반세기 이상 살아온 아저씨와 아줌마에게. 즐거웠던 여름의 추억은 이제 멀어졌지만 묘비까지는 아직 조금 시간이 남아 있다.

"괜찮아. 금박도 먹어도 돼."

졸졸졸 첨잔을 하니 황금색 '두근두근 투나잇'*이 머그컵 바닥으로 퍼져나갔다. 내일이 되면 이 두근거림의 성분은 변기로 잘 나올 테니 걱정 마시압.

---

* 이케노 고이의 만화와 그것을 바탕으로 제작된 애니메이션. 1982~94년에 연재된 순정만화로 총 30권으로 완결되었으며, 일본에서 3000만 부가량 판매되며 큰 인기를 끌었다. 여기서는 '두근두근 투나잇'의 '두근두근', 즉 '도키메키ときめき'가 영어로 'spark joy'로 번역되는 것을 이용해 일종의 말놀이를 한 것이다.

17. 나의 포효를 들으라

"엄마 상태가 이상한 것 같으니까 한번 들여다봐주면 고맙겠는데……."

옆집 아들에게 왓츠앱 메시지가 왔다.

우리가 사는 집은 집 한 채를 반으로 나누어 두 세대가 살 수 있게 설계된 '반半단독 주택semi-detached house'이다. 그래서 예전부터 옆집과는 자주 왕래가 있었고, 옆집 아들이 10대였을 때부터 자주 우리 집에 드나들어 반은 우리가 키웠다고도 할 수 있다. 이제 그 아들도 훌쩍 자라 아이 아빠가 되어 다른 동네에 살고 있다. 딸도 뉴캐슬로 가게 되어 어머니인 재키는 2년 전부터 혼자 살았다.

재키도 해머타운 아저씨들과 같은 세대이다. 싱글 맘이었던 재키는 젊은 시절부터 공장 노동자, 청소 노동자, 택시 운전기사 등으로 일하면서(육아에 돈이 많이 들어가는 시기에는 이 일들을 동시에 다한 적도 있다) 생계를 꾸렸다. DIY에 소질이 있어 벽돌로 벽을 쌓는 일 정도는 혼자서도 할 수 있는 아마추어 건설 노동자이기도 했다.

일도 하고 육아도 하고 DIY도 하면서 시내 요양 시설에 입소한 고령의 어머니까지 보살피느라 매일매일 종종거리던 재키의 인생은 2년 전에 크게 바뀌었다. 고령의 어머니가 돌아가시고 아이들도 집을 나가자 집을 팔기로 마음먹은 것이다. 옛날부터 동경하던 캐러밴 생활을 하기 위해서였다. 이렇게 결정하고 나자 재키는 이전보다 더 열심히 DIY에 힘을 쏟아 거의 건설 노동자가 하는 수준의 일을 혼자 해냈다.

일본에 있는 우리 아버지(이쪽은 진짜 건설업 종사자)가 영국에 왔을 때 재키는 아버지를 집으로 초대하여 DIY로 고친 집의 내부와 손수 만든 모르타르 벽, 콘크리트를 부어 만든 스페인 양식의 중정을 보여주었다.

"이웃집 아줌마, 엄청나네. 프로 뺨치는 아마추어던데?"

아버지는 재키의 성과물에 크게 감동했다. 그런데 최근 DIY에 몰두하는 재키의 모습을 보면 소름이 끼칠 정도다. 조금이라도 비싸게 팔겠다면서 집 전체를 다 뜯어고치고 있기 때문이다. 그것도 오로지 혼자서 말이다.

우리 집과 옆집의 정원은 경사가 급한 언덕 위에 있다. 그래서 우리 아버지가 10년 전에 여기 브라이턴까지 와서 포클레인을 빌려다가 계단식 밭 모양이긴 해도 평평한 부분이 있는 정원으로 만들어주었다. 그런데 포클레인을 운전할 줄 모르는 재키는 한 손에 삽을 쥐고 이 작업을 하려고 했다. 다시 한번 반복하지만, 오로지 재키 혼자서 말이다.

'아무리 몸집이 크고 강인한 여성이라고 해도 재키, 그건 무리한 일이야.'

이렇게 생각하고 있었는데, 마침 그 집 아들의 메시지를 받은 것이다. 아들의 보고에 따르면, 정원 공사는 포클레인 면허가 있는 자기가 가서 도왔다고 한다. 그렇게 1년 정도 걸려 전면 재개장을 한 옆집은 눈을 비비고 다시 볼 정도로 맵시 있는 모습으로 거듭났다. 본래가 공영 주택이기 때문에 외양은 아무리 애를 써도 크게 변하기 어렵지만 내부는 뭐랄까, 우리 남편 말을 빌리자면 '궁전'처럼 멋들어졌다(뭐, 노동 계급이 '궁전'이라고 할 때는 '중산층 같은 느낌'이라는 뜻이지만).

재키는 의기양양하게 집을 내놓았다. 재키네 정원에는 큰 부동산 회사의 로고가 들어간 '팝니다For Sale'라는 간판이 세워졌고, 얼마간 가족 동반으로 집을 보러 오는 사람들이 있었다. 하지만 한 달이 지나고, 두 달이 지나고, 세 달이 지나도 사려는 사람이 나타나지 않았다. 혹시 바로 옆에 붙은 우리 집 정원이 정글 같아서였을까. 다 벗겨진 우리 집 벽 때문일까. 보기만 해도 황폐한 느낌이 드는 우리 집 때문에 재키네 집이 안 팔리는 것은 아닌지 걱정이 되었다.

하지만 옆집 아들은 "엄마가 너무 비싸게 내놨어. 희망 가격이 너무 높고, 깎아줄 생각도 없으니 팔릴 리가 없지"라고 했다. 그 때부터 재키의 모습이 보이지 않았다. 집을 보러 오는 사람도 없으니 정원 손질도 안 하는 건가 싶었는데, 그 집 아들이 "상태가 이상하다"라고 보낸 메시지를 받고서야 나는 이변이 생겼다는 걸 감지했다. 씩씩한 육체노동자 재키였지만 젊은 시절에는 우울증 이력도 있다고 들었다.

마침 이란인 친구가 가즈^{gaz}*라는 과자를 많이 갖다 주었으니 딱 좋았다. 이란 과자를 나눠 주겠다는 핑계로 재키네 집을 방문하기로 마음먹었다.

"아아, 누군가 했네."

현관에 나온 재키는 운동복 바지에 헐렁한 티셔츠 차림으로 셔츠에는 얼룩이 묻어 있었다. 머리카락은 푸석푸석하고 화장기 없는 맨얼굴은 창백해 보였다. 한동안 집에서 나오지 않은 사람의 모습이었다.

"이거 친구가 이란 갔다가 사 온 건데. 이것 봐, 피스타치오가 들어간 과자야. 좋아한다고 했잖아, 이거."

이렇게 말하며 가즈를 넣은 비닐봉지를 건넸다.

"아아, 고마워. 안으로 들어와."

재키는 나를 집 안으로 들였다. 그러고는 이케아^{IKEA} 광고에나 나올 법한 대면식 카운터에 서서 홍차를 우렸다. 주방의 커다

---

*   이란의 전통 과자로 피스타치오 등 견과류가 들어간 누가 사탕.

란 창으로 정원이 한눈에 들어왔다. 요리를 하면서 정원에서 노는 아이들을 지켜볼 수 있게 한 인테리어였다. 가족들이 살기 좋도록 궁리한 설계(이것도 재키의 생각이긴 하지만)인데, 팔리지 않는 까닭은 요즘 젊은이들이 싸구려 공영 주택을 사려는 것은 최대한 싼 가격에 집을 사서 자기가 원하는 대로 리모델링을 하고 싶어서인지도 모르겠다.

집의 내부는 극단적으로 물건이 없어서 모델 하우스 같은 느낌이 들었다. 혼자서 이런 곳에 틀어박혀 지내는 것이 건강한 생활이라고는 여겨지지 않았다.

"요새 어떻게 지내?"

단도직입적으로 물었다.

"집 보러 오는 사람이 줄어서 매일 조용하게 보내."

이렇게 말하며 재키는 홍차가 든 머그컵을 건넸다.

"'팝니다' 간판 치웠네?"

"언제까지고 세워두면 너무 안 팔리는 집처럼 보이니까 한동안은 치워두는 게 좋겠다고 부동산에서 그러더라고."

"그렇구나."

이야기를 나누며 가까이에서 재키의 얼굴을 보니 입술은 각질이 벗겨져 있었고, 눈은 심하게 충혈된 상태였다.

"걱정되니까 한번 살펴봐달라고 왓츠앱 메시지를 보냈더라고."

내가 솔직하게 털어놓자 재키는 어깨를 으쓱하면서 미소를 지었다.

"아이한테는 아이의 생활이 있어. 여기 일은 걱정 안 하면 좋을 텐데. 괜한 참견이네."

"너는 말이야, 이렇게 막 집중해서 엄청나게 열정을 쏟는 사람이니까. 아무것도 안 하고 조용히 있으면 다들 걱정한단 말이지."

격렬한 에너지로 인생을 돌파해온 재키에게는 반대로 바닥까지 침잠하는 시기가 있다.

"조증과 울증 사이의 격차가 심하거든."

재키의 아이들은 그렇게 평했다. 재키가 침울한 시기에는 그 음습한 에너지가 싫다며 그 집 아들이 우리 집으로 피난을 온 적도 있다. 일본에 있는 우리 어머니가 양극성 장애(나이가 많이 들 때까지 이 진단이 내려지지 않았다)가 있어 나 역시 어린 시절에는 어머니의 변덕과 짧은 가출로 고생을 했기 때문에 재키네 아이들의 기분을 쉽게 이해할 수 있었다.

"아, 그거. 아마 나도 그거일 거야. 양극성 장애."

재키는 우리 어머니가 영국에 왔을 때 "드디어 만났네. 나의 양극성 장애 동지!"라고 유쾌하게 인사를 했다. 그걸 그대로 통역할 수는 없어서 어머니한테는 적당히 둘러댔다.

재키는 아무것도 숨기지 않고 여러 가지 이야기를 해주었다. 그래서 나는 재키의 인생사를 제법 많이 알고 있다. 10대 시절 아버지에게 성적 학대를 당한 이야기, 그 때문에 부모가 이혼한 이야기, 극빈층이었던 탓에 정원에 자라난 풀을 뜯어 먹은 이야기,

그리고 알코올 의존증으로 열여덟 살에 세상을 뜬 쌍둥이 오빠 이야기까지. 그 모든 것이 지금 재키가 살고 있는 이 집에서 일어난 일이었다. 재키는 여기 이 공영 주택에서 태어나 자랐고 나이를 먹었다. "그러니 여기서 죽고 싶지는 않아"라고 했다. 재키에게 이 집이 팔리느냐 안 팔리느냐는 삶의 모습, 아니 죽음의 모습이 걸린 중요한 문제였다.

"내가 집에 틀어박혀서 우울하게 있을 거라 생각했지?"

단도직입적으로 재키가 물었다. 나도 솔직하게 대답했다.

"응, 다들 그렇게 생각했어. 그러니까 걱정하고 있지."

"그거 반은 맞는데 반은 틀렸어."

이렇게 말하더니 재키는 주방 옆에 있는 문을 열었다. 그 문은 재키가 직접 증축한 다이닝 룸으로 이어졌다.

'앗, 하고 놀랐다'는 표현이 있다. 의표를 찔렸을 때 인간은 정말로 그런 소리를 낸다. 나도 무심코 "앗!" 소리를 냈다. 다이닝 룸의 한쪽 벽면에 그림이 그려져 있었기 때문이다.

좌우로 열리는 유리문이 전부 열려 있고 그 바깥쪽으로는 푸른 하늘, 보라색 라벤더 밭과 나무숲이 펼쳐져 있었다. 하지만 이것은 실재하는 풍경이 아니라 거대한 크기의 풍경화였다.

"대단하다. 이거 어떻게 한 거야?"

"그렸지."

우쭐한 얼굴이 된 재키가 벽화 앞에 서 있다.

말문이 막혔다. 물론 아마추어의 그림이었다. 나에게는 그림

그리는 친구도 몇 있는데 그들과 비교했을 때 솔직히 재키의 그림이 '훌륭하다'라고 말할 수 있는 정도는 아니었다. 하지만 언더그라운드 극단의 배경 그림 정도는 될 만한 실력이었다. 무엇보다 60대인 재키가 혼자서 이렇게 큰 그림을 그릴 수 있었다는 게 무서울 정도였다.

"이것뿐이 아니라고."

재키는 이렇게 말하며 나를 거실로 데려갔다. 거실 한가운데에는 이젤이 서 있었고, 거기에는 이제 막 꽃을 그리기 시작한 캔버스가 놓여 있었다. 그리고 벽에도 몇 개의 크고 작은 캔버스가 있었는데, 각각에는 바닷가나 전원의 모습을 담은 풍경화가 그려져 있었다.

"혹시 그림 배우고 있어?"

"아니, 혼자 그려보는 거야. 어렸을 때 그림을 잘 그린다고 선생님한테 칭찬받은 적이 있거든. 한번 그려보면 어떨까 싶어서 해봤는데 멈출 수가 없네."

'조증 만발!'이라는 말이 떠올랐다. 재키에게는 사나운 조증의 에너지를 창조적인 방향으로 방출하는 버릇이 있었다. 인간 포클레인이 되어 삽 하나로 정원의 정지 작업을 하질 않나, 주방이 좁다며 갑자기 제힘으로 다이닝 룸을 증축해버리질 않나, 현대판 레오나르도 다 빈치인가 싶을 정도로 커다란 벽화를 그리질 않나. 재키의 조증은 무언가 엄청난 것을 만드는 맹수가 되는 식으로 나타났다.

문득 아들이 어머니의 날에 내게 선물해준 티셔츠에 쓰여 있던 슬로건이 떠올랐다.

"Hear Me Roar(나의 포효를 들어봐)."

케이티 페리의 히트곡 〈로어〉*의 한 구절인 "너는 나의 포효를 듣게 될 거야You're gonna hear me roar"에서 따온 문구인데 지금의 재키는 정말 이런 느낌이다.

나는 호랑이의 눈을 가졌지. 물러서지 않는 전사거든

불길 속에서 춤을 춰

나는 챔피언이니까, 너는 나의 포효를 듣게 될 거야

사자보다도 더 크고 요란한 소리

나는 챔피언이니까, 너는 나의 포효를 듣게 될 거야

"네 어머니 우울하기는커녕 케이티 페리가 되었어. You're gonna hear me roar"라고 써서 재키네 아들에게 왓츠앱 메시지를 보냈다.

"뭐라고?"

곧바로 짧은 답장이 왔다. 그리고 몇 초 지나 좀 더 긴 답장이

　＊　〈Roar〉는 케이티 페리가 2013년에 발표한 세 번째 정규 앨범 《Prism》의 리드 싱글곡이다. 쉽고 중독성 있는 멜로디와 비트로 큰 인기를 끌었으며, 이 곡의 뮤직비디오는 유튜브에 업로드된 뮤직비디오 가운데 아홉 번째로 30억 뷰를 달성했다.

왔다.

"아, 대충 무슨 말인지 알 것 같아. 내가 한번 가볼게."

"괜찮아. 지금은 기분이 좋고 열중할 것도 있으니 집에 돌아오려면 엄마가 우울해졌을 때 오는 게 좋을 것 같아. 너 일 많이 바쁘다면서."

나는 이렇게 답했다.

"OK. 그렇게 할게."

재키의 아들이 답했다.

아이들에게는 지금까지도 계속 그러했고, 앞으로도 이런 일의 반복일 것이다.

18. 슬퍼서 견딜 수가 없어

부두의 창고에서 일하는 아저씨 션이 일자리를 잃었다.

오랜만에 해변 선술집에 나갔더니 션이 있었다. 그러고 보니 1년 이상 션을 만나지 못했구나 싶었다. 하지만 이 나이가 되어서 갑자기 인생이 변하는 일은 별로 없으니 계속 같은 생활을 해왔으리라 여겼다.

그런데 긴 세월 션이 일하던 창고가 망했단다. 지금은 비정규직으로 친구의 도장 일을 돕고 있고, 돈이 없으니 플랫 임대료를 낼 수 없어서 베드시트bedsit(화장실과 욕실을 공동으로 쓰는 하숙집 같은 형태)로 이사했다고 한다.

"이 나이가 되어서 베드시트라니. 생각하면 마음이 어두워져."

션이 이렇게 말하며 물을 마셨다. '아, 힘들구나' 싶어 카운터로 가는 김에 살짝 "라거 마시지?"라고 물었다. 그랬더니 "아니, 이제 술 안 마셔"라고 한다.

"〈더 버추스〉 봤거든. 이제 술은 마시지 말아야겠다 싶더라고."

"오오, 그거. 그 드라마 오랜만에 나온 결작이지."

"봤어, 봤어, 나도."

남편과 주위에 앉은 아저씨들이 흥분했다. 〈더 버추스〉란 채널 4에서 시작한 셰인 메도스 감독의 드라마다. 메도스 감독은 〈디스 이즈 잉글랜드〉 시리즈(영화가 더 유명하지만 나중에 드라마로 속편도 만들었다)나 록 밴드 스톤 로지스의 다큐멘터리 영화*를 만들어 이름이 많이 알려져 있다.

드라마는 시작한 지 얼마 되지 않았지만 첫 방송부터 엄청난 영상을 보여주면서 세간에 큰 화제가 되고 있다. 영화 〈디스 이즈 잉글랜드〉에서 스킨헤드 극우주의자 콤보를 연기한 스티븐 그레이엄이 주연을 맡았다. 이 배우가 또 불쌍하고 슬픈 느낌의 아저씨를 연기하여 저변의 아저씨들 심장을 움켜쥐고 놓아주지 않았던 것이다.

제1화는 주인공이 초등학생 아들에게 이별을 고하는 장면으로 시작한다. 아들과 아내, 그리고 아내의 새로운 파트너 이렇게 셋이서 호주로 이주를 하게 되어 떠나기 전날 밤에 저녁식사 초대를 받은 것이다. 〈디스 이즈 잉글랜드〉에서 흑인 친구를 폭행하는 연기를 했던 스티븐은 이번 드라마에서는 흑인 여성과 낳은 사랑하는 아들과 이별하는 연기를 해야 했다. 결혼이 파국을 맞은 원

---

* 　2013년에 개봉한 〈더 스톤 로지스: 메이드 오브 스톤〉.

인은 주인공의 음주 문제 때문이었음을 암시하는 대사가 있었다. 주인공은 아들에게 이별을 고한 뒤 "내일 아침, 공항에 가기 전에 스카이프로 통화하자"라고 약속하고 집으로 향한다.

하지만 그는 돌아가는 길에 술집에 들러 또 술을 마셨다. 마시고 마셨다. 술집에서 쫓겨나면 다음 가게에 들어간다. 거리를 돌아다니다가 넘어지고 부딪혀서 몸은 상처투성이가 된다. 이 과정이 너무나 현실적이라 이 사람 정말 이대로 죽는 게 아닐까 싶었지만, 다음 날 아침 그는 자기 방의 바닥에 드러누워 있다. 얼굴과 목, 가슴에는 토사물이 묻어 있다. 아들과 스카이프 통화를 할 수 있는 상황이 아니었다.

드라마를 보면서 마치 자기 일 같아 혼자 방 안에서 조용히 침묵하고 있었을 아저씨 몇 명의 얼굴이 떠올랐다. 그 가운데 션의 얼굴은 없었지만, 이렇게 오랜만에 만나서 보니 드라마 주인공 같은 남자가 여기에도 한 사람 더 있었구나 싶었다. 게다가 션도 요즘 주인공과 마찬가지로 도장 일을 한다니 완전히 똑같잖아!

"뭐랄까……. 그거 보고 나니 술 마실 기분이 안 나더라고. 너무 현실적이라."

"너 토사물 속에서 일어난 적 있어?"

"젊었을 때는. 나이 들고는 안 그러지."

"자다가 토하는 거 완전 위험해. 목구멍 막히면 죽는다고. 나이 먹으면 식도도 예민해지니까 자중해야 한다고."

"응, 우리 나이가 되면 만취도 목숨 걸고 해야지."

아저씨들은 신묘한 얼굴을 한 채 수다를 떨고 있다. 션에게는 20여 년 전에 헤어진 파트너와의 사이에서 태어난 아들이 하나, 다음 파트너와의 사이에서 태어난 딸이 둘 있다. 션 옆에 앉아 있던, 이름은 잊었지만 맥주배가 유난히 불룩 튀어나온 아저씨도 복수의 파트너와의 사이에 몇 명의 아이가 있다. 옛날에 그가 아들과 아들의 여자 친구(자주 바뀌었다)가 찾아왔다며 선술집에 데리고 왔던 기억이 난다.

역대 파트너와의 사이에서 여러 명의 아이를 낳았지만 결국 모든 파트너와 헤어졌기에 아이들과도 헤어져 함께 생활하지 않는 영국 노동 계급 아저씨들이 꽤 있다. 일본과 비교했을 때 영국은 이혼의 낙인이 옅은 만큼 대체로 가벼운 마음으로 상대를 바꾸고 아이를 만든다. 헤어질 때는 어머니가 아이의 친권을 갖게 되는 경우가 압도적으로 많다. 싱글 맘이 많은 영국은 따라서 아이와 함께 살지 않는 아버지가 많은 나라이기도 하다.

"그게 또 주인공이 아침에 일어나면서부터 괴로운 거야."

"맞아, 맞아. 짐을 꾸려서 고향으로 돌아가려고 하지만 배를 못 타고."

"그 순간에 또 아들한테서 영상 통화가 걸려오지."

분명 절절한 장면이었다. 주인공은 혼자 들어간 지저분한 카페에서 전날 밤 만취의 결과 상처투성이가 된 얼굴로 아들과 스카이프 통화를 했다. "도장 일을 하다가 사다리에서 떨어져서 병원에 실려 갔지만 많이 다친 것은 아니니 걱정하지 마"라고 밝게 웃으며 열심히 거짓말을 한다. 카페 안에 울려 퍼지는 그의 큰 목소리와 거짓말에는 전혀 관심이 없는, 그저 흐린 눈으로 홍차를 마시는 황폐한 분위기의 가난한 손님들. 메도스 감독이 더 포크 크루세이더스*의 노래 〈슬퍼서 견딜 수가 없어〉**를 알았다면 이 장면에 썼을 텐데 싶었다.

모두 그 장면을 떠올렸는지 아저씨들은 괜히 침울해져 먼 곳을 바라보았다. 나는 아이가 생기기 전까지는 이 해변의 술집에 자주 오곤 했다. 아이가 태어난 뒤에는 모유 수유를 위해 한동안 술을 끊었기 때문에(아무래도 알코올로 갓 태어난 아기를 키우고 싶지는 않았다) 오지 않았고, 아이가 성장한 뒤로는 여러 지역 활동으로 바빠져 굳이 해변까지 술을 마시러 오지는 않게 되었다.

여기는 이른바 '하드코어한' 오래된 술집이다. 커다란 창이 있고 마룻바닥에 세련된 가구가 놓여 있는 그런 예쁜 술집이 아니

---

* 일본의 포크 밴드로 북한 노래인 〈임진강〉을 일본어로 번안해 부르기도 했다. 〈임진강〉은 2005년에 개봉한 일본 영화 〈박치기〉에서 한국의 팝페라 가수 임형주가 새롭게 부르면서 한국과 일본에 다시 한번 널리 알려졌다.

** 〈임진강〉은 원래 북한 노래로 일본의 운동권 학생들이 뜻도 모르고 부르던 곡인데, 더 포크 크루세이더스 멤버의 지인이 노래 가사를 조선학교 학생에게 물어 일본어로 번역했고(영화 〈박치기〉에 비슷한 에피소드가 나온다), 이후 일부 가사를 새로 써서 더 포크 크루세이더스가 불렀다. 하지만 한국, 북한, 일본 정부 모두 정치적인 이유로 이를 반기지 않았다. 결국 금지곡이 되어 앨범은 발매 금지된다. 하지만 이미 상당량의 앨범이 출하된 뒤였고, 노래는 유행하고 있었다. 더 포크 크루세이더스가 앨범 발매 금지에 항의하기 위해 〈임진강〉의 코드를 거꾸로 돌려 〈슬퍼서 견딜 수가 없어〉(1968년, 도시바레코드)를 만들었다는 설이 있다.

다. 테이블 위에 노트북을 펼쳐놓고 화이트와인을 마시는 사람이나 크래프트 맥주를 한 손에 들고 담소하는, 수염을 기르고 니트 모자를 쓴 힙스터들이 오는 가게가 아닌 것이다. 어두운 조명, 불결해 보이는 카펫, 가죽 의자와 당구대가 뒤엉켜 있는 곳. 오래된 인테리어의 이 가게는 창고에서 일하는 사람들과 어부들이 예전부터 이용해온 노동자들의 술집이다. 그러니 손님의 연령층이 높은 편이고 여성은 적다. '아저씨 술집'이라 불리는 가게의 전형적인 예라 하겠다.

요새는 이런 술집이 드물다. 아니, 최근 영국에서는 선술집 자체가 격감했다. 젊은 세대가 술을 잘 마시지 않기 때문이다. 많은 술집이 가게의 반을 식당으로 바꾸거나 식사를 충실히 제공하는 쪽으로 생존을 도모하고 있다. "영국인은 안주도 없이 맥주만 몇 시간이나 마시네"라며 일본인 관광객들이 놀라던 시대는 이제 끝이 났다.

젊은 세대는 그런 구식 라이프 스타일은 건강하지 않다고 생각한다. 그러다 보니 나라 전체의 술 소비량이 떨어지고 술집뿐만 아니라 라이브하우스나 클럽 수도 줄어들었다. 브라이턴에서도 나이트클럽이 유기농 식품 가게로, 술집이 스무디 바로 바뀌면서 '건강함은 멋진 것'이라는 흐름이 확연하게 나타나고 있다. 션이 일하던 창고도 피트니스 클럽이 되었다고 하니 취해서 자다가 토하는 아저씨들의 시대는 이제 끝난 것이다.

문득 주위를 보니 역시 여기 아저씨들도 비쩍 말랐거나, 아니면 불룩한 맥주배를 한 험프티 덤프티*가 되어 있었다. 건강과는 거리가 멀어 보였다. 하지만 카운터에서 일하는 청년은 햇볕에 그을린 탄탄한 근육질 몸이 건강 그 자체였다. '역시 젊은 사람은 새 거야, 새 거. 반짝반짝하네'라며 청년을 바라보고 있으려니 카운터 안쪽 문에서 푸들 머리를 한 여성이 나왔다. 이 술집을 경영하는 린다였다. 변함없이 1960년대 고고 댄서Go-Go dancer** 같은 굵은 아이라인을 그렸지만 몹시 지친 얼굴이었다.

"오늘 피트는?"

남편이 물었다. 피트는 린다의 동생이자 술집의 공동 경영자다.

"어머, 몰랐어? 대장암으로 수술하고 지금 요양 중이잖아."

린다가 대답했다.

"어? 그랬구나."

"그래서 피트의 아들이 가게를 도우러 와 있는 거야."

션이 햇볕에 그을린 멋진 청년을 턱으로 가리켰다.

"아니, 피트한테 저렇게 큰 아들이 있었어?"

놀란 나에게 카운터에서 청년이 손을 흔들었다.

"저 아이는 북부에서 엄마 손에 컸는데 전부터 브라이턴에 오고 싶다고 하더라고. 지금은 켐프타운에서 인생을 즐기고 있어."

린다는 그렇게 말하며 맥주로 젖은 테이블을 걸레로 훔쳤다.

---

*   루이스 캐럴의 『거울 나라의 앨리스』에 나오는 달걀.

**   디스코텍에서 관중을 즐겁게 하기 위해 고용된 댄서.

켐프타운이란 게이 거리의 이름이다.

션에게도 가끔 크리스마스카드만 보내는 20대 아들이 있다. 23년 전 내가 영국에 왔을 즈음에는 아직 어린아이였지만 그도 지금은 훌륭한 청년이 되어 있을 것이다.

"너, 이사할 때 고양이들은 어떡했어?"

남편이 션에게 물었다. 그랬다. 그는 혼자 살지 않았다. 언제부터인가 몇 마리나 되는 고양이와 함께 살고 있었다.

"근처에 사는 사람이나 고양이 좋아하는 친구에게 보내고, 받아주지 않는 고양이는 영국동물학대방지협회로 보냈지."

션은 고개를 들지 못하고 대답했다. 베드시트에서는 반려동물을 기를 수 없었다. 더욱이 그렇게 많은 고양이를 줄줄 데리고 들어갈 수 있을 리가.

"아이들과 헤어지는 것이 최선이었어."

션이 말하자 린다가 그의 옆에 앉았다.

"나와 피트도 그래. 20여 년 동안 힘들게 키워온 '아이'와 헤어지는 수밖에 없다고."

어떻게 된 일인지 물어보니 이 술집을 그만둔다고 했다. 술집의 일부가 신축 맨션 부지에 들어가 있다는 것이다. 린다도 벌써 60대 후반이고 피트는 암에 걸렸으니 이제 물러날 때라고 생각했단다. 여름에 폐점 파티를 성대하게 열 테니 오라고 했다.

영국의 술집이 또 하나 없어진다. 이 답답하고 애달픈 심정을 누가 알아줄까. 다시 한번 더 포크 크루세이더스를 부르고 싶었다. 그러고 보니 선술집을 뜻하는 퍼브pub*는 퍼블릭 하우스public house(공공의 집)의 줄임말이다. 이곳은 '여자에게 버려지거나' '실직하여' 애달픈 마음을 풀어놓을 길 없는 아저씨들이 만나 이야기를 나누는 장소였다. 이 공공의 집이 없어진다면 아저씨들은 어디에서 자연발생적인 집단 치료를 하면 좋을까?

퍼브에 앉아 물만 마시는 것도 이제 힘들어졌는지 션은 테이블에서 일어나 "자, 그럼 또 보자"라며 먼저 집으로 갔다. 션이 갈 때까지 그 뒷모습을 보고 있던 린다가 내 귀에 속삭였다.

"간암이 의심되어서 검사를 하게 됐다나 봐. 그래서 물밖에 못 마시는 거래. 아직 다른 녀석들은 몰라. 남자들은 입이 가볍잖아."

공공의 집에서는 어떤 답답한 이야기라도 할 수 있어야 하는 거…… 아니었나 보네?

"나도 최근에는 가만히 있어도 허리가 삐끗하잖아."

"나는 밤중에 몇 번이나 소변을 보러 가게 되어서 걱정이야."

인생의 달인이 된 듯한 아저씨들의 대화를 듣고 있자니 션은 오늘 한 번도 그런 이야기를 하지 않았다는 것을 깨달았다. 그리고 단순히 자학적인 농담이라 생각하며 흘려들었던 말이 떠올랐다.

"이 나이가 되어서 베드시트라니. 생각하면 마음이 어두워져. 그런 곳에서 죽고 싶지는 않은데."

어쩐지 너무 슬퍼서 견딜 수가 없었다.

---

* 이 책의 다른 부분에서는 '퍼브pub'를 술집 혹은 선술집으로 번역했다.

19. 베이비 메이비

언제나처럼 컴퓨터 앞에 앉아 신문사 웹사이트에서 뉴스를 체크하다가 보도 사진에서 낯익은 얼굴을 발견했다. 남녀노소가 자기 생각을 적은 플래카드를 손에 들고 런던의 의회광장에 서 있는 사진이었는데 맨 앞줄에 대머리에 눈빛이 예리한 낯익은 아저씨가 있었다.

"있잖아, 이거 사이먼 맞지? 절대 사이먼이야."

서둘러 노트북을 들고 가서 남편에게 보여주었다.

"오오, 정말이다. 대단해, 이 녀석. 진짜로 트럼프 반대 시위에 참가했네. 게다가 맨 앞줄이라니, 하하하하."

남편은 웃으면서 몸을 앞으로 내밀고 컴퓨터 화면을 보았다.

"거짓말쟁이" "인종차별주의에 반대한다" "너는 환영받지 못해" "트럼프는 환경을 파괴한다" "너의 모든 것이 싫다" 등등 다양한 문구의 플래카드 가운데 사이먼처럼 생긴 인물은 "우리의

NHS를 내주지 않겠다"라고 쓰인 플래카드를 들고 서 있었다.

"역시 그 플래카드."

남편이 사이먼이 들고 있는 플래카드를 가리키며 말했다.

"응, 디자인이 역시 프로답네. 무슨 프로인지는 모르겠지만."

내가 웃자 남편도 고개를 끄덕였다.

"그야 세월이 녹아들어 있으니까. 저항자로서의 경력 말이야."

6월에 트럼프 대통령이 영국에 방문했을 때 런던 시내에서 대규모 항의 시위가 일어났다. 시내의 거리를 가득 메운 사람들의 모습은 해외로도 보도되었다. 25만 명이 참가했다고 알려졌는데, 이렇게까지 사람이 많이 모인 까닭은 화가 난 중·노년층 사람들이 대거 거리로 나왔기 때문이기도 하다. 이렇게 말하는 것은 우리 남편과 그 친구들이 '우리의 NHS'라고 부르는 무료 국가 의료제도가 드디어 완전히 민영화되어 미국 자본의 손에 떨어지는 것 아닌가 하는 우려가 널리 퍼져 있어서다.

트럼프 대통령은 영국이 EU를 탈퇴한 뒤 열리는 미국과의 통상 교섭에서 NHS도 의제에 오를 것이라고 발언했다. 그 때문에 트럼프에 대해 그다지 강한 감정을 품고 있지 않던 사람들 사이에서까지 큰 소동이 일어났고, 트럼프는 급히 발언을 철회하는 상황에 몰렸다.

어느새 트럼프 대통령의 영국 방문 항의 시위를 상징하게 된 '베이비 트럼프(아기 트럼프의 모습을 한 거대한 풍선)'를 관리하는 단체 사람들도 올해는 "NHS에 손대지 말라"라고 쓴 배너를 들고 기념 촬영을 했다.

영국 밖에서 보면 이런 상황은 이해하기 힘들 것이다. 브렉시트와 트럼프 현상을 완전히 같은 것으로 취급할 수는 없다. 지금까지 이야기한 것처럼 영국에는 NHS를 지키기 위해 EU 탈퇴 쪽에 투표한 아저씨와 아줌마가 제법 있기 때문이다. 탈퇴파가 EU를 탈퇴하면 영국이 EU에 지불하는 거액의 분담금을 NHS에 쓸 수 있다는 달콤한 유언비어와 함께 NHS 로고를 새긴 마이크로버스를 타고 시골 마을을 돌아다니며 대대적인 선전을 했으니……. "탈퇴파가 그렇게까지 하지 않았다면 나는 탈퇴에 투표하지 않았을 거야"라고 말하는, 우파도 아니고 좌파도 아닌 사람들이 꽤 많다.

그러니 탈퇴파라면 모두 트럼프를 환영하리라는 생각은 대단한 착각이다. 지금은 탈퇴파냐 아니냐를 떠나서 모두 격노하고 있다. 특히 중·노년층에게 의료제도는 절실한 문제다. 트럼프 때문에 무료였던 의료가 민영화되어 유료가 될지 모른다고 생각하면 여기저기 몸이 덜그럭대기 시작하는 나이라도 거리에 나와 행진이라도 해야겠다는 생각이 드는 것이다. 사이먼 또한 그런 기분으로 시위에 참가했으리라.

"어이, 너 트럼프 반대 시위 갔었지?"

그날 밤 남편은 사이먼에게 전화를 걸어 얼마간 차가운 어조로 말했다.

"인터넷에 사진이 떴어."

"아아, 텔레비전 뉴스에 나왔다는 것 같아."

"일약 스타가 되었구먼, 하하하하."

분명히 여러 친구에게 전화가 왔을 것이다. 사이먼은 이미 이런 식의 대화에 익숙한 느낌이었다고 한다.

이야기를 들어보니 사이먼은 새벽 4시에 일어나 의회광장으로 가서 맨 앞줄을 확보했다고 한다. 트럼프는 여러 측면에서 미움을 받고 있으니 다양한 문구의 플래카드가 늘어설 테고, 그렇다면 "우리의 NHS를 내주지 않겠다"를 들고 가장 눈에 띄는 곳에서 있어야겠다고 생각했다는 것이다.

무사히 맨 앞줄을 확보한 다음 문득 뒤를 돌아보니 예상대로 인종차별주의 반대, 여성 혐오 반대, 환경 보호 등 다양한 플래카드가 보였다. 그렇게 꽉꽉 들어찬 플래카드 가운데 NHS 문제가 쓰인 것도 있어 자세히 보니 두 줄 뒤에서 자그마한 체구의 백발 여성이 들고 있는 플래카드였다.

동지여. 이렇게 생각하며 웃었더니 그 여성도 사이먼 쪽을 보고 빙긋 웃었다. 그때 사이먼의 마음이 흔들렸다고 한다. 어딘가 그리운 느낌이랄까. 전에 본 적 있는 웃음 띤 얼굴이 거기 있었다.

"20대 때 사귄 사람 같대."

"엥? 로맨스 영화 같은 전개?"

"응, 좀 나이는 먹었지만 말이야."

"오래 사귄 사람이었대?"

"아니, 반년 정도였을걸. 사이먼 말이야, 알다시피 영국에서 일해서 돈을 모으면 해외로 나가 방랑을 했잖아. 영국에 있던 기간이 길지 않았다고."

"그래서 어떻게 됐어?"

"뭘 어떻게 돼. 그냥 그러고 별 말도 없던데?"

젊은 시절 사귀던 사람을 60대가 되어 재회하다니 어떤 느낌이었을까. 나름 멋지고 귀엽던 젊은이들이 이제 머리가 벗겨지고 흰머리 가득한 주름투성이 얼굴이 되어 의료제도를 지키자는 플래카드를 들고 재회했다. 초여름의 싱그러운 푸른 잔디가 몽땅 타버릴 듯 맑은 날에. 둘의 머리 위에는 기저귀를 찬 도널드 트럼프의 거대한 풍선이 떠 있었다.

"이 나이가 되니 옛날에 만나던 사람 따위 눈치채지 못하고 지나갈 가능성도 제법 있지. 닮은 사람을 봐서 그런 기분이 드는 걸지도 몰라."

남편이 말했다. 40년 전 연인의 얼굴을 지금도 분명하게 식별할 수 있을지 누가 물어본다면 자신 있게 할 수 있다고 단언할 사람은 분명 많지 않을 것이다.

며칠 뒤 사이먼의 조카 조가 일하는 술집에 점심을 먹으러 갔더니 마침 조가 근무하는 중이었다.

"하이."

조가 인사하며 카운터에서 나오자 남편이 농담조로 말했다.

"너희 삼촌, 완전 스타더라."

"응. 신문, 인터넷, 텔레비전 3중으로 나왔지. 할리우드 배우 수준이야."

"신문에도 나왔어?"

"응. 심지어 고급 신문. 타블로이드 말고, 하하하. 그러고 보니 날씨가 좋으면 다음 주에 브라이턴에 놀러 오겠다던데."

항상 그렇듯이 혼자서 훌쩍 조카의 플랫에 자러 오겠지 싶었는데, 아니 이번에는 다르다고 했다.

"당일치기로 온대. 여자랑 같이 온다던데?"

"여자?"

이렇게 반응한 것은 나였다.

"친구랑 같이 온대서 소파라도 괜찮으면 우리 집에서 섞여 자도 좋다고 했는데. 아니, 여자라서 그럴 순 없다고……."

사이먼의 조카는 동료가 부르는 소리에 카운터로 돌아갔다.

"혹시 시위에서 재회했다는 그분……?"

내가 묻자 남편이 대답했다.

"에이, 아니겠지."

"최근 10년 정도는 사이먼의 연애 얘기를 들어본 적이 없는데 여기 와서 갑자기 연애라니……."

사이먼이 여성과 함께 브라이턴에 놀러 온다니 처음 있는 일이다. 사이먼은 그 방면으로는 별로 운이 없어서 "혼자가 편하다"라고 말하는 사람이었다. 이런 화사한 이야기가 생겼다는 것은 좋은 일이 틀림없다. '인생은 짧으니 사랑을 하렴, 아저씨여'라며 멋대로 흥분하고 있었지만 다음 주가 되어도 사이먼에게서 연락이 오지 않았다. 몰래 데이트라도 하고 있나 싶었는데, 일요일 오후에 갑자기 전화를 걸어서는 해변 카페에 있으니 나오지 않겠느냐고 했다. 남의 데이트에 방해가 되는 건 아닐까 걱정스러웠지만, 사이먼이 아들도 데려오라고 강력하게 이야기하는 바람에 가족 모두가 그를 만나러 갔다.

약속한 카페에 들어가자 사이먼과 작은 체구의 백발 여성이 함께 앉아 있었다. 그 옆에는 열 살 정도 된 남자아이와 조금 더 작은 여자아이가 앉아 있었다. 얘기를 들어보니 백발 여성의 손주들이란다. 이 아이들이 심심해하니 우리 집 어린이가 떠올라 전화를 한 것이었다.

아이들의 어머니, 즉 백발 여성의 딸은 싱글 맘으로 일요일에도 일을 하기 때문에 할머니가 손주들을 돌보고 있었다. 멋대로 야한 생각을 했던 추잡한 내가 부끄러웠다.

아들이 아이들을 데리고 카페 근처 공원에 가 있는 동안 우리는 어른들의 대화를 했다. 백발의 여성은 예전에는 분명 귀여운 인상의 미인이었으리라 짐작되는, 미소가 인상적인 사람이었다. 10여 년 전에 남편이 암으로 세상을 떠났지만, 그때 NHS의 의사와 간호사들이 너무나 잘 대해주어서 그 이후로 NHS를 지키기 위한 운동에 참여하고 있다고 했다.

'응? 그렇다면 이 사람이 바로 시위에서 사이먼과 재회한 그 여성 아니야?'

나는 속으로 이렇게 생각했지만 조용히 이야기를 들었다.

'리즈'라고 불리는 이 여성은 요즘 많이 보이는, 나이보다 젊어 보이는 할머니는 아니었다. 백발의 단발머리에 화장도 하지 않았고, 감색 플리스 외투에 배기 청바지를 입고 있었다. 수수한 차림이었지만 섬세함이 느껴지는 사람이었다. 사이먼이 농담을 할 때마다 활짝 웃었으며, 곁에 앉은 두 사람의 어깨가 점점 가까워지는 듯했다. 얼마 후 아들과 손주들이 공원에서 돌아오자 우리는 카페에서 나가기로 했다.

내일 학교에 가야 하기 때문에 얼른 전철을 타고 런던으로 돌아가야 한다는 그들과 우리는 역 근처에서 헤어졌다.

"결국 그 여성은 사이먼이 시위에서 만난 사람이 맞아?"

"몰라, 나도 사이먼의 옛 연인의 이름이나 얼굴까지는 기억을 못 하니 잘 모르겠네."

"대놓고 물어보는 건 실례인 것 같아서 물어보지도 못하고."

"응, 나도 그러다 보니 물어볼 기회를 놓쳐서."

둘이서 이야기를 하고 있는데 아들이 옆에서 말했다.

"사이먼과 그 할머니, 베이비 트럼프 시위에서 만났대."

"응?"

"같이 놀던 아이들이 그랬어."

나와 남편은 무심코 얼굴을 마주보았다.

"역시 그랬구나. 혹시 사귀는 건가?"

내가 말하자 남편이 말했다.

"메이비Maybe."

아니, "베이비 메이비 아이 러브 유Baby maybe I love you"*냐고요.
이렇게 생각하면서 우리는 역으로 이어지는 언덕길을 올라가는
네 사람의 뒷모습을 바라보았다. 평범한 할아버지와 할머니, 손
주 둘로 보이지만 실은 그렇지 않다. 그런 관계는 좀 섹시하지 않
은가?

베이비 트럼프가 가져온 메이비한 관계.

그렇게 생각했더니 기저귀를 찬 트럼프 풍선이 큐피드로 보였
다. 트럼프 손에 들려 있던 것은 사랑의 화살이 아니라 스마트폰
이었지만.

둘은 틀림없이 시위 현장에서 휴대폰 번호를 교환했을 것이다.

---

* 　시나 앤 더 로케츠가 1980년에 발표한 노래 〈Baby Maybe〉의 한 구절. 시나
앤 더 로케츠는 1978년 작곡가 아유카와 마코토와 보컬인 그의 아내 시나가
중심이 되어 결성한 록 밴드로 2015년 시나가 타계하기 전까지 할아버지, 할
머니가 되어서도 쉼 없이 활동했다.

20. 〈그랜 토리노〉를 들으며

여름은 '서머 페스티벌'의 계절이다.

하지만 '글래스턴베리'* 같은 고액의 페스티벌은 우리 같은 빈민은 갈 수가 없다. 무엇보다 지금 '글래스턴베리'에서 연주하는 인기 있는 사람들은 이름조차 모른다. "저거 누군데? 이 밴드는 누구?"라고 10대 아들에게 하나하나 물어봐야 할 것이고, 그러면 아들은 엄청 귀찮아할 것이다.

'이제 우리는 록은 아닌가 봐?' 하는 느낌으로 최근 몇 년간 여름이면 가족끼리 가는 곳은 재즈 페스티벌이다. '러브 슈프림'**

---

* 영국 서머싯주 필턴에서 매년 6월에 열리는 세계 최대 규모의 야외 록 페스티벌. 정식 명칭은 글래스턴베리 현대 공연예술 페스티벌Glastonebury Festival of Contemporary Performing Arts이다.

** 영국 이스트서식스주 글라인드 플레이스에서 매년 7월 첫째 주말에 열리는 재즈 페스티벌. 정식 명칭은 러브 슈프림 재즈 페스티벌Love Supreme Jazz Festival 이다.

이라는 페스티벌이 브라이턴에서 버스로 30분 정도 거리의 동네에서 열린다.

텐트를 치고 캠핑을 할 수도 있으나 나이가 들다 보니 그런 건 귀찮을 뿐. 아니, 텐트는 젊은 시절에 너무 많이 써서 이제는 진흙투성이가 되었다. 지금은 브라이턴역에서 출발하는 전용 버스를 타고 매일 왔다 갔다 통근하듯 다니는 것이 우리 집이 페스티벌을 즐기는 방식이다. 올해는 그 통근 가운데 하루를 같이하기로 한 친구 커플이 있었다.

런던에서 마이클과 로라가 내려왔다. 60대인 마이클과 50대인 로라는 함께 조기 퇴직을 했다. 각각 런던교통공사와 NHS에서 연금을 받고 부동산 수입도 들어와 유유자적한 생활을 하고 있다. 아이도 없기 때문에 둘은 온 세상을 마음껏 여행하며 봄 같은 하루하루를 살아가고 있었다. 그런데 최근 몇 개월 동안 그런 삶이 어려워졌다. 마이클의 무릎이 나빠져서 지팡이를 짚지 않으면 걸을 수 없게 되었기 때문이다. 이번 재즈 페스티벌에도 마이클은 휠체어를 타고 왔다.

버스로 먼저 온 우리가 페스티벌 현장에 들어가 약속 장소인 러프 트레이드 레이블*이라고 쓰인 텐트 앞에 서 있으니 휠체어를 탄 마이클과 뒤에서 휠체어를 미는 로라가 우리 쪽으로 다가

---

* 1976년에 음반 가게로 시작해 이후 음반사로 확대된 런던의 유명 인디 레이블. 러프 트레이드라는 유통망도 가지고 있다.

왔다. 우리를 알아본 두 사람이 활짝 웃으며 손을 흔들었다.

마이클의 몸이 한층 더 커진 것은 분명해 보였다. 사람은 움직이지 못하면 스트레스가 쌓여서 더 먹게 되는 건지, 아니면 같은 양을 먹어도 움직이지 못하니 몸에 비축이 되는 건지 마이클은 원래도 통통한 편이긴 했지만 충격적일 정도로 몸집이 커졌다.

"NHS 병원으로 다시 돌아간 것 같겠다?"

남편이 로라를 보고 짓궂은 농담을 했다.

"정말 그래. 무급 전속 간호사가 된 기분이야."

로라가 웃으며 대답하자 마이클이 응수했다.

"이 사람 환자를 학대하는 간호사라고. 사람이 움직이지 못한다고 눈앞에서 자기만 맛있는 음식을 먹어대."

"당연하지. 너 의사가 체중 줄이라고 했다면서? 그럼 어쩔 수 없잖아. 로라는 이렇게 말랐으니 뭘 먹어도 문제없다고."

남편이 말했다.

마이클은 본래 호쾌하게 먹고 마시는 사람이었다. 20년 전까지는 주말마다 지역 럭비 클럽에서 경기를 뛰었기 때문에 운동량이 장난이 아니었다. 그랬던 그가 무릎이 나빠지면서 럭비를 못 하게 되었는데, 과식과 맥주 마시던 습관은 그대로였기 때문에 몸집이 점점 더 불어난 것이다. 작은 체구에 가냘픈 로라와 둘이 같이 있으면 마치 일본의 스모 선수와 아내를 보는 느낌이다.

여름날의 페스티벌에는 다양한 노점이 들어선다. 최근에는 스페인 요리, 그리스 요리, 태국 요리 등을 본격적으로 선보이는 가게들도 생겼다. 마이클은 그것들을 하나하나 다 먹어보고 싶다는 얼굴로 로라를 쳐다보았지만, 로라는 상냥하게 웃으며 저지했다. 우리 아들도 소프트아이스크림을 파는 노점상을 한참 바라보았는데, 먹을 수 없는 마이클에게 미안해서 아들한테 가만히 눈짓으로 안 된다는 뜻을 전했다.

페스티벌에 와서 정말 놀란 것은 마이클을 바라보는 사람들의 시선이었다. 영국 사람들은 휠체어에 앉은 사람에게만큼은 정말 친절하다. 버스를 타고 내릴 때도 그렇고, 문턱이 있는 가게 입구에서도 휠체어 탄 사람이 있으면 어디서 나타났는지 갑자기 사람들이 모여들어 휠체어를 들고 옮겨준다. 그런데 왜인지 마이클을 쳐다보는 사람들의 시선은 미묘하게 차가웠다.

아마 그 때문일 것이다. 마이클이 실제로는 무릎이 아파 휠체어를 타지만, 워낙 심하게 살이 찌는 바람에 비만 때문에 못 걷는 사람처럼 보이는 것이다.

최근 세상에 만연한 악습 가운데 '패티즘Fatism'이라는 것이 있다. 파시즘이 아니다. 패티즘이다. 체형에 관한 차별. 예를 들어 요즘 자주 들리는 '비만세Fat Tax'만 해도 그렇다. 비만세란 인간을 비만으로 만드는 건강하지 않은 음식물, 특히 설탕이 많이 들어간 탄산음료나 포화지방산을 일정 기준 이상 포함한 식품 등에 붙는 세금이다.

비행기를 탈 때 자기 좌석 밖으로 몸이 삐져나올 정도로 체구가 큰 사람은 그렇지 않은 사람보다 비싼 요금을 지불해야 한다는 논의가 있는데, 여기에도 '항공 비만세Airline Fat Tax'라는 말이 사용된다. 실제로 사모아항공 등에서는 승객의 체중을 기준으로 하는 운임 제도를 도입하여 체중 1킬로그램당 얼마라는 운임이 적용된다. 이렇게 되면 체중이 가벼운 사람과 아이들은 운임이 싸지고 체중이 많이 나가는 사람은 비싸진다. 이를 두고 '미래의 항공 운임 적용 방식'이라고 평가하는 사람들도 있다. 또 91퍼센트의 영국인이 비만인은 보통 사람보다 비싼 요금을 내고 더 큰 좌석에 앉아야 한다고 답한 여론조사 결과가 있을 정도다 (2017년). 몸집이 큰 것은 '건강하지 않은 생활을 하고 있는 본인의 책임'이라는 사고방식이 널리 퍼진 오늘날, 패티즘은 마치 정의인 것처럼 간주된다.

특히 재즈 페스티벌처럼 비건 노점상이 매우 많이 들어서는 곳, 건강한 삶을 지향한다고 자부하는 사람들이 모이는 곳에서 '당신 같은 사람이 왜 여기에 있지?'라는 시선으로 마이클을 바라보는 이들이 현저히 많은 기분이 드는 것은 절대 나의 망상이 아니리라. 게다가 마이클은 몸집이 큰 운동선수 시절에는 용서되던 거칠고 품위 없는 모습, 용모에 그다지 신경 쓰지 않는 습관(면도 중에 얼굴을 베어도 상처에 휴지 조각을 붙여 지혈한다든가, 양말을 신고 샌들을 신는데 잘 보면 그 양말의 좌우 무늬가 다르다든가)을 여전히 유지하고 있었기 때문에, 뭐랄까 정말로 칠칠치 못한 사람이 그런 습관 때문에 살이 찐 것으로 보이는 것이다.

재즈 페스티벌에 너무나도 잘 어울리는 짧은 바지와 배가 다

드러난 섹시한 티셔츠를 입은 모델 같은 젊은 여성 둘이 마치 오물이라도 발견한 듯 마이클을 응시하고 있었다.

로라는 그런 시선 속에서도 온화하게 미소를 머금은 채 휠체어를 밀고 있었다. 몸집이 커지고 늙어가는 마이클과 반비례하듯 로라는 점점 젊어졌다. 휠체어를 미는 것이 운동이 되었는지 이전보다 날씬해지기까지 했다. 예전부터 '미녀와 야수'라 불리던 로라와 마이클은 이제 '딸과 요양 보호가 필요한 아버지'처럼 보였다.

실제로 로라에게 의미심장한 눈빛을 보내는 남자가 한두 명이 아니었다. 예전부터 어째서 귀엽고 스타일도 좋은 로라가 마이클 같은 답답한 사람과 함께인지 나도 이해가 되지 않았다. 하지만 로라는 마이클에게 항상 충실했고 흔들리지 않았다.

딱 한 번, 이유가 무엇인지 로라에게 물어본 적이 있다. 로라와 내가 둘이서 카누를 타고 템스강을 내려가 카누 애호가들의 성지라 불리는 욜딩의 카페에서 홍차를 마실 때의 일이다.

"어떻게 그렇게 항상 마이클에게 상냥할 수가 있어? 열 받을 때도 있지 않아? 마이클 좀 마초잖아."

"하하하, 그러게."

"30년이나 함께였잖아? 설마…… 아직 좋아해?"

"하하하, 무슨 말을 그렇게 해."

부드러운 표정으로 눈을 가늘게 뜨고 웃는 로라는 강변 카페에 내려온 요정 같았다. 도대체 왜 지독한 발 냄새에, 얼굴에 휴지 조각을 붙이고도 뻔뻔하게 돌아다니는 아저씨 곁을 이런 요정이 언제까지고 지키고 있는 걸까?

"내가 마이클을 좋아하는 이유는 마이클처럼 나를 좋아하는 사람이 없으니까."

로라가 말했다.

"마이클을 만나기 전까지 여러 사람과 사귀었거든. 하지만 마이클처럼 아무 조건 없이, 무슨 일이 있어도, 내가 어떤 얼굴을 하고 뭘 입어도, 무슨 바보 같은 짓을 해도 나를 좋아해주는 사람은 없었어. 그렇게까지 사랑받으면 나도 사랑해줄 수밖에 없잖아."

"음, 로라. 그런데 그건…… 자기를 아주 좋아하는 사람이기 때문에 좋아한다는 건, 그러니까 자기 자신을 무지무지하게 좋아한다는 거 아니야?"

"하하하하하, 그럴지도 몰라."

그렇게 웃는 로라를 바라보며 이 사람은 분명 마이클과 만나기 전에 엄청난 일을 겪은 것이 틀림없다고 생각했다. 그러니 손재주도 없고 마초에다가 발 냄새도 구리고 수염조차 만족스럽게 깎지 못하는 마이클이라도 안심하고 사랑받을 수 있으니 행복한 것이다.

그렇게 생각하면 어울린다, 안 어울린다 하는 것은 정말 초점이 빗나간 관찰인지도 모르겠다. 누군가의 행복 앞에서는 기존의 모든 관념이 무너져 내린다.

우리는 메인 스테이지를 무대 앞 군중 속에서 서서 보기로 했지만, 마이클과 로라는 오른쪽 끝 조금 높은 곳에 밧줄을 쳐서 설치한 장애인용 특별석에서 보았다. 거기에는 마이클과 로라 외에는 아무도 없었다. '강 건너 불구경'이라는 말이 떠올랐다.

무대 위 공연이 한 차례 끝날 때마다 음식을 사서 마이클과 로라의 '강 건너' 자리에 넣어주었는데 마이클은 두 번째 공연에 이미 기분 좋게 잠이 들어 휠체어 위에서 코까지 골고 있었다.

오후 6시가 지나자 제이미 컬럼*이 나왔다. 메인 스테이지의 왼쪽에서 엄청난 인파가 우르르 밀려들어 중간쯤에 있던 우리는 마이클과 로라가 있는 '강 건너' 자리 근처까지 밀려났다. 댄스곡을 몇 곡 연주한 후에 제이미가 피아노 앞에 앉아 고요하게 다음 곡의 전주를 연주하기 시작했다. 〈그랜 토리노〉**였다.

쉽게 말하면 너의 이야기는

네가 본 것 혹은 네가 한 일

혹은 네가 앞으로 될 어떤 것에 지나지 않아

제이미가 노래를 부르기 시작하자 구름 가득한 하늘에서 빛이 내려왔다. 딱 피아노의 뒷부분으로 햇살이 쏟아져 내려 몹시 극적인 분위기가 연출되었고, 관중은 '우와' 하고 탄성을 질렀다.

---

* 　전 세계적으로 1000만 장 이상의 음반 판매를 기록한 영국의 재즈 뮤지션.

** 　〈Gran Torino〉는 2008년에 개봉한 클린트 이스트우드 감독, 주연의 영화 〈그랜 토리노〉의 주제곡으로 제이미 컬럼이 작사, 작곡, 보컬에 참여했다.

문득 마이클과 로라가 있는 '강 건너' 자리를 바라보았다. 마이클의 휠체어 다리 금속 부분에 빛이 내려와 반짝반짝 빛나고 있었다. 양손을 축 늘어뜨린 채 머리를 완전히 뒤로 젖힌 마이클은 정말로 숙면 중인 듯했다.

로라는 휠체어 옆에 서서 무대를 바라보다가 고개를 숙이고 마이클의 머리카락을 쓸어주기 시작했다. 그러더니 천천히 마이클에게 얼굴을 가져가 부드럽게 키스를 했다. 어쩐지 가슴이 아파왔다. 보면 안 되는 장면을 본 것 같아서…….

딸이 뚱뚱한 아버지에게 키스하는 것처럼 보여서가 아니었다. 30여 년간 제대로 함께 지낸 남녀가 키스하는 것처럼 보였기 때문이다.

너의 세상은 네가 남기고 간

모든 작은 것들에 지나지 않아

여름 해는 쉽게 지지 않았다. 이제 그렇게 시간이 오래 남아 있지 않을지도 모르지만 아직은, 그래도 아직은 눈부신 빛이 우리의 세상을 비추었다. 모든 작은 것들을.

21. 프레이즈 유 - 길고 긴 길을 함께

대니의 2주기가 찾아왔다. 영어로는 주기週忌의 '忌(꺼릴 기)' 같은 꺼림칙한 말로 죽은 날을 기념하지 않는다. '기념일'이라는 울림이 가벼운 말로 그날을 표현한다. 그래서인지 일본처럼 침울한 행사가 아닌 경우가 많다.

지난해 대니의 '기념일'에는 술집에서 잉글랜드 대표팀의 월드컵 경기를 봤고, 올해는 대니의 여동생 제마의 집 뜰에서 가든파티를 했다. 제마는 바비큐 파티를 하면 결국 맥주를 벌컥벌컥 들이켜는 와일드한 모임이 되기 때문에 출장 뷔페로 각종 샐러드와 키시quiche*, 모로코식 타진Tagine** 같은 이국적인 요리를 준비하고 뜰에 얌전히 앉아 덜어 먹으면 술을 많이 마시지 않을 거라

---

* 달걀과 우유에 고기, 채소, 치즈 등을 섞어 만든 파이.
** 소고기, 양고기, 닭고기, 생선 등의 주재료와 향신료, 채소를 넣어 만든 스튜.

생각했단다. 술값이 아까워서는 아니었다. 알코올 의존증에서 회복 중이거나, 의사에게 술을 줄이라는 조언을 들었거나, 술을 더 이상 마시지 못하는 아저씨들이 늘어났기 때문이다.

그렇다면 뭐, 노인들이 얌전하게 탁자에 둘러앉아 점심을 먹는 제법 침울한 분위기의 모임이 될 줄 알았는데, 어찌된 일인지 올해는 지금까지와는 달리 엄청 특이한 자리가 되었다.

제마의 친한 친구가 운영하는 피트니스센터의 줌바 강사가 초대되어 뜰 한쪽에서 줌바 댄스 교실을 열었다. 게다가 줌바 댄스 교실 옆에는 출장 스무디 바, 아니 스무디 스탠드가 설치되었다.

'자, 잠깐만. 이런 미국 서해안풍 건강 모임이 대니의 2주기여도 되는 거야?'

나는 이렇게 생각했지만, 뜻밖에도 이 가든파티는 테리와 레이 등 고인과 가장 친했던 아저씨들이 기획한 것이라고 했다.

그러고 보니 레이는 확실히 알코올 의존증으로 인해 가정 하나를 파괴했다. 그 이후로 줄곧 금주의 길을 걸어 그는 이제 건강한 라이프 스타일의 화신이 되어 있었다. 또 그런 레이와 엮인 테리도 예전에는 단단한 식스 팩을 자랑했으나 역시 최근에는 배가 불룩해진 터라 주량을 큰 폭으로 줄이고 열심히 운동을 다니고 있었다. 우락부락한 아저씨 둘이서 꺅꺅대며 여러 가지 스무디를 만들며 논다는 이야기를 이미 들었기 때문에 그 둘이 이런 파티를 기획한 것은 어느 정도 이해가 된다.

문제는 다른 아저씨들이었다. 그러니까 예전에는 맥주배를 쑥 내밀고는 빈 맥주잔을 탁자에 늘어놓던 아저씨들 말이다. 그이들은 맹물에 돈을 지불하는 것은 이상하다며 생수를 적대시하던 사람들이었다. 그중에는 마라톤에 참가해서도 물 대신 맥주를 마시며 달렸다는 용자도 끼어 있었다. 그런데 갑자기 뭐가 어떻게 된 일인지 모두가 '건강 가든파티'를 즐기고 있는 것이다.

아니, 보통 줌바라고 하면 여성들이 많이 하지 않나? 제마도 여성과 어린이 참석자를 위해 강사를 불렀다고 하던데 왜 거기에 60대 아저씨들이 끼어서 껄껄거리며 신나게 허리 돌리는 춤을 추고 있는 거지? 줌바 강사가 브라질 출신의 매력적인 젊은 여성이라서 그런가?

"아니, 저거 진짜 위험한 거 아니야?"

내가 말하자 완전히 소수파가 되어버린 '여전히 술 마시는 파' 우리 남편이 고개를 돌렸다.

"저런 걸 '내추럴 하이'*라고 하나? 저 녀석들 술도 한 방울 안 마시고 춤을 추네? 춤 안 추는 사람은 너랑 나뿐인데, 우린 술 마시는 사람이잖아? 보통은 반대 아닌가?"

분명히 그랬다. 브라질 출신 강사와 가볍게 스텝을 밟고 있는 사람들도, 상쾌하게 스무디를 마시는 사람들도, 뜰 뒤에 있는 어린이용 농구 골대를 이용해 신나게 미니 농구를 하는 사람들도 모두 술을 마시지 않았다.

---

* 약물이나 다른 요인에 의하지 않고 자연스럽게 감정이 고양된 상태.

이어서 2층까지 천장이 뚫려 있는 넓은 거실에서 제마를 중심으로 요가 강좌가 시작되었다. 이 건강한 분위기 한가운데 나와 남편은 현대의 이물질이랄까, 과거의 유물이랄까. 이제 모름지기 사람이라면 술 따위 마시면 안 된다는 분위기였다.

세상의 흐름을 따라가지 못하는 완벽한 낙오자의 기분으로 홀짝홀짝 술을 마시고 있으니 레이가 우리 자리로 와서 앉았다.

"뭐야, 그거?"

레이가 손에 든 녹즙 같은 액체를 가리키며 내가 물었다.

"오이, 시금치, 아보카도 스무디."

역시 그럴 줄 알았다. 그런데 레이의 팔에서 이변을 발견했다.

"어? 문신 새긴 거 좀 연해지지 않았어? 혹시……?"

"맞아. 제거하고 있어."

레이의 팔에는 지난번 파트너인 레이철과 EU 탈퇴 문제로 다퉜을 때 화해의 증표로 새긴 문신이 있었다. '평화'라고 한자로 새겨 넣으려다 잘못해서 '중화'가 되었던 것을 레이철과 헤어진 후 몰래 그에게 알려주었는데 그때는 "나의 문신은 나의 역사를 새긴 것" "워킹 클래스는 간단하게 이것저것 지우거나 없었던 일로 하지 않지"라면서 절대 레이저로 문신을 제거하지 않겠다고 했었다. 하지만 몰래 '중화'를 지우려 했던 모양이다.

"레이저로 몇 번이나 지져야 한다고 하네. 시간이 좀 걸릴 것 같아."

"아니, 절대 지우지 않는다더니 마음이 변했어?"

"뭐······."

레이는 뭔가를 숨기듯 웃었다. 아무래도 웃는 모습이 이상했는데, 레이가 미니 농구를 하러 간 후에 우리 자리에 온 테리가 어떻게 된 일인지 폭로했다.

요약하자면 이런 이야기였다. 2년 전에 세상을 떠난 대니의 마지막 연인 베트남 여성이 언젠가부터 레이에게 왓츠앱 메시지를 자주 보냈다고 한다. 그 여성은 우리 남편이나 대니의 다른 친구들과도 '왓츠앱 친구'였으니 그 자체가 그렇게 신기한 일은 아니었다.

대니가 세상을 떠난 직후부터 적어도 1년 뒤까지는 모두 베트남 여성의 메시지를 받았고 답신도 하고 격려도 했다. 그러나 시간이 흐를수록 마치 당연한 일처럼 모두 소원해져 이제는 거의 메시지를 주고받지 않는다. 1주기에 술집에서 월드컵을 관전하던 때에는 우리 남편 휴대폰으로도 몇 번인가 메시지가 왔지만 그러고 보니 올해는 아직까지 한 번도 오지 않았다. 그야 그렇게 되지. 벌써 2년이 되었으니 그 사람도 이제 베트남에서 새로운 인생길을 걷고 있을 것이다. 시간이 가면 사람도 간다. 그것이 삶의 법칙이다.

그렇게 생각했다. 그런데 테리의 말에 따르면 레이와 그 베트남 여성은 왓츠앱을 통해 급속히 가까워졌다고 한다. 자주 영상 통화를 하는 사이가 되었고, 결국 여름이 끝나갈 무렵에는 레이가 베트남에 놀러 가게 되었다고.

"그거 그냥 우정 아니야?"

남편이 그렇게 묻자 테리는 싱글거리며 말했다.

"몰라. 글쎄 레이는 갑자기 문신까지 지우기 시작했어. 베트남 사람들은 한자를 읽을 수 있으니까 비웃을 거라면서."

"아니, 베트남은 이제 한자 문화권이 아닌데. 중국어나 일본어를 배우는 사람이 아니면 한자 못 읽을걸."

내가 이렇게 말하자 남편이 묘한 얼굴이 되어 말했다.

"레이는 다시 대니가 되려고 하는 걸까?"

세상을 뜬 대니는 젊은 시절 그 지역에서 소문난 굉장한 미남이었다. 술집 구석에 서서 맥주를 마시고 있으면 팬티를 던지는 여자가 있었다고 농담을 할 정도로 인기가 좋은 카사노바였다. 정말로 대니는 남자가 봐도 반할 정도로 잘생긴 남자였다. 청춘 시절에 레이는 대니를 동경해 흉내를 많이 냈다고 한다.

대니가 머리를 기르면 레이도 기르고, 대니가 리바이스501만 입으면 레이도 그렇게 했다. 젊은 날 대니를 향하던 레이의 마음은 나이가 들어서도 아저씨들 사이에서 농담처럼 회자되곤 했다.

나이가 들수록 여전히 날씬하고 젊어 보이는 외모의 대니와 평범하게 나이 먹은 레이는 동년배로 보이지 않을 만큼 외모 차이가 현격해서 레이는 더 이상 대니를 흉내 낼 수 없었다. 그런데 대니가 세상을 뜨고 나니 다시 그를 따라 하고 싶은 젊은 시절의 욕망이 부활하기라도 했단 말인가.

그러고 보니 술을 완전히 끊고, 식생활에 신경 쓰고, 체육관에 가거나 수영을 하거나 아침저녁으로 달리고 있다는 레이의 몸은 이전보다 훨씬 날씬해져서 조금 젊어 보이기도 한다. 젊고 아름다운 대니의 혼자 남은 아내, 아니 마지막 연인과 그런 관계가 되고 싶어 몸을 단련하는 것일까.

"그 아이는 분명 다시 영국으로 오고 싶은 거야. '베트남은 싫어. 다시 영국으로 돌아가고 싶어'라고 모두에게 왓츠앱 메시지를 보냈잖아."

대니의 마지막 연인에게 회의적이었던 테리가 메마른 어조로 말했다. 분명 나에게도 그렇게 말했다. 영국은 자유롭고 무엇을 하든 어떤 모습으로 있든 아무도 뭐라고 하지 않으니 원하는 대로 살 수 있지만, 베트남은 그렇지 않으니 더 이상 거기서는 살 수 없을 것 같다고. 대니가 살아 있었을 때 나에게도 그렇게 말한 적이 있다.

"어째서 그렇게 오고 싶어 하는 걸까? 브렉시트도 그렇고, 뭐 다른 것도 똥 같은 이 나라에."

테리가 말하기에 내가 대답했다.

"하지만 그 이상으로 자기 나라가 더 똥 같다고 생각하는 사람이 세상에는 많거든."

테리는 녹즙 같은 색을 띤 스무디 잔을 탁자 위에 올려놓고 집 안쪽을 턱으로 가리키며 말했다.

"이 건에 대해 제마가 엄청 불쾌해하기 때문에 제마 앞에서는 말하지 않도록."

제마는 오빠의 마지막 연인을 싫어했다. 대니가 세상을 뜬 후에 유산을 둘러싸고 베트남 여성과 작은 다툼이 있었기 때문이다. 자기한테 남겨진 유산이 너무 적다며 베트남 여성이 소동을 피웠을 때 제마는 그 아이는 대니가 암으로 여명이 얼마 남지 않은 걸 알고 연인이 되어 처음부터 유산을 목적으로 영국에 온 것이라고 맹렬하게 분노했다.

그런 사람이 이번에 레이에게 접근하고 있다는 이야기를 들으면 제마가 어떤 반응을 보일지는 상상하기 어렵지 않다. 제마에게 레이와 테리, 우리 남편은 거의 함께 자란 가족과도 같은 사이다. '젊은 아시아 미녀의 독침에 이번에는 레이가……' 같은 느낌으로 제마는 받아들이겠지.

"하지만 레이는 과거에 알코올 의존증이 있긴 했지만 몸은 건강하고, 대니처럼 부동산이나 자산을 가지고 있지도 않잖아."

남편이 이렇게 말하기에 나도 고개를 끄덕였다.

"응, 그러네. 지난번 파트너였던 레이철과 살았을 때는 주부였고, 돈이 전혀 없잖아. 암도 걸리지 않았고."

그렇게 말하며 웃는 우리에게 테리가 검은 선글라스를 벗더니 진지한 얼굴로 말했다.

"아니, 그게 이제 그렇다고 단언할 수도 없게 되었어."

"무슨 말이야?"

내가 묻자 테리가 말했다.

"레이의 누나가 말기 암이라 반년 전부터 레이가 일주일에 몇 번씩 돌보러 가고 있거든. 그 누나가 응, 부자잖아."

"아, 출장 뷔페로 크게 성공해서 큰 집에 살고 있지."

남편의 말을 듣고 나도 레이 누나와 관련된 일들이 생각났다. 누나는 이스트엔드에서 작은 테이크아웃 샌드위치 가게를 하고 있었는데, 배우인지 가수인지 누군가가 맛있는 가게라며 텔레비전에서 소개한 걸 계기로(실제로도 맛있었다) 인기가 엄청 많아져서 런던 근교에 체인점을 내고 레스토랑 업계로 진출해 사업가가되었다.

"레이 누나 몇 년 전에 남편이 세상을 떠났고 아이도 없을걸. 그러니까……."

"유산을 자매나 형제에게 남길지도 모르겠네?"

"그렇게 생각하는 놈도 있겠지."

테리는 의미심장하게 말했다.

하지만 베트남 여성은 레이의 누나 일은 모를 테고, 만약 안다고 하더라도 그런 것까지 고려할까 싶었다. 이거 내가 너무 무른 걸까?

"너무 그런 방식으로 보지 않는 게 좋지 않을까? 상관없잖아. 모두 어른이고. 아니, 벌써 60대잖아."

나는 좀 불쾌한 기분이 들었다. 그들은 나와 남편이 결혼할 때 내가 영주권을 취득하기 위해 남편을 이용한다느니, 취업 비자를 받기 위해 결혼하는 것이니 금방 헤어질 거라느니 하는 이야기를 나 몰래 남편에게 했다.

"그럼 어때? 아니, 그런 비자 문제라도 없었으면 나는 평생 결혼을 못 했을 텐데? 긴 인생에 한 번쯤 결혼해보는 것도 좋잖아."

남편이 이런 싱거운 인간이었기 때문에 적당히 흘려 넘기기도 했지만, 20년 이상 혼인 관계가 지속되고 있는 지금은 누구도 나를 두고 그런 말을 하지 않는다. 하지만 나는 분명히 기억하고 있다. 그러니까 베트남 여성에게 일어난 일이 남의 일로 여겨지지 않는 것이다. 아니, 그 사람이 여기저기 들쑤셔지면 내 오랜 상처가 아프다.

테리는 아무 말도 하지 않고 농구에 빠져 있는 레이 쪽을 보았다. 이러니저러니 해도 레이는 분명 사랑에 잘 빠지는 아저씨다. 아니, 알코올 의존증으로 가정을 잃고도, 젊은 여성과 가정을 꾸렸다가 버림받고도 과감하게 새로운 행복을 찾아 베트남까지 가려고 하는 것인데 이제 유산이 어떻다느니, 부당하게 이용당한다느니 그런 끈적끈적한 걱정을 하기보다는 심플하게 그의 부활을 기뻐해야 하는 거 아닌가?

힘차게 농구 코트를 달리는 근육질의 60대가 그렇게 간단히 쓰러질 것 같지도 않고, 레이가 혹시라도 어떤 축복을 받아 부자가 되어서 그 돈을 베트남 여성과 함께 쓰게 되었다고 해도 남의 집 일에 이러쿵저러쿵할 일은 아니지 않나?

그게 아니라면 이건가. 영국인이 벌어서 남긴 돈을 외국인이 사용하는 것은 괘씸하다는 유산 배외주의가 고령화된 UK에 만연한 것일까. 하지만 그런 생각은 시간이 아까울 뿐이다. 자본과 노동력이 이동하는 속도보다 빠르게 사람은 사랑에 빠진다. 국경을 닫아두었다고 하더라도 말이다. 사람들은 페이스 타임이니 스카이프니 하는 걸로 만나서 이야기하고, 사랑에 빠지고, 그렇게 되면 베트남이든 아프리카의 통북투든 날아가는 것이다. 사랑은 광기다. 사랑은 배외주의를 관통하는 최종 병기다.

이런 생각을 하고 있는데 제마가 요가 수업 쉬는 시간이 되어 집 밖으로 나와 우리에게 소리쳤다.

"거기 맥주 안 모자라?"

"괜찮아. 많이 있어."

나는 그렇게 말하고 맥주가 아직 반 정도 남아 있는 유리잔을 들어 보였다.

"어딘가 기분 나쁜데? '당신들 아직도 건강에 나쁜 술 따위를 마시고 있네'라는 것처럼 들리는데?"

남편이 삐죽대며 말하자 제마가 웃었다.

"무슨 소리 하는 거야. 이건 대니의 두 번째 기념일이야. 많이 마셔. 대니도 벌컥벌컥 마셨으니까. 그래서 암으로 죽은 거지만."

제마가 그렇게 말하며 호쾌하게 웃었다. 벌써 2년이 지났다. 이제 이런 짓궂은 농담을 하며 웃을 수 있게 되었다.

"이런 건강 지향의 파티라니. 대니가 저세상에서 보고 깜짝 놀라겠다."

남편의 말에 제마가 나를 보며 말했다.

"그런데 대니도 말이야, 만년에는 제법 건강해지려고 했어. 한

방차나 중국의 버섯이 어떤지 너한테도 자주 물어봤잖아."

정확하게 말하자면 나한테 한방차와 버섯에 관해 물어본 사람은 대니가 아니라 그의 연인이었다. 베트남 여성은 런던의 차이나타운에도 가고, 인터넷 검색을 해서 주문도 하고 마치 무엇에 홀린 사람처럼 암 치료에 효과가 있다는 것을 필사적으로 찾아다녔다.

"자기는 너무 늦게 몸을 챙기기 시작했으니 친구들은 건강했으면 좋겠다고 대니는 생각하고 있을 거야."

그렇게 말하며 제마는 다시 집 안으로 들어갔다. 나도 그 뒤를 쫓듯 안으로 들어가 화장실을 사용한 뒤 유리로 된 선룸sunroom*을 통과해 나오던 중에 커다란 유리 액자가 창턱에 놓여 있는 것을 보았다. 액자 안에는 10대 즈음부터의 대니 사진이 빽빽하게 늘어서 있었다. 레이, 테리, 우리 남편과 함께 찍은 사진도 몇 장 있었다. 대니만 찍은 사진을 찾는 것이 어려울 정도였다.

나팔바지에 어색할 정도로 커다란 깃이 달린, 몸에 달라붙는 셔츠를 입은 장발 소년들의 사진. 모두 동그랗고 귀여운 눈동자를 하고 있어 싱그럽다. 대니는 이때부터 묘하게 이성을 끌어당기는 매력이 있었다. 모즈와 스킨스Skins**의 동료 같은 포크파이

---

* 천장과 벽면을 유리로 만들어 일광욕을 할 수 있게 만든 방.

** 1960년대 런던의 노동 계급 청년들 사이에서 시작된 하위문화인 스킨헤드 skinhead를 줄여서 부르는 말이다. 소외된 노동 계급의 연대를 외치며 짧게 깎은 머리, 닥터마틴 부츠, 찢어진 청바지 등을 통해 정체성을 드러냈다.

모자를 쓰고 리바이스 청바지를 접어올리고 닥터마틴 부츠를 신은 녀석들의 사진. 해변에서 상반신을 드러낸 채 앉아 있는 수영복 차림의 씩씩한 청년들의 사진도 있었다. 가슴이 죄어올 정도로 젊었다. 사진 속 젊은이들은 생명체가 가장 아름다운 절정의 시기에 있었다. 아아, 시간의 흐름은 무정하다. 물론 내가 남의 이야기를 할 상황은 아니지만, 모두 귀엽던 시절이 있었구나 절절하게 느낄 수 있었다.

테리의 결혼식 사진도 있었다. 남편과 대니가 웨딩케이크를 손에 들고 서로 입에 넣어주는 모습이었다. 모두 스팬다우 발레*처럼 양복을 갖춰 입었고 머리도 잘 정리되어 있었다.

대니가 아기를 안고 있는 사진도 있었다. 옆에 젖병을 든 레이가 앉아 있었으니 아기는 독일 은행에서 일하는 레이의 장남일지도 모르겠다. 뒤쪽에 찍혀 있는 사람은 레이의 첫 아내다. 킴 와일드** 같은 머리 모양이 지금 보니 이상할 정도로 컸다.

파리의 에펠탑 아래에서 엉덩이를 반쯤 꺼내 흔들며 웃고 있는 녀석들의 사진도 있었다. 어딘가의 술집에서 웨스트햄 축구팀 셔츠를 입고 파인트 술잔을 한 손에 든 채 다 같이 무슨 노래를 부르고 있는 사진과 상반신을 탈의한 채 바비큐 파티를 하는 사진도 있었는데, 이쯤 오면 다들 제법 배가 나오기 시작했다.

---

* 1980년대에 활동한 깔끔한 양복 차림이 특징인 영국 밴드.
** 1980년대 초에 데뷔하여 현재까지 활동하고 있는 영국의 여성 팝 가수로 금발머리에 빼어난 외모, 투박한 듯 개성 넘치는 목소리로 큰 인기를 끌었다.

정말 오랜 친구들이었구나 싶었다. 문득 눈시울이 뜨거워질 만큼 그들의 기나긴 시간이 마음 깊이 사무쳤다. 액자 아래쪽에는 베트남 노점상 같은 곳에서 웃고 있는 대니와 베트남 여성의 사진이 있었다. 이러니저러니 해도 그것이 오빠 인생의 한 페이지였음을 부정하지 않고 받아들인 제마의 마음 씀씀이가 뭉클하게 느껴졌다.

거기에 서서 사진을 보고 있으려니 테리의 아들이 들어와 "정원 쪽에 완전 난리 났어"라고 말하고는 화장실 쪽으로 사라졌다. 밖으로 나와 보니 그리운 곡이 흘러나왔다. 그립다고는 해도 이 나이가 되면 1990년대 곡쯤은 작년에 유행한 노래처럼 들리지만.

길고 긴 길을 함께 걸어왔지

힘들 때도 있고 좋을 때도 있었지

너를 축복해야 해, 베이비

너를 칭찬해야 해, 나는 그래야 해

팻보이 슬림의 〈프레이즈 유〉*가 소름 끼칠 정도로 시의적절하게 흘러나왔다. 그래서 조금 감동하고 있었는데, 사람들이 잔

---

*   팻보이 슬림은 영국의 전자음악 DJ로 〈Praise You〉는 1998년에 발표한 그의 두 번째 앨범 《You've Come a Long Way Baby》에 수록된 곡이다. 우스꽝스러운 군무를 추는 사람들을 플래시몹하듯 게릴라 방식으로 촬영한 뮤직비디오가 선풍적인 인기를 끌었다.

뜩 몰려 있는 줌바 코너에서 아저씨들이 난리가 났다. 어깨와 무릎을 흔들흔들하며 좀비 같은 춤을 추거나, 몸을 작게 움츠렸다가 두 팔과 두 다리를 활짝 펴면서 뛰어오르거나, 몸의 앞뒤로 손바닥을 팔랑거리고 허리를 비틀며 전후좌우로 스텝을 밟으면서 〈프레이즈 유〉의 뮤직비디오에 나오는 촌스러운 춤을 흉내 내고 있었다.

줌바 강사도 춤추는 걸 멈추고 두 손으로 눈 주위의 화장이 벗겨진 부분을 닦으며 큰 소리로 웃고 있었다. 테리도 레이도 어깨를 걸고 이상한 라인댄스 같은 춤을 추고 있구나 하며 보고 있자니, 두 사람이 발레의 피루엣pirouette* 동작처럼 빙글빙글 돌면서 백조 같은 점프를 했다. 술을 마시는 중이라 내추럴 하이 상태는 아니었던 남편이 "나이도 많이 먹었는데 다들 은근히 몸이 유연하네"라며 이상한 부분에 감동했다.

선룸 안에서 본 사진 속의 그들, 스팬다우 발레 같은 양복을 차려입은 젊고 맵시 있던 모습을 떠올리면 구겨진 티셔츠와 반바지 차림에 칠칠치 못하게 엉덩이를 반쯤 내놓고 춤추는 아저씨들과는 간극이 너무 커서 인생무상을 느끼기도 전에 '인간이란 참 엄청나네' 싶었다. 사람은 이렇게 변하는구나. 아니, 이렇게 변하면서 몇 십 년, 어떤 경우에는 100년이나 계속해서 살아가는 생물이구나.

---

* 한 발을 축으로 하여 팽이처럼 도는 동작.

"레이 베트남 가는 거 많이 기대하고 있는 것 같더라."

남편이 말했다.

"이야기했어?"

"응, 조금. 저 멍청한 소동이 일어나기 전에."

"그렇구나."

"오랜만에 옷을 샀다고 하더라고. 여행 때 입으려고."

"와, 좋은 소식이네."

줌바 코너의 아저씨들은 후렴구인 "너를 칭찬해야 해I have to praise you"를 몸짓 손짓을 다해 노래하고 있었다. 그러더니 한 줄로 늘어서서 크고 작은 엉덩이를 반쯤 꺼내 흔들기 시작했다. 왜이 세대의 노동 계급 출신 남자들은 저렇게 엉덩이를 꺼내고 싶어 할까?

예전에 섹스 피스톨스의 존 라이든이 40대에 B급 유명 인사를 정글에 떨어뜨려놓는 방송으로 부활했을 때 카메라 앞에서 엉덩이를 꺼내 화제가 되었는데, 그도 남편과 같은 나이로 해머타운의 아저씨 세대다. 뭔가 있는 모양이다. 이 연배의 남자들과 엉덩이 노출 행위 사이의 어떤 자연스러운 연관성 같은 것이. 일본어에도 '엉덩이를 깐다'는 말이 있지만.

아저씨들의 둔부에 관해서만 생각하는 것도 좀 그러니까 줌바 코너에서 다른 쪽으로 눈을 돌렸더니 제마가 방긋방긋 웃으면서 춤추는 아저씨들을 바라보고 있었다. 저렇게 상큼하게 미소를 짓고 있지만 레이가 새 옷을 사 입고 서둘러 베트남 여성을 만나러

갈 준비를 하고 있다는 걸 알게 되면 분명 화를 내겠지.

야단맞고, 멍청한 일을 하고, 호되게 당하고, 엉덩이를 내놓으면서 아저씨들의 인생은 앞으로도 이어진다.

당신들을 축복해야지, 베이비.

아직도 칭찬할 만한 삶을 사는 것 같지는 않은 그들이지만.

2부

[해설]
현대 영국의
세대, 계급,
술에 관하여

1. 영국의 세대 구분

(1) 대략 다섯 개의 세대로 나눌 수 있다

일본의 버블 세대*나 단카이團塊 세대**처럼 영국에도 세대 구분이 있다. 이 구분법은 시대에 따라 조금씩 달라지기는 하지만, 현시점의 영국에서 가장 일반적으로 사용되는 세대 구분을 소개하겠다. 대략 다섯 개의 세대로 나눌 수 있는데, 영국뿐 아니라 미국도 같은 구분법을 사용한다.

① 전통주의자 세대

1900~45년에 태어난 사람들. 1차 세계대전과 2차 세계대전을

---

* 1964~70년에 태어난 사람. 1980년대 경기 호황으로 학업을 등지고 취업한 세대.

** 1947~49년에 태어난 사람. 베이비붐 세대라고도 한다. 1970~80년대 고도 성장을 이끌어낸 세대.

경험한 세대다. 이들은 권위와 권력자에 대해 존경심을 가지고 저축을 장려하며 근면하게 일한다고 알려져 있다. 또한 전통적인 가족관을 가지고 있다. 이 세대를 대표하는 유명 인사로는 엘리자베스 테일러, 마거릿 대처, 스티븐 호킹 등이 있다. 물론 엘리자베스 여왕도 여기에 속한다.

② 베이비부머 세대

1946~64년에 태어난 사람들. 2차 세계대전 이후 출생률이 엄청나게 높아졌는데 이를 베이비붐baby boom이라 하고, 이 시대에 태어난 사람들을 베이비부머babyboomer라고 칭한다. 엄격한 규칙을 지키는 부모 세대와 달리 베이비부머의 대부분은 1970년대에 체제에 대한 반항, 록이나 히피 문화, 정치 운동 등 저항 문화에 몸을 던졌다(그런 것이 멋진 시대였다). 그러나 1980년대에 이들은 여피가 되어 돈을 벌어들인다. 이 세대의 단점은 경제적으로 번영한 시대에 자라났기 때문에 욕심이 많고 물질지상주의적인 부분이라고들 한다. 다른 한편으로는 부모 세대에 비해 야심이 있고 혁신적이라고도 한다.

③ X세대(MTV 세대)

1960년대 초 혹은 중반(두 가지 설이 있다)부터 1980년까지 태어난 사람들. 커다란 변화의 파도 속에서 성장한 세대라고 일컬어진다. 맞벌이하는 가정이 늘고, 부모 가운데 한쪽이 항상 집에 있는 것이 일반적이지 않게 되었다. 이혼율이 상승한 시대에 성장한 세대이기도 하다. 고학력자가 많아진 세대로 이전 세대와 비교할 때 대학 졸업자 비율이 몹시 높아졌다. 하지만 냉전과 에이즈 위기의 시대에 태어났기 때문인지 허무주의적이고 매사 의심이 많은 편이다. 열정적인 베이비부머 세대와 대조적으로 냉철한 눈으로 사물을 관찰하는 사람이 많다고들 한다. X세대에 속하는 유명 인사로는 로버트 다우니 주니어, 베네딕트 컴버배치, 케이트 모스 등이 있다.

④ Y세대(밀레니얼 세대, 스노플레이크 세대)

현재 영국에서 정치나 사회에 관해서 이야기할 때면 항상 화제가 되는 것이 바로 이 밀레니얼 세대다. 이들은 1981년부터 2000년대 초반까지 출생한 사람들이다. 이 세대는 앞선 시대에는 존재하지 않았던 다양한 테크놀로지의 혜택을 받았기 때문에 흔히 유복한 세대라고 불린다. 하지만 이들은 2001년 9월 11일 미국에서 일어난 테러 사건을 비롯해 전 세계적으로 수많은 테러가 일어난 시대에 성장했다. 그리고 이 세대 가운데 좀 더 어린 쪽은 저성장 시대에 취직을 하게 되어 할아버지, 할머니 세대에는 당연히 가능했던 자기 집을 사는 일이 불가능해진 사람들이기도 하다. 높은 실업률을 경험한 세대로 대학을 나와도 얼마 동안은 무급 인턴으로 일하는 것이 당연하고, 제로 아워 계약 같은 불안정한 고용 형태로 일하는 젊은이들도 많다. '정치적 올바름'에 민감

하고, 정신건강 문제가 증가한 세대이기도 해서 거칠고 드센 연장자들에게 "눈송이처럼 부서지고 쉽게 상처받는 세대"라는 야유를 받기도 한다. 그런 점에서 '스노플레이크snowflake 세대'라고도 불린다. 이 세대의 유명 인사로는 배우 엠마 왓슨, 가수 에드 시런, 저스틴 비버 등이 있다.

⑤ Z세대(포스트 밀레니얼 세대)

2000년대 초 이후, 다시 말해서 21세기에 태어난 이들을 Z세대라고 부른다(라고 쓰고 나니 문득 궁금해지는데 그럼 그다음 세대는 알파벳순으로 'A세대'가 되는 걸까?). Z세대는 첫 번째 '디지털 네이티브' 세대다. 태어났을 때부터 인터넷이 있었고 스마트폰을 만지작거리며 자라난 사람들이다. 미국의 9·11 테러 이후에 태어난(혹은 사건이 발생했을 때 아기였던) 사람들이기 때문에 테러와 분쟁이 없던 평화로운 시대를 모르는 세대이기도 하다.

그들의 부모 세대가 경기 불황의 영향을 받았으니 Z세대는 어렸을 때부터 먹고사는 문제로 고생하는 사람들을 보며 자랐다. 그러다 보니 돈 문제에 관심이 많고 금전 감각이 있다는 설도 있다. 아직 성인이 되기 전 혹은 이제 막 성인이 된 세대이므로 현시점에서 그들이 어떻다고 말하기는 어렵지만, 지금까지는 디지털 네이티브인 이 세대가 윗세대보다 정보 활용 능력이 뛰어나며 환경문제에 대한 관심을 비롯해 '세상을 바꾸자'는 의식이 강하다고들 한다. 이 세대의 유명 인사로는 환경 운동가 그레타 툰베리, 가수 빌리 아일리시 등이 있다(유명 인사는 아니지만 부모보다 훨씬 분별력이 있는 우리 아들도 이 세대에 속한다).

영국(과 미국)의 언론에서는 이런 구분법이 주류로 보이는데, 당연하게도 베이비부머 세대에도 스노플레이크처럼 상처받기 쉬운 사람들이 있으며 X세대에 속하는 사람들 가운데에도 열정적이거나 감상적인 사람들이 있다.

그러니 사람들의 성격과 개성을 세대로 나누는 데는 무리가 따르기 마련이다. 하지만 이야기 소재로서는 재미있지 않은가. 그에 더해 성장 환경(빈부 격차나 부모의 성품 등에 따라 성장 환경에 차이가 생긴다는 것은 일단 확실히 해두고 싶다)이랄까, 다시 말해서 '냉전 시기였다' '분쟁이 많은 시대였다' '태어났을 때부터 인터넷이 있었다' '스마트폰을 사용하며 자랐다' 등의 요소에 의해 보고 듣고 만진 매체의 형태와 민감한 시기에 접한 정보의 질이 다르다면 세대 간에 차이가 없다고는 못 할 것이다. 또한 이러한 요인이 특정 세대의 생활 습관과 사고방식에 전혀 영향을 끼치지 않는다고는 누구도 단정하지 못할 것이다.

(2) 영국 특유의 세대

앞에서 본 것처럼 영국에서 일반적으로 적용하는 세대 구분은 미국과 완전히 같다. 하지만 영국에는 영국 특유의 세대도 있다.

그 몇몇 예를 이제부터 소개해보겠다.

① (영국판) 여피

여피yuppie는 미국에도 있지만 영국판 여피는 미묘하게 정의가 다르다. 여피는 'Young Urban Professionals(도시의 젊은 전문직 종사자들)'의 줄임말이라는 설과 'Young Upwardly-mobile Professionals(신분 상승을 이룬 젊은 전문직 종사자들)'의 줄임말이라는 설이 있다. 미국에서 만들어진 이 말은 1980년대쯤부터 사용되었으나 어떤 작가나 기자가 만든 말인지에 관해서는 현재까지 다양한 설이 전해진다. 영국에서 이 여피라는 말은 대처 정권과 강하게 연결되어 있다. 1979년 대처 총리 취임 때부터 1987년 블랙 먼데이(세계적인 주가 대폭락)까지 8년간의 주가 상승, 공영 주택 불하 시대에 '붉은 멜빵과 벽돌만 한 휴대 전화'로 상징되는 차림을 하고 돈을 벌어 출세한 젊은이들을 여피 세대라 불렀다.

② 슬론 레인저스

X세대 중 나이가 더 많은 사람들(1980년대 전반에 청년이었던 사람들)의 하위문화. 그런데 이는 전국적인 현상이 아니라 지극히 한정적인 지역, 우편번호가 SW10, SW3, SW1인 곳, 즉 '슬론 스퀘어Sloane Square'라고 불리는 런던의 한 지역에서 태어난 문화다. 이 지역은 고급스럽고 우아하며 멋스럽고 힙하다는 이미지가 있는데 지금도 이 우편번호를 가진 지역에서 사는 걸 동경하는 이들

이 많다. 슬론 레인저스Sloane Rangers를 상징하는 '핀업 걸pin-up girl' 은 지금은 이 세상에 없는 (아직 패션이 보수적이고 '좋은 집안 아가씨' 풍이었던 젊은 시절의) 다이애나 왕세자비였다. 머리띠와 피터 팬 스타일의 프릴이 달린 옷깃, 트윈 니트에 진주 목걸이, 트위드 스커트 등 이 세대 여성의 패션은 전부 품위 있는 것들이다. 남성의 경우 주말에 사냥을 위한 아웃도어 패션을 하는 것인데 이 역시도 유서 깊은 상류 계급풍이다.

이런 측면에서는 슬론 레인저스란 세대보다는 계급을 부르는 호칭이라 볼 수도 있겠다. 하지만 다이애나 비가 인기가 많았던 1980년대 초반에는 부자가 아니어도 다이애나의 패션을 따라 하는 여성이 영국 전역에 흘러넘쳤다. 슬론 레인저스는 1950년대 같은 기풍, 바꿔 말하면 전통적인 가치관을 고집하는 마지막 하위문화라고도 한다. 슬론 레인저스의 바이블이라고도 불리는 1982년 판 『슬론 레인저 핸드북』*에는 이런 문장이 쓰여 있다.

"규칙은 알고 있습니다. 하지만 언제라도 확인해두는 것은 좋은 일입니다."

규칙 같은 거 알 게 뭐냐, 그런 건 발로 차버려, 아나키 인 더 UK! 이런 펑크 세대 뒤에 반동처럼 등장한, 규칙 밖으로 한걸음도 나가지 않는 것을 멋으로 아는 상류 사회의 보수적인 문화. 그

---

*   Ann Barr and Peter York, *The Official Sloane Ranger Handbook: the first guide to what really matters in life*, Ebury Press, 1982.

것이 바로 슬론 레인저스였다.

③ 래즈

'래드lad'는 '자식' '분별없는 남자' '녀석' 등으로 번역된다. 그러니 그 복수형 '래즈lads'는 '녀석들'이라고 번역할 수 있다. '해머타운의 아저씨들'을 칭하기에 딱 어울리는 말이라고 생각한다. 그런데 실제로 래즈는 이 아저씨들보다 더 어린 세대인 X세대 시대에 형성된 하위문화를 일컫는다.

1990년대의 '매드체스터Madchester'는 '맨체스터Manchester'와 '매드mad'를 합성한 말로 1980년대 후반에서 1990년대에 걸쳐 맨체스터에서 불붙은 음악 장르를 뜻한다. 이는 약물에 취한 듯한 환각 상태에서 춤을 추게 하는 록 음악인데 스톤 로지스, 해피 먼데이스 같은 밴드를 매드체스터의 상징으로 꼽을 수 있다. 이 장르가 추구하는 패션에 축구 팬의 취기와 폭력성, 엑스터시의 유행, 저가 항공사의 등장으로 가능해진 해외에서 보내는 스태그 위크엔드stag weekend(결혼식 전에 신랑이 남성 친구들과만 법석을 떨며 주말을 보내는 것), 유럽 각지에서 술에 취해 폭력을 휘두르는 젊은 영국인 남성 등의 요소가 더해진 것이 래즈 문화다. 래즈 문화가 절정에 다다른 것은 1996년 여름이라고들 한다.

1996년 여름, 잉글랜드에서 유럽축구연맹UEFA의 유로96이 개최되었다. 래즈의 영웅 폴 개스코인의 활약으로 잉글랜드 대표팀은 28년 만에 준결승전에 진출했지만, 또다시 숙적 독일과 붙으면서 (항상 그렇듯이) 승부차기 끝에 패하고 말았다. 영국에서 유로가 개최되었다는 사실만으로도 이미 흥분했는데, (항상 그렇듯이) 잉글랜드 대표팀이 극적으로 승리하거나 혹은 극적으로 패배하다 보니 영국 전역의 래즈가 흥분의 도가니에 빠져들어 맥주가 엄청나게 팔렸다고 한다. 술집이 크게 번성하고 술 냄새가 진동하는 여름이었다.

이렇게 쓰고 보니 래즈는 술에 취해 축구 경기를 보고 난동을 피우는 질 나쁜 노동 계급, 험악한 훌리건처럼 느껴질지도 모르겠다. 하지만 실제의 래즈는 호리호리하게 마른 중산층 젊은이들이며, 이들이 술에 취해 대범해져서 잉글랜드 대표팀 셔츠를 입고 잘난 척하는 느낌이라고 생각하면 좋겠다.

④ 브리짓 존스 세대

래즈의 여자 친구들이 바로 브리짓 존스 세대인데, 헬렌 필딩이 쓴 베스트셀러 소설 『브리짓 존스의 일기』에서 유래한 호칭이다. 이 작품은 30대 싱글 여성이 런던에서 혼자 살아가는 이야기로 일과 연애에 대한 고민, 다이어트, 술과 담배를 끊지 못하는 모습 등이 동년배 여성들의 공감을 얻어 1990년대 후반의 아이콘 같은 책이 되었다.

2001년 르네 젤위거 주연으로 영화화된 이후 그 인기는 일종의 현상으로 불릴 정도였다. 상사 역의 휴 그랜트가 '섹시한 중년 남자'로 다시 인기를 얻었고 연인 역의 콜린 퍼스가 '결혼하고 싶은 이상형'으로 여성들을 사로잡았다.

브리짓 존스 세대는 전통적인 형태의 결혼이 아니라 일하며 혼자 살아가는 길을 택한 여성들을 가리키지만, '어깨 뽕'이 한껏 들어간 '1980년대 페미니스트'의 자기효능감self-efficacy*이나 강인함이 아니라 방황하고 주저하고 시행착오를 거치는 여성들 간의 자매애를 중시하는 가식 없는 싱글 여성상을 지향했다.

이 세대는 싱글 여성이 늘어나게 한 원흉이라는 말도 들어야 했다. 2008년에 한 보수당 의원이 "브리짓 존스 세대 때문에 가족 붕괴가 일어났다"라고 발언한 적이 있는데 "무슨 말을 하는 거야, 이 영감탱이야"라며 여성들의 엄청난 반발을 샀다.

(3) 베이비부머 세대와 밀레니얼 세대의 인정사정없는 싸움

EU 탈퇴 여부를 결정하는 국민투표에서 탈퇴파가 승리한 후 영국에서는 베이비부머 세대(해머타운의 아저씨 세대)와 Y세대, 즉 밀레니얼 세대 사이에 인정사정 봐주지 않는 투쟁이 격심해졌다.

밀레니얼 세대의 젊은이들은 EU 잔류를, 베이비부머 세대는 탈퇴를 지지하는 경향이 있었는데 국민투표를 통해 탈퇴가 결정되자 젊은이들은 일제히 베이비부머 세대에게 책임을 물었다. 당

---

* 자신을 얼마나 가치 있게 여기는지가 판단 기준인 자아존중감self-esteem과 달리 자기효능감은 개인이 특정 과제를 얼마나 확신을 갖고 수행해나가는가를 판단 기준으로 삼는다.

신들이 우리의 미래를 엉망으로 만들었다며 격노한 것이다.

당시 텔레비전이나 라디오의 브렉시트 토론 방송에 베이비부머 세대 지식인과 밀레니얼 세대 지식인이 출연하면 마지막에 가서는 거의 싸우다시피 했다. 젊은이들이 "당신들은 이미 오래 살았으니 상관없겠지만 우리는 앞으로 살날이 많이 남았으니 우리 나라의 미래는 우리가 결정하게 해달라"라며 목소리를 높였다. 늙은 세대는 늙은 세대대로 "아니, 우리도 아직 젊어" "뭐가 진짜 영국의 미래를 위한 일인지 너희는 몰라"라면서 양보하려 들지 않았다.

뭐, 하지만 양쪽이 싸우는 모습은 어딘가 부모와 자식이 집 안에서 말싸움을 하고 있는 듯도 보였다. 어쩌면 오늘날의 영국은 부모 자식 간의 장렬한 싸움 한가운데 있는지도 모르겠다. 그렇다면 이 두 세대는 왜 그렇게 서로 으르렁거리는 것일까.

먼저 베이비부머 세대는 (시대를 막론하고 "요즘 젊은것들은……" 하며 윗세대가 아랫세대에 관해 말해온 것처럼) 밀레니얼 세대를 의지가 약하고, 금방 부서져버리는 눈송이처럼 취약하다고 본다. 또 참을성을 가지고 묵묵히 일하기보다는 SNS에 셀카를 찍어 올리는 일에만 열중하며 자기가 얼마나 유명해질지, 얼마나 높은 지위에 오를지에만 신경을 쏟는다고 생각한다.

반대로 밀레니얼 세대는 베이비부머 세대를 욕심 많고, 자기 마음대로 행동하며, 밀레니얼 세대의 미래를 완전히 부숴버리려 억지를 부리는 사람들이라 여긴다. 자기 집이 있는 베이비부머 세대가 부동산을 굴려 돈을 벌기 때문에 주택 가격과 임대료는 높아지기만 한다. 밀레니얼 세대는 집을 사기는커녕 식비를 줄여 임대료를 지불해야 하는 시대를 살고 있다. 예전처럼 직장에서 유리한 연금 제도를 제공하던 시절도 이제 끝이 났다. 다른 무엇보다도 베이비부머 세대에는 EU 탈퇴파가 많다. 국내 경제 상황과 사회복지가 나빠진다면 언제든 유럽 내 다른 나라로 이주할 수 있다는 것만이 젊은 세대의 유일한 특전이었는데, 그들이 그 기회조차 빼앗아버린 것이다. 늙은 세대는 도대체 무슨 짓을 하는 것일까? 우리를 죽일 셈인가? 이런 이야기를 하는 밀레니얼 세대가 많다.

"당신들은 좋은 시절을 살아서 목소리가 큰 세대야."

"너희는 패기도 없고 의욕도 없는 세대지."

베이비부머 세대와 밀레니얼 세대의 대립을 일본에 대입해본다면 전공투 세대*와 취직 빙하기의 로스트 제너레이션**의 분열에 가깝지 않나 싶다.

---

*   일본에서 반정부 투쟁이 격렬히 일어나던 1960년대 후반 각 대학의 학생 운동 조직이 연합한 전학공투회의全學共鬪會議(전공투)에 참여한 세대로, 단카이 세대와 겹치는 부분이 있다.
** 1975~90년에 출생했으며 잃어버린 세대, 빙하기 세대로도 불린다. 버블 경제가 붕괴된 후 학교를 졸업한 이들로 단카이 세대의 자녀들이다.

(4) 그때 X세대는

이렇게 밀레니얼 세대와 베이비부머 세대의 대립이 심각해지는 영국에서 두 세대 사이에 끼어 있는 X세대의 존재는 종종 잊히고 만다.

아군과 적군으로 나뉘어 둘 중 하나를 선택해 싸우는 것이 주류가 된 사회에도 중간 세대가 담당하는 역할을 고민하는 지식인이 있다(물론 "너무 치열한 싸움에는 관여하고 싶지 않다"라고 하는 X세대도 많겠지만). 나만 해도 X세대의 가장 위쪽에 해당하는데(어쩌면 베이비부머 세대에 속하는지도 모르겠지만), 베이비부머 세대와 밀레니얼 세대의 인정사정없는 싸움을 보고 있으면 나는 어느 쪽에도 속하지 않는다는 느낌이 강하게 든다.

애초에 X세대는 더글러스 커플랜드가 1991년에 발표한 소설 『X세대』*에서 유래한 말로, 이 책의 영향도 있고 해서 허무주의적인 게으름뱅이nihilistic slacker(1990년대에 어떤 일에도 열중하지 못하는 나태한 사람이라는 의미로 사용된 말)라고 여겨졌다. 사회나 정치에 관심이 없고 몹시 개인주의적이며 잔치의 흥에서 깨어난, 일본의 '빛바랜 세대'**나 '신인류'가 이 세대에 부합할 듯하다.

하지만 X세대는 이제 어른이 되었다. 결혼, 이혼, 정리해고, 실

---

* Douglas Coupland, *Generation X: Tales for an Accelerated Culture*, St. Martin's Press, 1991.

** 1950~64년에 태어난 사람들. 학생 운동의 절정기가 지나간 뒤에 성인이 되어 사회 문제에는 관심이 없고 개인주의적 성향이 짙은 세대.

업, 재취업, 육아, 양육비 등등 생활을 감당하면서 땅에 발을 딛고 경험을 쌓았으며, 인생의 무거운 짐을 등에 업은 지친 중년이 되었다. 이렇게 말하면 좀 그렇지만, 그렇게 고생을 하면서 다른 한편으로는 성장하고 어른이 되었다고도 할 수 있다. 이 세대는 지금 40대 후반에서 50대 초반에 해당한다. 다양한 업계에서 중심적인 역할을 하며 상당한 지위에 오른 사람이 많을 것이다.

X세대는 베이비부머 세대와 밀레니얼 세대 양쪽의 특징을 모두 가지고 있다. 근면하게 일할 줄도 알고, 놀 때는 놀 줄도 안다. 이들은 인생을 제법 바쁘게 사는 사람들이다. 베이비부머 세대는 인터넷을 잘 모르지만, 밀레니얼 세대는 인터넷과 함께 자랐다. 그리고 X세대는 인터넷을 만든 사람들이다.

스티브 잡스와 빌 게이츠는 베이비부머 세대의 아래쪽에 있는 사람들로 X세대는 그들을 '멋진데?' 하며 존경하고, 그들이 창조한 것을 계승하여 자기들이 무엇을 할 수 있을지 고민하며 새로운 것들을 만들어냈다. 이것이 바로 1990년대 후반에 일어난 인터넷 버블 '닷컴 붐'이다. 그리고 지금 생각해보면 무식하게 큰 휴대폰을 적절히 사용하여 처음으로 문자 메시지를 보내던 사람들도 X세대였다.

이 세대는 어린 시절에 펑크를 듣고 인디 음악, 그런지, 테크노 등의 장르를 만들어냈다. 주말에는 맥주와 엑스터시로 레이브를 즐기고 완전히 바보가 되어 너덜너덜해질 때까지 춤을 추고도 월요일 아침에는 벌떡 일어나 일을 하러 갔다. 그런 사람들이 X세대다. 이 세대는 꿈을 꾸는 것도, 현실적으로 사는 것도 알고 있다.

베이비부머 세대는 너무 과거 속에 살고 있어서 미래를 없애려 한다. 밀레니얼 세대는 미래가 너무나 무서워 과거를 보려고 하지 않는다. X세대는 시대의 변화를 어느 정도 봐온 사람들이다. 과거에 일어난 일을 알고, 미래는 바꿀 수 있다는 것도 알고 있다.

전쟁에 관해서도 그렇다. 종전 직후 태어난 베이비부머 세대는 전쟁을 실제로 경험하지는 않았지만 전쟁이 '끝났다는 사실'이 인격 형성기의 환경을 결정해버렸다고 말해도 좋을 것이다. 밀레니얼 세대는 아직 일어나지도 않은 전쟁을 두려워하며 전쟁이 일어나면 인류는 이번에는 정말로 끝장날 것이라는 종말관을 가지고 있다.

하지만 영국의 X세대는 실제 전쟁을 아는 세대다. 포클랜드와 보스니아, 아프가니스탄, 이라크에서 말단 병사로 싸운 친구를 둔 세대이기 때문이다. 또한 이 전쟁들에 반대하여 거센 항의 활동을 한 세대이기도 하다. 어떤 의미로는 수많은 과오들 가운데서 살아온 세대이기도 하여 두 번 다시 전쟁을 해서는 안 된다는 것을 알고 있다.

X세대의 입장에서 베이비부머 세대와 밀레니얼 세대의 대립은 생산성 없는 싸움으로 보인다. 사실 두 세대는 은근히 닮아 있지 않은가 생각도 한다. 양쪽 모두 자아가 강하고, '우리는' '저 녀석들은' 하는 식의 세대 의식이 높으며, 자기들이 옳다고 믿어 의심치 않는 자신감이 넘쳐흐르기 때문이다.

그에 비하면 X세대는 수수하다. 두 화려한 세대에 끼어 존재감이 적다. 애초에 흥이 깨진 상태에서 출발한 사람들이기 때문에 세대 의식이나 결속감도 희박하며 지금도 어딘가 뿔뿔이 흩어져 있다.

베이비부머 세대와 밀레니얼 세대가 싸우는 사이에 깊숙이 고개를 숙인 채 양 진영의 침이 튀지 않도록 신경을 쓰며 육아와 일, 사회의 잡다한 일, 사무적인 일 같은 것을 해내며 담담하게 소박하게 세상을 돌아가게 하는 세대가 X세대다. 실제로 사회의 중심이 되어 커뮤니티를 운영하는 나이가 된 세대니까.

나도 일단은 X세대에 속해 있으니 아무래도 호의적인 눈으로 바라보는 것인지도 모르겠다. 그것도 그렇지만, 최근의 영국을 보면서 나는 X세대에 좀 더 애정을 느끼게 된 것 같다(보리스 존슨 총리도 X세대가 아니냐고 하는 사람들에게는 그는 1964년에 태어났으니 베이비부머 세대의 마지막 해에 태어난 독기 어린 불꽃이라 주장하고 싶다. 하지만 데이비드 캐머런 전 총리는 X세대에 속하므로 이쪽에 관해서는 말을 아끼고 싶기는 하다).

(5) Z세대를 키운 X세대

X세대는 종종 '주목받지 못한 세대unsung generation(음지에서 일하는, 잘 알려지지 않은 세대)'라고 일컬어진다. 베이비부머 세대와 밀레니얼 세대 사이에 끼어 사회적 영향력이 없는 세대랄까. 존

재 자체를 그다지 인정받지 못하는, 그림자가 옅은 세대이기 때문이다.

하지만 이제 겨우 상황이 바뀌고 있다. 어느 시대건 기업은 청년층을 소비자로 설정하고 마케팅을 했다. 2000년 이후에 태어난 Z세대가 주요 소비자 집단으로 연구되면서 그들을 키운 X세대의 중요성에도 주목하게 되었다.

2019년 7월 29일자 블룸버그의 기사 「리얼리티 바이츠 백: Z세대를 제대로 이해하려면 그들의 부모를 보라」*에 따르면, 세대 동역학센터에서 Z세대 연구를 수행하고 있는 제이슨 도시는 Z세대에 관해 "그들은 단순히 밀레니얼 세대의 극단적인 버전이 아니었다. 전혀 다른 세대다. 그렇게 된 주요한 이유는 부모가 그들을 어떻게 키웠는가에 달려 있었다"라고 말했다. 아디다스와 맥도날드, 도요타를 고객으로 둔 그는 부모의 양육 방식이 다음 세대의 노동과 씀씀이, 교육관에 영향을 미친다고 했다.

X세대는 베를린 장벽의 붕괴, 걸프전쟁, 챌린저호 폭발 사고 등을 목격했다. 그들이 어린이였던 1970년대는 이혼이 급증한 시대이기도 하다. 경제적으로는 점차 글로벌화가 진행되어 경쟁이 극심해졌고, 노동 환경도 열악해지는 가운데 이들은 사회인으로서 살아왔다. 그런 X세대의 양육을 미국 라이트주립대학교의 코

---

* "Reality Bites Back: To Really Get Gen Z, Look at the Parents", *Bloomberg*, Jul 29, 2019.

리 시밀러 교수는 이렇게 분석했다.

"X세대는 Z세대를 그들 자신처럼 자주성과 자율성이 있으며 시니컬한 사람으로 키우고 있다. 그다지 고삐를 죄지 않고 자유롭게 풀어준다."

"(Z세대는) 스스로 답을 찾으려 했다."

조사 결과 Z세대는 밀레니얼 세대에 비해 상대적으로 맷집이 강하다는 사실이 알려졌다. "직장에서 존재 가치를 인정받지 못한다고 느끼기 때문에 2년 이내에 일을 그만두려 한다"라고 대답한 사람이 밀레니얼 세대는 25퍼센트에 달했지만 Z세대(가운데 취업한 사람들)는 15퍼센트에 그쳤다고 한다. 또 Z세대는 신중하게 돈을 쓰고, 밀레니얼 세대보다 수입 가운데 많은 부분을 저축하는 경향이 있으며, 민트나 에이콘스 같은 지출 관리 애플리케이션을 사용하는 사람이 많다고 한다.

그러니까 Z세대는 X세대가 그렇듯이 그리 거칠지 않은 세대인 모양이다. 아직까지도 와일드 사이드를 서성이는 사람들이 남아 있는 베이비부머 세대, 그들이 키운 '와일드하게 부모와 싸우는' 밀레니얼 세대와 달리, X세대와 Z세대는 조용한 체념을 품은 채 소박하게 자기 자신을 살아가는 세대라 할 수 있을지도 모르겠다.

(6) 베이비부머 세대는 사회악인가

영국에서 최근 화제가 된 것은 '베이비부머 세대 책임론'이라 불리는 풍조다. 이런 흐름은 EU 탈퇴 국민투표 이후 현저해졌다.

> 브렉시트는 베이비부머 세대가 나 같은 젊은이를 향해 세운
>
> 가운뎃손가락이었다. - vox.com(2016년 6월 24일자)

> 어쩌다 베이비부머 세대는 가장 제멋대로인 세대가 되었을까.
>
> - businessinsider.com(2016년 11월 30일자)

적의를 한껏 드러낸 비평의 표적이 된 그들을 두고 '위대한 세대greatest generation'가 '인종차별주의자 세대racist generation'가 되었다며 비난하는 젊은이들도 있다.

영국의 EU 탈퇴 찬반 국민투표 뒤에 베이비부머 세대는 극심한 비난의 대상이 되었다. 여론조사 결과, 베이비부머 세대는 브렉시트의 결과로 "국내에서 직업을 잃는 사람이 있더라도 영국은 EU에서 탈퇴하는 것이 옳다"라고 생각한다는 것이 분명해졌기 때문이다.

2017년 7월에 여론조사 기업 유고브가 EU 탈퇴 쪽에 투표한 사람을 대상으로 한 조사에 의하면 "당신이 그런 일이 일어날 거라 생각하는지 아닌지와 관계없이 영국이 EU에서 탈퇴하기 위해 경제에 큰 손실을 입게 되더라도 괜찮다고 생각합니까?"라는 질문에 50~60세는 60퍼센트가, 65세 이상은 무려 71퍼센트가 "그렇다"라고 답했다. 같은 탈퇴파라고 하더라도 18~24세는 46퍼센

트로 떨어진다(25~49세는 56퍼센트).

또 "당신이 그런 일이 일어날 거라 생각하는지 아닌지와 관계없이 브렉시트 때문에 당신이나 당신의 가족 중 누군가가 직업을 잃더라도 영국이 EU에서 탈퇴할 수밖에 없다고 생각합니까?"라는 질문에는 65세 이상은 50퍼센트가 "그렇다"라고 대답했다. 이런 결과로 인해 '강경 탈퇴파' 가운데는 베이비부머 세대의 고령자가 많다는 인식이 자리 잡았고, "그야 당연하지"라며 "고령자는 이제 연금 생활을 하는 사람들이니 실업이나 경제 상황과는 큰 상관이 없을 테고, 계속 같은 액수의 연금을 받아 생활하면서 자기 이데올로기만 생각하는 자기중심적인 사람들이야"라며 젊은 층의 비난을 받게 되었다. 이는 '부머 책임론boomer-blaming'이라 불리며, 이런 주장이 대두되면서 "베이비부머 세대 탓에 영국은 이렇게 난리가 났다" "모든 것이 베이비부머 세대가 나쁜 탓이다"라며 고령자를 탓하는 분위기가 형성되었다. 자연스럽게 그에 반대하는 사람들도 나타났다. "베이비부머 세대는 진지하게 이후 세대의 미래를 고민했기 때문에 탈퇴를 선택했다"라는 취지의 기사가 나오기 시작했다.

'부머 책임론'을 분석한 것이 2017년 2월 8일 런던정치경제대학교에서 발표한 글*이다. 이 글을 쓴 제니 브리스토(캔터베리크라

---

*   Jennie Bristow, "From Brexit to the pensions crisis, how did the Baby Boomers get the blame for everything?", *BPP at LSE*, Feb 8, 2017.

이스트처치대학교 강사)는 1986년부터 2011년까지 영국에서 발행된 신문 기사를 통해 베이비부머 세대를 다루는 방식이 어떻게 변해왔는지 분석했다. 분석 결과에 따르면, 베이비부머 세대는 이전에도 다소 관심을 받긴 했으나 명백하게 그들이 '문제'라고 간주되기 시작한 것은 비교적 최근의 일이라고 한다.

먼저 이들은 나이가 들면서 점차 경제 문제로 그려지는 일이 많아졌다. 전후 베이비붐 시대에 출생한 사람들이라 이 세대는 인구가 무척 많다. 그렇다 보니 이들이 일제히 나이를 먹어 은퇴를 하고 연금을 받게 되자 아랫세대 입장에서는 큰 부담이라는 견해들이 등장한 것이다. 고령화 사회에 대한 불안과 결합해 베이비부머 세대는 복지사회를 지속 불가능하게 만드는 원흉으로 그려지게 되었다. 2006년에는 베이비부머가 일제히 은퇴하는 시기를 우려하며 '부머겟돈(부머 세대 + 아마겟돈)'이라는 말도 사용되었다고 한다.

2000년대 후반의 리먼 쇼크와 뒤따른 금융 위기 이후에는 그들의 역사적 위치를 이용하여 '부머 책임론'을 선동하는 기사가 나왔다. 즉 1960년대라는 영국 문화의 황금기에 성장해 '쿨한' 청춘 시절을 보냈던 행운의 세대가 불쌍한 젊은 세대를 상대로 연금을 착취하고 있다는 이미지가 정착했다. 여기에는 이 행운아 세대가 문화적으로도 영국이 가장 훌륭했던 시대를 살면서 '이득만 본 사람들'이라는 질투 섞인 묘사가 뒤따랐다. 예를 들어 2008년의 『타임스』에는 "그들은 로마 시대 이후의 역사에서 가장 쾌락주의적이며 단순한 즐거움을 누렸다. 즉 모든 종류의 섹스(우리가 어른이 되었을 때는 HIV 문제로 더 이상 그럴 수 없었다), 최고의 음악(미안하지만 콜드 플레이는 지미 헨드릭스와 비교할 수 없다), 특권층의 손쉬운 이상주의"라는 한 젊은 작가의 글이 실렸다.

영국에서 베이비부머 세대는 1960년대의 자유롭고 활기차게 스윙하던 향락적인 문화와 한 덩어리가 되어버렸다. 정치적으로 멋지게 세상을 움직이기는커녕 경제 위기를 일으키고, 이기적이며 쾌락적으로 인생을 살아왔다는 도덕적인 비난을 받게 되었다.

다시 말해서 EU 탈퇴 국민투표 이후 분출된 베이비부머 세대를 향한 비판은 훨씬 이전부터 면면히 이어지던 것이었다. 이 세대는 아직 직업을 가지고 있던 중년 무렵부터 이미 향후 사회에 짐이 될 세대로서 부정적으로 그려졌다. 그런 상황에서 EU 탈퇴 여부를 묻는 국민투표에서 이들이 탈퇴 쪽에 투표를 했다는 사실이 알려지자 '부머 책임론'의 기세는 최대치가 되었고, '배신자 세대'라거나 "자기들은 브렉시트로 인한 손해를 보기 전에 죽을 거면서!"라는 말까지 나왔다.

이렇게 쓰고 보니 나는 여기에서도 긴축 재정의 영향을 짚어 보지 않을 수 없다. 정부가 재정 지출을 제대로 해서 청년들이 거액의 학자금 대출을 받지 않게 하고, 프리랜서나 인턴 같은 무급 노동을 하지 않도록 고용 방식을 개혁하고, 외국계 투자자들이 영국의 주택을 사들여 주택 가격이 상승하는 일이 없도록 제도를 정비하고, 청년층이 임대료를 부담할 수 있는 공영 주택을 많이 짓는 등 청년층이 살아갈 수 있도록 정치, 경제적 조치를 취했더라면 아랫세대가 연장자 세대를 경제적 부담으로 간주하며 미워하거나 "좋은 시절에 섹스도 많이 하고 좋은 음악을 듣던 사람들"이라며 질투로 흐려진 눈으로 바라보지 않았을 것이다.

"즐겁게만 산 그 녀석들을 용서할 수 없다"라든가 "그들은 다 제멋대로야" 같은 도덕적인 기준을 들이대며 특정 그룹을 비난하는 것은 사회 전체에 여유가 없기 때문이다. 이런 시기는 대체로 "돈이 없으니 즐기고 싶어도 참으세요. 절약하고 검약하며 분수에 맞지 않는 일은 포기하고 사는 것이 미덕입니다"라는 말을 들으며 사는 음울한 시대다. 이를 한마디로 표현하면 '긴축의 시대'다.

최근 유럽에서는 인종차별과 배외주의 또한 긴축 재정과 긴밀하게 연결된다는 사실이 많이 지적되고 있다. '자기보다 이득을 보는 사람'을 온 힘을 다해 비난하는 것이 긴축 시대를 사는 이들의 마음가짐이라면, 그 표적은 외국인, 생활 보호 대상자, 싱글 맘 등이 될 것이다. '좋은 시대를 산 베이비부머 세대'도 그 한 가지 형태에 지나지 않는다.

정말 몇 번을 말해도 지나치지 않을 만큼 긴축 재정이라는 놈은 죄가 많다.

2부 [해설] 현대 영국의 세대, 계급, 술에 관하여

(1) BBC의 계급 계산기

영국은 신기한 나라다. 인도처럼 카스트 제도가 있는 것도 아 닌데 '영국은 계급 사회'라는 것이 일반의 상식이다. 그런데 이 상식이 아무 근거도 없는 단순한 이미지에서 나온 것이냐 하면 또 그렇지도 않다. 무슨 까닭인지 사람들의 인식 가운데 '계급'이 아직 굳건히 자리 잡고 있다.

신자유주의와 긴축 재정을 기조로 하는 경제 체제로 인해 빈부 격차가 벌어지고, 사고하고 이해하는 방식에서 '계급적' 차이가 크게 부상한 것은 2000년대 들어서라고 할 수 있다. 이를 뒷받침 이라도 하듯 BBC뉴스에서 2013년 4월 3일에 '영국 계급 계산기 The Great British class calculator'*라는 것을 발표했는데, 제시된 질문

---

*   https://www.bbc.co.uk/news/special/2013/newsspec_5093/index.stm

에 답하면 사용자가 어떤 계급에 해당하는지 판정해준다.

가장 먼저 나오는 질문은 연봉과 저축액이다. 그다음으로는 "다음의 어떤 사람들과 친분이 있습니까?"라는 질문과 함께 비서, 변호사, 청소 노동자, 간호사, 예술가, 교원, 덤프트럭 운전기사, 소매상 점원 등 다양한 직업을 늘어놓는다. 그 가운데 자기와 친분이 있는 사람들의 직업을 선택한다.

다음 질문은 "어떤 문화적인 활동에 참가하고 있습니까?"라는 질문이다. '오페라를 보러 간다' '비디오 게임을 한다' '운동 경기를 관전한다' 'SNS를 한다' '힙합이나 랩을 듣는다' '재즈를 듣는다' '예술과 공예를 즐긴다' 등 다양한 항목이 나온다. 여기서도 자기가 하는 활동을 전부 클릭한다. 그다음으로 가면 "당신이 선택한 항목을 종합해보니 당신은 이 계급입니다"라면서 자신이 속한 계급을 알려준다.

이 계산기는 2011년 BBC의 UK연구소가 실시한 '영국 계급 조사'를 바탕으로 하고 있으며, 이 조사에는 16만 1000명 이상이 참여했다. 계급에 관한 조사로서는 영국 최대라고 한다.

(2) 영국의 계급은 일곱 개?

이 조사를 실시한 BBC는 기존의 '노동자 계급, 중류 계급, 상류 계급'으로 나누는 방법은 현재의 영국 사회에 맞지 않으므로 이제는 세 가지가 아니라 일곱 가지 계급으로 나누는 것이 적절하다고 제안했다. 지금까지는 계급이라고 하면 직업과 수입만으로 나누었으나, 지금은 그뿐만이 아니라 '소셜한social(사회적이라기보다는 사교적이라고 번역해야 할 것이다. 위의 설문 문항을 생각해볼 때)' 측면, 그리고 문화적 측면을 더해야 한다는 것이다. BBC의 UK연구소가 새롭게 제안한 일곱 가지 계급은 다음과 같다.

① 엘리트 elite

영국에서 가장 많은 특권을 가진 계급. '부富'라는 점에서 다른 여섯 계급과는 확연히 다르다. 이 계급은 수입과 직업, 사회문화적 자원 등 모든 자원을 풍부하게 가지고 있다. 엘리트 계급에 속하는 사람들은 영국 전체 인구의 6퍼센트 정도라고 한다. 이 계급은 배타적이며 다른 계급 사람이 여기에 들어가기란 거의 불가능하다. 대부분 부모가 이 계급에 속한 사람이며 엘리트 사립학교와 명문 대학을 졸업했다. 런던 혹은 출신지인 지방에 사는 경우가 많다.

② 기성 중산층 established middle class

'세간에 명성을 인정받은 중류 계급'이라 번역하면 좋을까? 이 층은 인구가 가장 많아 전체의 25퍼센트를 차지한다고 한다. 엘리트 계급 다음으로 큰 부를 소유하고 있으며 사회문화적 자원도 풍부하다. 넓은 범위의 사람들과 교제하며 문화적인 관심도 여러 갈래다. 변호사, 의사, 회계사 등 전통적인 전문직, 기업의 관리직이 많고 교외에 사는 경우가 많다.

③ 전문직 중산층 technical middle class

전체의 6퍼센트를 넘지 않을 정도로 인구가 적은 이 계급은 경제적으로는 풍족하나, 사회 자본의 폭이 좁고 문화 자본이 적다. 학문 연구나 과학기술 분야의 일을 하는 사람이 많고, 같은 직업에 종사하는 사람이나 비슷한 부류의 사람과 교제하는 경향이 있다. 또 새로운 문화를 좋아하며 소셜 미디어를 잘 활용한다. 클래식 음악을 듣는 등 고상한 문화에 심취하는 편이다. 잉글랜드 남동부 교외에 많이 산다. 상당수가 중산층 가정 출신.

④ 새로운 부유층 노동자 new affluent workers

이 계급은 평균 연령 44세의 젊은 층으로 사교적인 면에서도, 문화적인 면에서도 활동이 많은 사람들이다. 경제적으로도 안정되어 있어 여유가 있다. 운동을 즐기거나 콘서트를 보러 가거나 소셜 미디어를 많이 사용하지만, 클래식 음악을 듣거나 극장에 가서 연극을 보는 등의 고상한 문화는 즐기지 않는다. 잉글랜드 북서부와 중부의 오래된 공업 도시에 사는 사람이 많다. 노동 계급 출신인 경우가 많다. 전체의 15퍼센트를 이루는 층.

⑤ 전통적 노동 계급 traditional working class

평균연령 66세로 최고령 층. 전체의 14퍼센트에 해당하는 이

층은 이른바 옛날부터 내려오는 전통적 노동 계급 사람들이다. 이 집단에 속하는 사람들은 대부분 자기 집에 살고 있으며, 수입은 적지만 자산은 가지고 있다. 자신과 비슷한 직업을 가진 사람들과 교제한다. 헬스클럽에 다니거나 소셜 미디어를 사용하는 등의 현대적인 문화는 적극적으로 수용하지 않는다. 덤프트럭 운전기사, 청소 노동자, 전기 기술자 등이 많다.

⑥ 신흥 서비스 노동자emergent service workers

평균 연령 34세로 가장 젊은 층이다. 경제적으로 불안정하고 자산도 없지만, 사회적 자원은 많으며 문화 활동에도 적극적이다. 콘서트에 가고 운동을 즐기며 소셜 미디어를 사용하는 일에 가장 적극적인 층. 도시에 살지만 런던이 아니라 리버풀이나 뉴캐슬 같은 집값이 그리 비싸지 않은 곳에 산다. 폭넓은 계층과 교제하는 사람들로 요리사, 간호사, 영화나 드라마 조연출 등 급여는 낮으나 보람을 느끼는 직업에 종사하는 사람이 많다. 전체 인구의 19퍼센트를 점한다.

⑦ 프리케리아트precariat(불안정한 저임금 노동자)

BBC에 따르면 현대 영국 계급의 가장 밑바닥을 이루는 집단이라고 한다. 가장 가난하며 많은 것을 박탈당한 계급. 사회적 네트워크도 없고, 문화적인 즐거움도 없다. 자기와 비슷한 처지의 사람들과 교제하며 청소 노동자, 요양보호사, 배송 기사 등의 일을 한다. 문화적인 관심은 폭넓지 않다. 도시에서 떨어진 오래된 공업 도시에 사는 경우가 많다. 80퍼센트 이상이 임대 주택에 살고 있다. 현재 이 계급은 영국 전체 인구의 15퍼센트에 달하며 평균 연령은 50세라고 한다.

이는 런던정치경제대학교의 마이크 새비지 교수와 맨체스터 대학교의 피오나 디바인 교수가 BBC의 UK연구소와 함께 실시한 조사이다.

디바인 교수는 이 조사를 통해 영국에는 아직까지 가장 꼭대기의 부유한 엘리트와 바닥의 극빈층(경제적인 면에서가 아니라 사회적 교제와 문화라는 면에서 빈곤한 층)이 존재한다는 것을 알게 되었는데, 여기서 흥미로운 점은 중간층이 예전보다 다양해졌다는 사실이라고 분석했다. '신흥 서비스 노동자'와 '새로운 부유층 노동자'는 종래의 '기성 중산층'과 '전통적 노동 계급'과는 전혀 다른 사람들이라 어느 쪽에도 그대로 집어넣을 수 없었다고 한다.

'기성 중산층'과 '전통적 노동 계급'을 합쳐도 39퍼센트밖에 되지 않기 때문에 이렇게 예전 방식으로 나누면 중산층과 노동 계급이 영국 인구의 반도 되지 않는 결과가 나온다.

(3) 그런데 영국인의 60퍼센트가 스스로 노동 계급이라 여긴다
BBC가 "현재 영국의 계급은 일곱 개"라고 주장하는 반면, 옥스퍼드대학교의 공식 사이트에는 "오늘날 영국인은 대부분 자신을 노동 계급이라 여긴다"(2016년 6월 30일자)라는 기사가 게재되어 있다. 이 기사에 의하면, 이는 영국 사람들이 계급을 정의할 때 직업과 학력이 아니라 어느 계급 출신인지를 따지기 때문이라고 한다. 그러니 실제로는 47퍼센트가 중산층이라 간주되는 일(관리직이나 전문직)을 하는데도 전체 인구의 60퍼센트가 스스로 노동 계급이라고 믿는 것이다.

옥스퍼드대학교 연구진의 조사에 의하면 실제 노동 계급의 인구는 전체의 25퍼센트까지 떨어졌지만 스스로 노동 계급이라고 믿는 사람은 훨씬 많다. 즉 실태와 의식이 일치하지 않는 것이다. 그리고 중산층에 속하는 일을 하지만 스스로 노동 계급이라고 생각하는 사람들은 이민자를 받아들이는 문제에서 보수적인 의견을 갖는 경향이 강하다고 판명되었다.

옥스퍼드대학교 사회학부 제프리 에번스 교수에 따르면 노동 계급 정체성을 가진 사람 가운데는 자유주의자가 거의 없으며, 따라서 이민자 수용에 적극적이지 않고 계급적 차이와 계급 간의 분리를 중요시하는 경우가 많다고 한다.

2015년 6월부터 8월까지 1000명의 남녀를 대상으로 실시한 영국인 사회의식 조사는 2002년에 실시한 같은 조사 결과와 비교된다. 이 조사는 영국 의회 직속 통계 기관인 영국통계청의 전통적인 직업 분류를 바탕으로 한 세 가지 계급, 즉 중산층middle class(관리직, 전문직), 중간 계급intermediate class(중간 관리직, 자영업, 하

급 관리직), 노동 계급(육체노동, 반자동화semi-automation 육체노동*)이라
는 범주를 적용한다.

그 결과 "나는 중산층이다"라고 말한 사람이 전체의 40퍼센트
에 지나지 않았다고 한다. 노동 계급의 일을 하는 사람이 줄어들
고 있음에도 불구하고, 이 숫자는 1983년 이후로 변하지 않았다.
그러니까 자신이 중산층으로 계급 상승을 이루었다 하더라도 부
모가 노동 계급에 속하는 일을 했기 때문에 스스로 아직 노동 계
급에 속한다고 여기는 사람이 많다는 뜻이다.

또 2015년에 조사에 참여한 사람의 73퍼센트가 "계급 간 이동
은 아주 힘들다"라고 대답했다고 한다. 2005년 조사에서는 65퍼
센트였다고 하니 계급 간 이동성이 줄어들었다고 느끼는 사람이
많아진 것이다.

(4) 계급 간 이동성은 공평한 기회인가

계급 사이에 이동성이 없으면 폐쇄된 사회가 된다고, 계급 상
승('계급 간 이동성'이라는 말이 사용될 때는 위를 향한 이동을 의미한다. 아
래를 향한 이동을 추천하는 정치가나 지식인은 아마 없을 것이다)이 쉬운
사회가 좋은 사회라고들 했다.

---

* 반자동화 육체노동은 인간의 노동력과 기계가 결합하여 수행되는 노동을 말
한다.

노동 계급 출신이지만 영리한 아이, 예술이나 운동에 재능이 있는 가난한 집 아이, 성적은 그리 좋지 않아도 사업에 재능을 드러내는 빈곤층 아이가 자기 재능을 살려 성공하고 계급 상승을 이룰 수 있는 사회야말로 열려 있는 사회라고 여겼다.

하지만 전 노동당 대표 제러미 코빈은 2019년 '계급 간 이동성'을 당의 방침에서 제외했다. 대신 "모든 사람에게 기회를opportunity for all"이라는 슬로건을 내걸었다. 당내의 '계급간이동성위원회social mobility commission'를 없애고 대신에 '사회적공정위원회social justice commission'를 설치했다. 코빈은 그 이유를 이렇게 말했다.

"어떤 사람을 빈곤에서 구출해 사립학교 교육을 받게 하거나 그 밖의 다른 곳으로 끌어 올려주는 계급 간 이동성이라는 아이디어는 사실상 다수의 사람을 돕지 못한다. 우리가 가진 많은 재능이 사회에서 쓰이지 못하고 있다."

이렇게 격차가 더 벌어지고, 이 격차를 그대로 방치하는 사회에서는 계급 간 이동성을 확보할 수 있도록 사회와 경제 구조를 근본적으로 바꿔야 한다는 말이리라. 예전에 탁아소에서 일할 때 상사였던 30대 여성이 내게 했던 말이 떠올랐다.

"계급이란 얼마만큼의 선택지가 주어지느냐를 뜻하는 거야. 선택지가 적을수록 계급은 아래로 내려가지."

이미 '계급 간 이동성'을 주장하는 정도로는 아무것도 할 수 없는 시대가 되었다고 하겠다.

(5) 백인 노동 계급이 공부를 가장 못한다는 사실

백인 노동 계급이 "사회적으로 뒤처졌다"라고 하면 자유주의자들은 "또 그런 소리를 한다. 백인 남성은 다수파인 주제에 약자인 척하는 것뿐인데"라고 말한다. 하지만 영국의 학교 교육에서만큼은 성적 피라미드의 최하층에 백인 노동 계급 아이들이 있는 것이 사실이다. 이는 몇 년 전부터 사회 문제가 되었다.

2014년 6월 18일자 BBC 뉴스 '가족과 교육' 부문에 교육 전문 기자가 쓴 「왜 백인 노동 계급 학생은 학교에서 뒤처지는가」*라는 기사가 있다. 이 기사에 의하면 영국 의회의 교육특별조사위원회는 백인 노동 계급 어린이가 "전국에서 가장 성적이 낮은 그룹"이라고 인정했으며 무슨 수를 써서라도 이들의 성적을 올려야 한다고 지적했다. 교육기준청 책임자 마이클 윌쇼는 학력 검사를 실시한 결과, 영국 학생들의 학업 성취도를 다른 나라 수준으로 끌어올리기 위해서는 "빈곤층 백인 영국인 학생들이 뒤처지는 문제를 해결하지 않고서는 전체 문제를 해결할 수 없다"라고 말했다.

이 기사에 의하면 문제가 간단치 않은 이유는 그 원인이 빈곤만이 아니기 때문이다. 유복하지 않은 환경이라도 인도인, 파키스탄인, 아프리카계, 캐리비안계 가정의 어린이들은 백인 노동 계급보다 좋은 성적을 낸다. 그러니까 '빈곤=성적 부진'이라는 등식이

---

* Sean Coughlan, "Why do white working class pupils fail in school", *BBC*, June 18, 2014.

성립하지 않는다. 이를 문화의 차이라고 보는 설도 있다. 레스터시에서 교육특별조사위원회에 제출한 자료에 의하면 백인 노동 계급은 "미래에 대한 야심이 없고 교육에 부정적 태도를 보인다"고한다. 그러니까 이들은 희망도 없고 배울 마음도 없다는 것이다.

영국의 노동 계급이 학교 교육에 부정적인 태도를 보이는 현상은 예전부터 있긴 했지만, 그래도 예전에는 자기 의지로 책을 읽고 교양을 쌓는 사람들이 제법 많았다. 더 스미스의 모리시는 가난한 노동 계급 청년들에게 오스카 와일드를 소개했고, 덱시스미드나이트 러너스*의 앨범을 듣고, 로런스 스턴**을 읽는 청년들도 있었다. 더 잼에 이르러서는 앨범 재킷에 퍼시 비시 셸리***의 시를 인용하고 그것을 멋지다고 여겼다. 이런 지적인 '워킹 클래스 히어로'가 영국 대중문화를 이끌어가던 시절은 이제 먼 과거 이야기가 되어버린 것일까.

---

* 1970년대 후반에 데뷔해 1980년대에 활발하게 활동한 영국의 팝 밴드. 처음에는 평범한 소울 밴드였으나 1982년에 〈Come on Eileen〉이라는 싱글을 내면서 당시 유행과는 동떨어진 뒷골목 노동 계급 차림에 벤조 같은 시대에 뒤떨어진 악기를 들고 무대에 섰다. 뜻밖에도 이것이 세계적으로 엄청난 성공을 거두었다. 2004년 밴드 442가 이 노래를 편곡하여 〈Come on England〉라는 축구 응원가를 만들었다.

** 18세기 영국 소설가로 주요 작품으로는 『신사 트리스트럼 샌디의 생애와 의견』이 있다. 이 작품은 영문학 사상 최대의 기서奇書라고도 불리며, 파격적인 구성과 대담한 표현으로 출간 당시에는 비판을 받았으나 후대에 재평가되었다.

*** 19세기 초반에 활동한 영국의 낭만파 시인으로 기성의 도덕이나 제도, 인습에 대한 반항, 이상주의적 정열 등을 담은 시로 큰 인기를 누렸다. 『프랑켄슈타인』을 쓴 메리 셸리의 배우자이기도 하다.

(6) 최신판 『해머타운의 녀석들』?

2018년 초 래퍼 프로페서 그린의 다큐멘터리 〈워킹 클래스 화이트 멘〉이 채널4에서 방영되어 큰 반향을 불러일으켰다. 프로페서 그린은 런던 동부 해크니의 공영 주택지 출신이다. 어머니는 열여섯 살에 그를 낳았다. 그는 할머니 손에서 자랐으며 아무 자격증도 따지 못한 채 고등학교를 자퇴한다. 그린은 스물두 살에 인디 레이블과 계약을 할 때까지 대마를 팔아 생계를 이어갔다.

그린은 자신과 비슷한 처지인 백인 노동 계급 사람들이 교육에 눈을 돌리게 하려면 지원이 필요하다고 주장했다. 최신판 『해머타운의 녀석들』이라 부르고 싶을 정도인 이 다큐멘터리는 영국 여러 지역의 빈곤층 커뮤니티에 사는 10대, 20대 백인 남성 여섯 명의 일상을 반년에 걸쳐 담았다.

햄프셔의 황량한 빈곤 지역에 살면서 케임브리지대학에 합격한 루이스, 열여섯에 부모를 잃고 볼턴의 노숙자용 호스텔에 머물다 극우 단체에 가입하라는 권유를 받는 데이비드, 위험한 장사에 손을 대며 일확천금을 노리는 덴질 등의 삶을 통해 노동 계급 백인 청년들이 왜 지금 '정체성의 위기'를 겪고 있는지 추적한다.

"(노동 계급) 사람들은 점점 의욕을 잃고 있어요. 누구에게도 장래 희망 같은 건 없다고요. 내가 다큐멘터리를 찍으러 간 지역에서 본 것은 완전히 의욕을 잃고, 아무것도 해낼 수 없다고 스스로 확신하고 이를 받아들이려는 사람들의 모습이었어요."

프로페서 그린은 『가디언』과 한 인터뷰에서 이렇게 말했다. 그리고『해머타운의 녀석들』시대와 달리 요즘 청년들이 대학에 가기 위해서는 엄청난 대출이 필요하다는 이야기도 했다.

"어째서 사람들이 아이를 대학에 안 보내려 하는지도 알겠어요. 뭐 하러 그렇게 많은 빚을 지겠느냐는 말이야. 수중에 1000파운드(약 160만 원)도 없는 사람한테 5만 파운드(약 8000만 원)의 빚을 지라고 하는 거지. 그건 정말 싫다고요."

지금 영국에서는 10대의 약 40퍼센트가 고등교육 과정에 진학하지만, 노동 계급 백인 남성만 놓고 보면 이 수치는 10퍼센트 정도 떨어진다. 또 GCSE(의무교육 종료 시 치르는 전국 일제고사)에서도 노동 계급 백인 학생, 특히 남학생의 성적은 최하위로 고등교육을 받을 만한 실력을 갖추지 못한 아이들이 많다.

2018년 1월『스펙테이터』기사를 보면 노동당 하원 의원 앤절라 레이너(예비 내각 교육부 장관)도 백인 노동 계급 남학생들이 교육 시스템을 따라가지 못하고 있다고 언급하면서 이 문제를 어떻게 해결할 것인가가 영국의 중요한 과제라고 했다. 이 여성 의원은 열여섯에 출산을 하고 학교를 그만둔 후 복지 제도의 도움을 받으며 싱글 맘으로 아이를 키운, 국회의원으로서는 흔치 않은 경험을 한 인물이다. 여성 문제, 싱글 맘 문제에도 열심인 레이너 의원은 백인 노동 계급 소년들의 문제에 대해 이렇게 말했다.

"우리가 인종과 여성 이슈를 다룰 때 거기 존재하는 차별과 싸우는 과정에서 백인 노동 계급 남자아이들의 먹이사슬에 부정적인 영향을 주었다고 생각합니다. 그들은 이에 적응할 수가 없었습니다. 문화적으로, 우리는 백인 노동 계급 남자아이들에게 배워야 한다거나 꿈을 가져야 한다고 말하지 않았습니다. 그들은 이전 시대에 사회적 약자들이 했던 식으로 열심히 노력해봐야 별 소용이 없다는 인상을 받았을 것입니다. 그들이 조금 뒤처진 것은 이런 이유 때문이라고 생각합니다. 우리는 이 나라의 백인 노동 계급 남자아이들의 문화에 손을 쓸 필요가 있습니다."

프로페서 그린의 다큐멘터리에는 가난한 지역 남자아이들이 느끼는 무력감에 물들지 않고 케임브리지대학에 진학한 루이스가 나온다. 하지만 그린은 루이스 같은 사례는 정말 드물다고 말한다.

"루이스는 믿을 수 없을 정도로 의욕이 넘쳤어요. 어린 시절부터 자기가 무엇을 하고 싶은지 잘 알았으니까. 평범하지 않은 아이죠. 그리고 루이스의 어머니는 모든 스트레스에서 아들을 지켜주었어요. 그래서 루이스는 공부에 집중할 수 있었던 거죠."

그린은 이렇게 분석했다. 루이스는 노동 계급 남자아이가 성공하기란 얼마나 힘든 일인지 이렇게 증언했다.

"사람들은 나 같은 사람이 대학에 오면 안 된다고 진심으로 생각해요. 왜냐하면 여기는 일류 대학이니까."

다큐멘터리에서 루이스는 대학에 적응하기 위해 영어 억양을 바꾸고, 옷도 깔끔한 재킷을 입었다. 고향 친구들이 입던 모자 달린 운동복 같은 것은 절대 입지 않았으며, 운동화도 신지 않았다. 하지만 중상류 계급 사람들을 너무 흉내 내다 보니 오히려 우스

꽝스러워졌다. 요즘의 '좋은' 집안 아들은 그렇게까지 차려입지 않고 말도 편하게 하기 때문이다. 너무나 고풍스러운 옥스브리지* 학생 이미지를 연출하는 루이스가 방송을 보는 내내 안쓰러웠다.

"루이스는 두 세계 사이에 끼어버린 거죠. (대학에서) 거의 변장을 하는 기분이었을 거예요. 어떤 정해진 차림을 해야 한다고 생각했고, 그런 사람이 되어 주위에 녹아들어가려 했어요. 나는 그래서는 안 된다고 생각해요. 걱정이죠."

프로페서 그린의 말이다.

(7) '백인' 노동 계급이라 말하지 말라

이렇게 백인 노동 계급이 사회적으로 뒤처져 이제 '새로운 소수자New Minority'가 되었다는 서사가 EU 탈퇴 국민투표 이후 종종 부상한 터라 "잠깐만, 그렇게 말하면 노동 계급 이민자들이 주변화되잖아"라는 의견도 많이 나오게 되었다.

영국에는 예전부터 백인 노동 계급은 제조업이 흥했던 북부 지역에 많다는 것이 통설이었으나 최근에는 상황이 바뀌었다. 예를 들어 러니미드 트러스트Runnymede Trust**와 리즈대학에서 공동

---

*　　옥스퍼드＋케임브리지.

**　영국의 인종 평등 연구소.

으로 발표한 「북부의 계급, 인종, 불평등」*이라는 보고서에 의하면, 잉글랜드 북부의 총인구 가운데 이민자의 비율은 9퍼센트다. 잉글랜드 전 지역과 웨일스의 이민자 비율이 14퍼센트이니 이를 밑돈다고는 할 수 있지만 북부에 이민자가 없는 것은 아니며, 최근 급격하게 증가하는 지역도 있다.

이 보고서는 브렉시트 이후 "나라의 발전을 따라가지 못하고 뒤처진 백인 노동자들"이라는 말이 여러 곳에서 언급되기 시작하면서 정치인들이 북부의 인종 및 민족 간 불평등 문제를 무시하게 된 것은 위험한 일이라며 경고했다.

"소수 민족 공동체는 전후 줄곧 북부 노동 계급의 일부였습니다. 정치인들과 언론에서 '노동 계급 공동체'를 언급할 때 이들이 잊히거나 무시되어서는 안 됩니다."

러니미드 트러스트의 대표 오마르 칸 박사는 『가디언』을 통해 이렇게 말했다.**

그러니까 '백인 노동 계급이 ○○'라는 서사를 만들면 그 계급 안에 백인이 아닌 사람들도 있다는 사실을 잊게 된다. 구해야 하는 대상이 백인뿐만이 아닌데도 소수자 공동체 문제는 조명받지

---

* R Barbulescu, A Favell, O Khan, C Paraschivescu, R Samuels and A Varela, "Class, Race and Inequality in Northern Towns", University of Leeds and Runnymede Trust, 2019.

** Maya Wolfe-Robinson, "Obsession with white working class fuels inequality in north, study warns", *The Guardian,* Aug 15, 2019.

2부 [해설] 현대 영국의 세대, 계급, 술에 관하여

못하게 된다는 뜻이다. 앞의 보고서에 따르면, 북부에는 고용, 주거, 교육 등의 측면에서 백인 영국인이 아닌 사람들에 대한 차별이 여전히 존재한다. 하지만 정치인들이 제시하는 북부 부흥 계획에는 이런 문제가 들어가 있지 않다. 런던이나 맨체스터 같은 국제적인 도시가 아닌 이런 북부의 변두리에서는 소수자 문제를 거의 고려하지 않고 있는데, 이런 경제 부흥 계획은 적절하지 않으며 북부의 공동체에는 인종 불평등을 줄이는 프로그램도 필요하다고 보고서는 제안하고 있다. 이를 공적으로 추진하는 데는 당연히 비용 문제를 고려해야 한다.

"정부는 국가 차원에서 인종 간 격차에 대한 감사Racial Disparity Audit를 도입하여 올바른 방향으로 한 걸음 내디뎠지만, 평등법이 규정한 대로 가장 불평등한 지역에 대한 비용 투자가 뒤따라야 하며 이는 산업 전략과 같은 더 큰 정치적 의제 안에서 명확하게 설명되어야 합니다."

보고서를 작성한 연구자 가운데 한 사람인 리즈대학의 로사나 바뷸레스큐 박사의 말이다. 또 이 보고서는 북부에서 증오 범죄가 늘어나고 있다며 그 위험성을 경고하고 있다. 잉글랜드 전체와 웨일스에서 일어난 증오 범죄의 3분의 1이 북부에서 발생했다고 한다. 2018년에는 2만 9000건의 증오 범죄가 일어났는데, 이는 전년 대비 6000건이나 늘어난 것이다.

언론과 정치인들이 노동 계급을 마치 '백인'의 전매특허인 것처럼 떠들다 보면 노동 계급에 속하는 '외부자'를 배척하는 풍조가 생길 수 있다. 반대로 노동 계급에 '백인'이라는 말이 습관적으로 붙게 되면, 이른바 '차브' 같은 말이 생겨서 백인 하층 계급은 게으름뱅이에 향상심이 없고, 범죄를 저지르기 쉬우며, 폭력적이라는 편견이 자라난다. 그 편견은 계급적 차별과 당사자들의 무력감으로 이어질 것이다.

과거 10년 정도(딱 보수당이 긴축 재정을 시작했을 즈음이라는 것에 주목해야 한다) 언론은 "다문화 사회는 잘 돌아가지 않았다"라는 논지를 전개했다. 그리고 EU 탈퇴 국민투표 이후에는 "우리는 백인 노동 계급의 욕구를 충족시키는 것을 잊고 있었다"라고 했다. 하지만 백인이 아닌 노동 계급의 욕구는? 이민자들은 그렇게 생각할 것이다.

그런데 이 문제가 뿌리 깊은 것은 실은 그렇게 생각하지 않는 이민자가 제법 있다는 것이다. '노동 계급'이라는 말에는 당연히 '백인'이라는 말이 붙는 것으로 오해하고 이민자 쪽에서는 '우리는 그들과 다르다'는 인식이 부정적인 의미에서("우리는 노동 계급에 넣어주지 않는군"), 또 어떤 의미의 자부심을 담은 채("우리는 노동 계급의 악습—게으름, 범죄, 폭력—과 상관이 없다") 싹트고 있는 듯도 하다.

(8) 앞으로의 노동 계급을 위하여

EU 탈퇴 국민투표 이후 영국에서는 '노동 계급'의 이미지가 악마화되었다. 여기에는 텔레비전과 신문 등 언론에도 책임이 있다. 노동 계급에 속하지 않은 사람들이 언론에서 제공하는 정보를 보고 편견을 갖게 되었기 때문이다. "노동 계급은 모두 탈퇴파"라든가, "노동 계급은 문신을 잔뜩 새긴 인종차별주의자"라는 식의 묘사가 등장하는 텔레비전 방송을 보고 정말로 노동 계급에는 그런 사람들만 있다고 믿어버리는 것이다.

이런 보도 방식의 문제는 애초에 노동 계급이란 'EU 탈퇴 지지'나 '이민자에 회의적이다' 같은 문화적이거나 이념적인 측면에서 같은 생각을 가진 사람들의 모임이 아니라, 직업과 수입을 기준으로 분류한 집단임을 간과했다는 점이다.

딱 잘라 말해서 노동 계급은 문화적 계층이 아니라 경제적 계층이다. 따라서 오늘날 영국의 노동 계급 안에는 다양한 인종이 있다. 젊은 사람도 있고, 늙은 사람도 있다. 공영 주택에 사는 사람이 있는가 하면, 집주인에게 방을 빌려서 사는 사람도 있다. 이민자도 있으며, 영국에서 나고 자란 사람도 있다.

즉 노동 계급 안에는 상당한 다양성이 존재한다. 이 다양한 사람들이 노동자로서 겪은 공통의 경험이 이들을 같은 계급으로 만든다. 이들이 겪은 같은 경험이란 보수당의 긴축 재정으로 공공 서비스와 복지가 삭감되어 경제적으로 어려움을 겪고 있다는 점, 노동조합의 약화로 기업의 힘이 비대해진 현 상황에서 악화된 고용 조건과 임금으로 인해 생활고를 겪고 있다는 점 등일 것이다.

나는 나 자신을 이민 노동자라 여긴다. 그래서 청소 노동자로 일하는 동유럽 출신의 한 여성(아들 친구 엄마)이 "나는 노동 계급이 아니야"라고 말하는 걸 보고 깜짝 놀랐다. '아니, 아무리 봐도 당신은 노동 계급 한복판에 있는데요?'라고 생각되는 이런 사람들이 "나는 영국인이 아니기 때문에 노동 계급이 아니다"라든가, "나는 선술집에 가지 않기 때문에 노동 계급이 아니다"라고 말한다. 외국인 노동자 거의 대부분이 이렇게 '강 건너 불구경' 식으로 생각하는데, 이는 계급을 경제적 계층이 아닌 문화적 계층이라 여기기 때문이다. 그리고 사람들이 이렇게 착각하도록 만드는 것은 정치 세력과 언론이다.

노동 계급은 백인으로만 이루어진 집단이 아니다. 흑인, 파키스탄인, 인도인, 중국인, 필리핀인 등이 포함되어 있고, 유럽 전역에서 온 사람들도 있다. 이런 사실이 널리 알려졌다면 우익 정당 UKIP의 전 대표 나이절 패라지의 "이민자는 노동 계급의 적" 같은 언설이 널리 지지를 받지는 못했을 것이다.

보수당은 EU 탈퇴는 중상류 계급과 노동 계급의 문화 투쟁이라고 이해하고 있다. 보수 성향 연구소인 온워드에서는 "유권자들은 자주, 자립이나 선택 가능성 혹은 (계급 간) 이동성을 추구하지 않는다. 그들은 자신과 가족, 친지, 영국의 기업을 근대적인 세상으로부터 지키고 싶어 한다"라고 보수당에 조언한 적이 있다. 최근 몇 년간 '뒤처진 사람들'로 주목받은 노동 계급은 사회가 변하는 속도와 세계화가 초래한 공동체의 변화를 따라가지 못하는 사람들로, 끈끈한 유대감이 있던 '좋았던 옛날'을 추억하며 노동 계급의 가치관을 중시한다는 것이다.

하지만 요즘의 노동 계급 아저씨들도 스마트폰을 사용하고, 왓츠앱 같은 SNS를 즐기며, 멀리 다른 나라에 사는 젊은 여성과 사랑에 빠져 수줍어하기도 한다. 그들이 특별히 시대 변화와 세계화를 못 따라가서 문제라고 생각되지는 않는다. 그보다는 말 그대로 먹고살기 힘들어졌다는(혹은 먹고사는 게 힘들어질지도 모른다는) 불안감과 고용 조건이 악화되어 생활수준이 점점 내려가고 있다는 것, 즉 자기 발밑의 생활이 문제다.

그렇기 때문에 백인 노동자와 이민 노동자가 연대하는 것은 불가능한 이야기가 아니다. 어떤 인종, 문화, 종교, 젠더든 같은 지역에서 같은 수입으로 일하는 한 경제적인 문제는 공통의 경험이기 때문이다.

노동 계급에 '백인'을 붙이거나 그것을 문화적 계층이라고 선전하는 것은 가난한 계급의 분열을 조장해 서로 싸움을 붙여두면, 정권과 정치인들 쪽으로 분노를 돌리지 않으리라 생각한 위정자들의 지혜일지도 모른다. 이런 것은 예전부터 'DIVIDE & RULE(분할과 통치)'이라 불려왔다. 그렇다면 노동 계급은 'UNITE & FIGHT(연대와 투쟁)'이다. 오, 멋진 라임이잖아!

노동 계급의 세력이 약해진 현대에 바람직한 노동 계급의 모습이란 다양한 인종, 젠더, 성적 취향, 종교, 생활습관과 문화를 가진, 그럼에도 '돈과 고용'이라는 하나의 점에서 이어지는 집단일 것이다.

3. 마지막은 중요한 술에 관하여

(1) 브렉시트 전에 프랑스로 건너가 와인을 쓸어 담은 영국인들

마지막은 역시 술 이야기다. '세대'와 '계급'을 지나 왜 마지막에 '술'로 끝이 나는 걸까. 이유는 간단하다. 내가 술을 좋아하기 때문이다. 하지만 그 때문만은 아니다. 최근 일본에서 "영국의 술집들이 망해간다"라거나 "영국의 술 소비량이 줄어들고 있다"라고 하면 다른 어떤 말을 했을 때보다도 상대가 심하게 충격받는 모습을 보았다. "영국이라면 술집" "영국인은 술고래" 같은 이미지가 워낙 강하게 자리 잡고 있기 때문이다. 특히 1980~90년대에 영국을 방문한 적이 있는 사람들에게는 '아무튼 영국인은 맥주를 대량으로 마시는 사람들'이라는 이미지가 눈과 뇌에 선명하게 각인되어 지워지지 않는 모양이다.

하지만 술은 간 질환과 암의 주요 원인이기 때문에 NHS가 텔레비전과 신문 등을 통해 대대적으로 캠페인을 벌여—"Smoking

Kills(담배가 당신을 죽인다)" 캠페인과 비슷하다—2004년에 9.5리터였던 국민 1인당 연간 알코올 소비량이 2015년에는 7.8리터까지 줄었다.

하지만 줄곧 내리막길을 걷던 알코올 매출액이 실은 다시 한번 증가했다. 그런데 이는 국내에서 발생한 매출이 아니었다. 영국이 EU에서 탈퇴하여 대량의 술을 해외에서 사 오는 일이 번거로워지기 전에 프랑스 칼레 같은 항구 도시로 직접 건너가 저렴한 와인을 사 오려는 사람이 늘어난 것이다. (결국에는 연기되었지만) EU 탈퇴 기한으로 정해졌던 2019년 3월이 되기 한 달 전인 2월에 칼레의 와인 전문점 머제스틱와인의 매출이 49퍼센트 올랐고, 3월 예약 매출도 78퍼센트 올랐다고 한다. 또 칼레의 대형 마트에서도 3월 와인 예약 매출이 100퍼센트 상승했다고 한다.

영국인들이 프랑스에 술을 사러 다닌 것은 1990년대부터였다. 그때부터 페리를 타고 칼레 같은 항구 도시로 가서 와인을 사들이는 것을 '부즈 크루즈booze cruise'라고 불렀다. 2년 전과 현재 환율을 비교해보면 영국인에게 불리해졌지만, 그럼에도 주류에 붙는 세금이 영국 쪽이 높기 때문에 프랑스에서 술을 사는 것이 싸게 먹힌다. 페리를 이용하기보다 기차를 타고 유로 터널을 통과해 프랑스로 가는 사람이 많다고 하는데, 지금 프랑스에 와인을 사러 가는 사람들은 밀레니얼 세대로 결혼식 피로연용 와인과 샴페인을 대량으로 구매하러 가는 커플도 있는 모양이다. 칼레의 와인 전문점에서 특히 많이 팔리는 종류는 스파클링 와인이라고 한다.

(2) 지금 영국에서 매출이 급상승 중인 술은?

지금 영국에서 매출이 급상승 중인 술이 실은 스파클링 와인이다. 스파클링 와인이란 흔히 '버블리bubbly'라고 불리는 술로 샴페인, 카바Cava*, 프로세코Prosseco** 등을 포함한 발포성 와인을 뜻한다.

영국인이 선술집에서 맥주를 마시고 땅콩을 먹던 시절은 이제 지나갔다. 샴페인 잔으로 우아하게 스파클링 와인을 즐기는 시대가 된 것이다. 예전의 영국을 좋아하던 사람이라면 살짝 복잡한 심정이 될지도 모르겠다.

2018년 영국에서는 1억 6400만 병의 스파클링 와인이 판매되어 사상 최고치를 기록했고, 그 가운데 약 4분의 1은 크리스마스나 신년 파티에 사용되었다고 한다. 액수로는 22억 파운드(약 3조 5500억 원)로 5년 전인 2013년의 두 배 이상이었다. 특히 이탈리아산 프로세코의 인기가 높았는데, 프로세코는 2015년 샴페인을 제외하고 영국에서 가장 많이 팔리는 스파클링 와인이 되었다. 일례로 대니 다이어(BBC의 국민 드라마 〈이스트엔더스〉에서 술집 주인 역할로 나왔다)처럼 런던 노동 계급의 영어 코크니를 쓰는 배우도 휴일을 보내는 최고의 방법은 넷플릭스로 영화를 보면서 프로세코를 마시는 것이라고 할 정도니 나로서는 격세지감이라 하지 않을

---

*   스페인에서 생산되는 발포성 와인.

**   이탈리아에서 생산되는 발포성 와인.

수 없다. 최근 프로세코는 무서운 기세로 영국 전역으로 퍼져 나갔다. 샴페인에 비해 가격이 훨씬 싸기도 해서 지금은 노동 계급이 사는 지역에서도 이웃에게 감사의 선물이나 인사를 할 때 프로세코가 적당하다고 여겨진다.

하지만 이 프로세코의 인기도 이제 정점을 찍었다고 한다. 다음에 올 유행은 샴페인의 생산지인 프랑스 샹파뉴 지방 이외의 지역에서 생산된, 크레망Créman이라 불리는 스파클링 와인이 될 거라 점치는 분위기이다. 막스 앤 스펜서나 웨이트로즈 같은 이른바 중산층 전용의 살짝 고급스러운 분위기의 마트에서 크레망이 팔리기 시작했다고 하는데, 보통 그 주위에서 인기를 얻으면 2, 3년 안에 주변부까지 유행이 퍼져 우리 서민의 식탁에도 오르게 된다.

뭐, 아무튼 파인트 잔으로 맥주를 마셔대며 화장실에 들락거리다 마지막에는 인도 음식점에서 카레를 먹거나 케밥을 사 들고 가던, 마초처럼 술을 마시던 영국인은 이제 많지 않다. 20년 전만해도 상상도 할 수 없었던 일이지만 이제 영국의 음주 문화는 제법 넓은 계층, 아래쪽 계층에도 값싼 발포성 와인이 보급되는 우아한 상황이 된 것이다.

(3) 맥주는 점점 더 멀리한다

벌컥벌컥 맥주를 들이켜던 중·노년층이 이제는 간 질환이나 암에 대한 공포로(혹은 실제로 그런 병에 걸려서) 맥주를 마시지 못하게 되었다. 안 그래도 술을 별로 마시지 않던 젊은 층에 어떻게 다가갈지 생각하지 않는다면 주류 업계는 살아남지 못하리라.

밀레니얼 세대는 (그리고 그 영향을 받아 젊은 척하는 그 위의 세대도) 선술집에 가는 것보다 헬스클럽에 가서 땀을 흘리고 스무디를 마시는 건강한 라이프 스타일을 선호한다. 영국인 한 사람의 1일 알코올 소비량은 2003년에는 3.07유닛(1유닛은 100퍼센트 알코올 10밀리리터)이었으나 2017년에는 2.57유닛으로 감소했다. 이런 사업적인 위기 상황에 초조함을 느낀 주류 업계에서는 술을 전혀 마시지 않거나 많이 마시지 않는 사람이 밤에 놀러 나가 즐길 수 있는 음료를 개발해 판매했다. '저알코올 혹은 무알코올'이라 불리는 일련의 음료들이 그것이다.

영국 맥주 및 주점 협회에 따르면 2018년에 판매된 저알코올, 무알코올 맥주의 양이 약 4300만 파인트에 달한다고 한다. 또 대형 슈퍼마켓 체인점 테스코는 0.5퍼센트 알코올 와인을 판매하고 있으며, 또 다른 슈퍼마켓 체인점 ASDA도 무알코올인 멜로우 와인을 팔고 있다. 이 와인들은 모두 콘테크라는 기업이 보유한, 와인에서 알코올 성분을 제거하는 기술을 이용했다고 한다.

소비자에게 술을 먹이려는 궁리는 이 외에도 많다. 예를 들어 선술집에서 맥주를 벌컥벌컥 들이켜는 아저씨들 대신에 여성들에게 술을 권하는 움직임도 있다. 그중 대표적인 것이 '핑크 진'이라는 술인데, 진에 색을 입히고 풍미를 넣은 것이다. 예전에는 진이라고 하면 그냥 진이었다. 다양성이라는 게 있다면 '진 & 토닉'이나 '진 & 티'처럼 무엇을 섞느냐에 따라 마시는 방법을 바꾸는 정도였다. 하지만 지금은 바에 가서 진을 주문하면 "어떤 풍미의 진으로 하시겠습니까?"라고 묻는다. 이때의 풍미라고 하는 것은 '애플 & 블랙베리' '토피 & 캐러멜' '스트로베리 & 초콜릿' 등 달콤한 디저트 같은 것들뿐인데 분홍색의 진을 따른 유리잔에 얇게 썬 딸기가 떠 있다거나 하는 식으로 진이 환상적인 모습을 하고 있다.

이뿐만 아니다. 프리페이드prepaid식 와인 바도 화제가 되고 있다. 프리페이드식 와인 바란 먼저 돈을 충전할 수 있는 카드를 구입한 다음 와인 자판기가 많이 놓여 있는 가게 안으로 이동하여 조금씩 여러 가지 와인을 맛볼 수 있게 한 바다. 이런 스타일로 운영하는 바인 베가본드는 현재 런던에 일곱 개 점포를 열었으며 향후 지방에도 출점할 계획이라고 한다.

이런 방법, 저런 방법을 써서 술을 먹이려고 애쓰는 주류 업계의 노력에 눈물이 날 정도다. 이에 더해 이제는 술의 맛이나 마시는 방법만이 아니라 인스타그램 시대에 부응하여 보이는 방식도 궁리해야 한다. 최근의 칵테일 유행이 그런 흐름을 상징한다. 멋있어 보이는 칵테일 사진을 인스타그램에 올리는 '드링크스타그래머' 덕분에 2018년 주류 매출액이 비약적으로 증가했다. 그 결과 고객이 SNS에 업로드하는 사진이 더 멋있게 보이도록 매장 안에서 사용하는 유리잔이나 소품에도 신경을 쓰고 바텐더에게 특별한 훈련을 시키는 가게 역시 많아지고 있다.

(4) 그런 영국에서 지금 술을 마시는 사람들은 누구인가

이와 같이 젊은 세대는 저알코올 혹은 무알코올 음료를 마시며 친구들과 좋은 시간을 보내거나, 보기에 아름다운 칵테일 사진을 찍어 인스타그램에 올리는 식으로 술을 생활에 들였다. 이와 대조적으로 변함없이 하루하루를 술고래처럼 보내는 이들은 부유한 중·노년층일 가능성이 높다. 일반적으로 만취할 정도로 술을 많이 마시는 사람은 노동 계급 청년(이른바 '차브'라고 불리며 멸시당하는 계층)이라고 알려져 있지만, 오늘날에는 이런 구도가 맞아떨어지지 않는다.

NHS에서는 '일주일 동안 이 정도는 마셔도 괜찮다'라는, 건강하게 소비할 수 있는 알코올의 양을 14유닛으로 정해놓았는데, 2017년 조사에서 16세 이상 인구 가운데 그 이상 마신다고 대답한 사람은 전체의 21퍼센트였다. 남성 가운데 14유닛 이상을 마신다고 말한 사람은 28퍼센트, 여성은 그 절반 정도인 14퍼센트였다.

이 조사에서는 경제적으로 여유로운 계층 사람들의 27퍼센트가 14유닛 이상을 마신다고 대답한 반면, 빈곤한 계층 사람들은 그 비율이 15퍼센트에 머물렀다. 또한 가장 많이 마시는 연령층은 55~64세로 남성의 36퍼센트, 여성의 20퍼센트가 14유닛을 넘겼다.

"이 데이터는 음주 문제에 관한 고정관념을 뒤집었습니다. 그러니까 이른바 '무책임한 술꾼'이라고 불리던 소수의 사람들만 알코올과 관련된 문제를 겪는 것이 아니라는 뜻입니다. 고학력의 부유한 사람들이 술을 가장 많이 마시고 있습니다. 지금까지의 고정관념을 버리는 것이 무엇보다 중요합니다."

알코올문제연구소 대표가 『가디언』에 이렇게 말했다.

한편 영국 전체의 알코올 소비량은 계속해서 줄고 있는데, 음주로 인한 질병과 부상으로 병원에 가는 사람은 증가하고 있다고 한다. 2017년에는 전년 대비 10만 명이 증가하여 그 숫자가 120만 명이나 되었다. 병원에서 치료받는 열네 명 중 한 명은 술 때문인 셈이다. 이들은 음주로 인해 발생한 암이나 불의의 사고, 심장발작, 뇌경색 등을 이유로 병원에 간다. 이 또한 정기적으로 술을 마시는 사람들이 점차 고령화되고 있음을 뜻한다. 마치 강 건너 불구경을 하듯 쓰고 있지만 나 또한 고령의 술고래이므로 이 부분은 고개를 들지 못한 채 컴퓨터 자판을 치고 있다.

(5) Z세대가 주류 업계를 끝장낸다?

고령층 세대가 여전히 술을 계속 마시면서 병원 신세를 지는 반면, 영국에서 가장 젊은 세대인 Z세대는 술을 별로 마시지 않는 밀레니얼 세대와 비교해도 더 적게 마신다. 가장 많이 마시는 세대가 55~64세라면, 가장 적게 마시는 세대는 1996년 이후에 태어난 사람들이다. 건강한 삶을 지향하는 '술보다 운동'이라는 유행을 만든 것은 밀레니얼 세대이지만, Z세대는 그런 현상을 더욱 심화하여 이 세대가 어른이 되면 주류 업계는 존속하지 못할 것이라는 우려 섞인 목소리도 나온다.

술 마시는 일이 건강하지 않고 쿨하지 못한 습관이며 옛날 사람이나 하는 케케묵은 이미지라는 것은 매일 밤 술을 마시는 엄마를 바라보는 우리 아들의 차가운 눈빛만 봐도 알 수 있다.

최근에는 '드라이한 1월Dry January'이라는 운동이 널리 퍼지고 있다. 여기서 '드라이하다'는 술을 전혀 마시지 않는다는 의미로, 크리스마스와 신년 파티 등으로 술 마실 일이 많은 12월을 보내고 1월이 되면 술을 딱 끊는 것이다. 2018년에 '드라이한 1월' 금주에 참여한 사람은 400만 명이나 되었다고 BBC는 전했다.

영국의 16~24세 인구는 다섯 명 중 한 명이 전혀 술을 마시지 않는다고 한다. 젊은 세대 중에는 정신적인 어려움을 겪는 사람이 많은데, 알코올이 정신건강에 미치는 영향이 알려지면서 이 세대는 더욱 술을 마시지 않게 되었다. 뭐, 건강해지는 것은 좋은 일이다. 젊은이들은 그런 더러운 액체로 육체와 뇌를 마비시키며 추태를 부리고 숙취로 다음 날을 망가뜨리지 말고 긍정적이며 빛나는 미래를 만들어가길 바란다.

술을 마시고 온갖 잘못을 범하고는 후회하고, 자신을 미워하게 될 짓을 하고 "아아, 술만 안 먹었어도 다른 인생을 살았을 텐데"

라고 징징대면서도 아직 유리잔에 위스키를 쪼르륵 따르고 있는 우리 같은 늙은이들의 시대는 끝났다. 우리 같은 술꾼은 서서히 절멸할 숙명인 것이다. 이처럼 '해머타운의 아저씨 세대'에게는 인생의 동반자였던 알코올을 둘러싼 상황 변화가 어떤 면에서는 세대론이나 계급론보다 더 선명하게 저변 사회의 변화 양상을 보여준다 하겠다.

이제 슬슬 술을 끊을 결의를 하는 사람도 있지만 그렇지 않은 사람도 있다. 앞으로 영국 평균 수명의 추이는 여기에 달려 있다고 해도 과언이 아니다.

나오며

눈보라 속의 UK를 살아가는 일

이 글을 쓰는 지금 영국은 깜깜한 밤이다.

12월의 총선거에서 제러미 코빈이 이끄는 노동당이 대패를 하고 보리스 존슨 총리의 보수당이 앞으로 5년 동안 정권을 쥐게 되었다.

"그뿐이냐, 뭐 앞으로 10년 동안은 노동당이 정권을 쥘 일은 없을지도."

남편은 이렇게 말했다. 이에 동의하는 사람이 적지 않다.

총선거는 여러 진영의 사람들에게 천하를 겨루는 싸움이었다. EU 잔류파에게는 최후의 희망을 건 결전이었으며, 소위 자유주의자와 좌파를 자인하는 사람들에게는 존슨 총리를 관저에서 끌어내리기 위한 성스러운 싸움이었다.

투표일 전에 남편을 포함한 내 주위 아저씨들은 이전까지의 선거에서는 보인 적 없는 깊은 고민을 내비쳤다. 아무리 이러쿵저

284

러쿵해도 이제까지 평생을 노동당에 투표해온 아저씨들이었다. 그랬던 사람들이 "사립학교 교장 같은 코빈은 싫다" "코빈은 믿음직스럽지 못하다" "노동당이 EU 탈퇴 국민투표를 다시 하겠다고 하는 것은 탈퇴파에 대한 배신이다"라며 분개하거나 어디에 표를 줘야 할지 모르겠다며 번뇌에 빠진 것이다.

"나는 지금의 노동당에는 투표할 수 없어. 하지만 보수당에 표를 줄 수도 없지. 그렇다고 자유민주당이나 녹색당이 좋은 것도 아니고, 어디에도 투표하고 싶지 않아. 이런 선거는 처음이야."

남편도 이렇게 말하면서 깊은 고민에 잠겼다.

투표일을 일주일 정도 남겨놓고 술자리에서 다른 아저씨들을 만났을 때에도 역시 모두 같은 말을 했다. 조용하고 말이 없는 일본인 여성인 척해왔던 나도 이때는 입을 다물고 있을 수 없다고 생각해서 술집 한구석에서 연설을 했다.

"이번 선거에서는 당신이 노동자라면 노동당에 투표해야 해. EU 탈퇴가 어떻게 되든 코빈이 어떻든 그런 것은 일단 놔두고 노동자라면 노동당에 투표하는 거야. 보수당이 정말로 노동자를 위한 정치를 할 것 같아? 그렇게 생각하면 바보지. 백 투 베이식Back to Basic(기본으로 돌아가). 노동자라면 노동당!"

"그렇지……."

"그러는 수밖에 없겠지?"

아저씨들은 고개를 끄덕였다.

투표일, 남편은 노동당에 투표를 했다고 말했다. 다른 아저씨

들도 대부분 노동당에 투표했다고 했다. 하지만 잉글랜드 중북부
는 달랐다고 한다. 대대로 노동당 지지자였다는 북부 출신 지인
은 이렇게 말했다.

"투표소에서 보수당에 투표하는 순간 죽을 때까지 노동당에
투표해온 아버지와 할아버지가 보고 있는 것 같아서 손이 떨렸
어. 고향의 내 친구들 모두가 같은 말을 하더라고."

이렇게 말하는 중북부 사람들의 영상을 몇 번이나 뉴스에서 보
았다. 선거 결과를 알리는 지도를 보자 노동당의 하트랜드(심장
부)라 불리던 중북부 지역이 보수당의 색깔인 파랑으로 멋들어지
게 물들어 있었다.

"아이야, 아이야, 셰필드, 피터버러, 반즐리……."

기타지마 사부로가 되어 〈눈보라 치는 여행〉이라도 부르고 싶
었다.*

나는 이제껏 (그리고 이 책에서도) 영국의 노동 계급에 관한 글을
써왔다. 하지만 그건 어디까지나 브라이턴과 런던 주변의 사람
들, 즉 잉글랜드 남부의 이야기였다.

언젠가 중북부로 가서 그쪽 노동자 아저씨들의 이야기를 들
어보고 싶다. 브렉시트 이후 몇 년이 흘러 그 열기가 식었을 무렵
"당신은 어느 쪽에 투표했습니까?" "어째서 그렇게 EU 탈퇴가

---

* 이 노래에는 '아이야, 아이야' 뒤에 일본 동북 지방과 홋카이도의 지명을 부
르는 후렴구가 있는데, 저자는 거기에 영국 중북부 도시 이름을 넣었다.

중요했나요?"라고 술집을 돌아다니며 모르는 사람들에게 물어보고 싶다. 택시 운전기사와도 이야기해보고 싶다.

이 책을 썼기 때문에 내게는 새로운 목표가 하나 생겼다.

마침내 EU에서 탈퇴하는 영국(이 원고를 쓰고 4일 후인 2020년 1월 31일 영국은 EU를 탈퇴했다)은 어디로 흘러갈지 모르는 눈보라 속을 여행하기 위해 출항한다. '아이야, 아이야'라고 노래하고 싶은 순간은 앞으로도 몇 번이나 더 있겠지.

"뭐, 그래도 죽지는 않겠지. 우리 대처 시대에도 살아남았잖아."

남편이 말했다.

그야 그렇지. 영국의 아저씨들은 '스윙잉 런던Swinging London'* 도, 복지국가의 붕괴도, 펑크 시대도, 대처 혁명도, 블레어의 제3의 길도, 이라크 전쟁도, 금융 위기도, 대大긴축 시대도 보아왔다. 아니, 극복해왔다. 정치가 어떻든 시대가 어떻게 변하든 우리는 그저 계속해서 살아갈 뿐.

아저씨들을 보고 느끼는 것은 그을린 은** 같은 생존 능력이다. 불평이 좀 많은 편이고, 쉽게 자포자기하는 성질에, 어쩜 나

---

*   1960년대 역동적이었던 런던을 가리키는 말.

**   일본에서 '그을린 은'이란 다른 금속들이 푸르게 녹슬어가는 것과 달리 마치 연기를 쐰 것처럼 은의 광택이 흐릿해진 것을 말하는데, 반짝이지는 않지만 매력적인 사람, 주인공은 아니지만 존재감 있는 사람, 오랜 세월 노력해 실력을 쌓은 베테랑 등을 비유할 때 쓴다.

이가 들어도 그렇게 무모한 짓을 할까 질리기도 하지만 지팡이를 짚고도 와일드 사이드를 걸을 것 같은 아저씨들의 모습을 나는 앞으로도 쭉 지켜볼 것이다.

마지막으로 이 책은 지쿠마쇼보의 이구치 가오리 씨의 "브래디 씨, 아저씨들 이야기를 써주세요"라는 당돌한 제안에서 시작된 것이다. 편집자들에게 여러 가지 제안을 받지만, 이 제안은 좀 의표를 찌르는 것이었기에 정신을 차리고 보니 이미 쓰고 있었다.

『나는 옐로에 화이트에 약간 블루』에서 푸른 대나무처럼 싱그러운 소년들에 관해 쓰면서 완전히 똑같은 시기에 인생의 쓴물을 한가득 머금은 멘마* 같은 아저씨들 이야기를 쓰는 것은 좀 더 입체적으로 영국을 들여다볼 수 있는 기회가 되었다. 두 권의 책은 동전의 양면과도 같은 관계다. 멘마 쪽을 담당해준 이구치 씨 고맙습니다. 그리고 『꽃의 생명은 No Future – 디럭스 에디션』(지쿠마분코)에 이어 이번에도 탁월한 장정을 입혀준 이와세 사토시 씨에게도 깊은 감사의 말씀 전합니다.

2020년 1월 27일
브래디 미카코

---

* 죽순을 발효 건조한 식품으로 라멘에 고명으로 올린다.

옮긴이의 말

이 책은 주로 도쿄 근처의 바닷가 집에서 번역했다. 코로나 시대의 도래 덕분이다. 바다가 내려다보이는 멋들어진 카페 같은 작업실에 앉아 뜨거운 커피 한 잔을 앞에 두고 유유자적한 척 분위기를 잡고 했으면 좋았겠지만, 실은 지은 지 50년도 넘은 낡은 건물에 창을 열면 바다는커녕 앞 동이 보이는 작은 방에 앉아 작업을 했다. 이 건물은 우리식으로 말하자면 새마을운동 시절의 시영 아파트다. 영국식으로 말한다면 저자가 사는 공영 주택지의 임대 아파트일 것이다. 수도권에서 조금 떨어진 바닷가 마을의 이 아파트는 지금은 민영화가 되어 공공 임대 아파트는 아니다. 그러나 이렇게 낡고 오래된 단지는 젊은 사람들이 선호하지 않다 보니 아무래도 고령자나 저소득층, 혹은 어떤 종류의 사회적 보호가 필요한 사람들이 많이 산다. 어쩌면 저자가 사는 영국 브라이턴의 공영 주택지와 닮았을지도 모른다는 생각에 번역 작업을 하는 내내 주변이 신경 쓰였다. 길을 가다 나이 지긋한 아저씨가 지나가면 유심히 쳐다보기도 했다.

나의 이웃은 주로 머리숱이 별로 없는 아저씨들이다. 이제는 어떻게 보아도 젊다고 할 수 없는 내 입장에서 아저씨라 부르는 것이니 실은 할아버지라 해야 맞는지도 모르겠다. 이 사람들이 배우자가 있는지, 반려동물을 키우는지, 장성한 자녀들과 자주 만나는지, 어떤 가족 구성으로 여기에 사는지 사정은 잘 모르겠다. 아무튼 중·장년층 남성이 의외로 많이 눈에 띈다. 공공 임대 아파트를 좋아하여 여러 지역의 공공 임대 아파트에 살아보았지만 이곳은 어딘가 달랐다. 남달리 뜨거운 햇빛 때문일까. 소금기가 가득한 바닷바람 때문일까.

어쩌면 이 아저씨들도 다른 지역 공공 임대 아파트 거주자들처럼 단지가 지어지던 50년 전쯤 직장을 따라(공공 임대 아파트 근처에는 공장 지대가 있는 경우가 많다) 이곳으로 이주해 와서 살다가 이제 자녀들은 각자 제 갈 길을 가고 혼자 남았는지도 모르겠다. 마트의 도시락 코너에서 세일하는 도시락과 싸구려 맥주로 장바구니를 가득 채우는 모습을 볼 때면 어떤 이유로든 늘그막에 혼자 사는 사람이 많구나 싶어 괜히 가슴 한구석이 휑해지곤 했다. 그러나 그것도 잠시, 이른 아침 창문을 열면 아래층에서 부지런히 올라오는 담배 냄새와 24시간 내내 들려오는 시끄러운 야구 중계 소리(밤에 들려오는 소리는 뭘까? 해외 야구 중계?)에 짜증이 밀려든다.

'그래, 맞아. 이거지.'

그리움마저 느낄 정도로 내게는 익숙한 풍경이었다. 젊은이들에게 부지런히 잔소리를 하고, 외국인들에게는 쓰레기봉투 잘 내놓으라고 야단치고, 바퀴벌레 (퇴치용) 경단을 같이 만들자고 회의실로 초대하는 할머니들도 곧 만나게 되겠지. 창문 아래로는 단지를 둘러싸고 빽빽하게 들어서기 시작한 신축 실버타운이 보였다. 이 단지의 사람들이 앞으로 어디로 가서 어떻게 되는지 자연스럽게 상상이 되었다.

'은퇴 후에는 싼 집에 살면서 연금을 아껴 후기 고령자가 되었을 때 쓸 노후 자금을 마련해야겠네. 남의 일이 아니네.'

그렇게 지내다가 어느 화창한 날에 나는 보고야 말았다. 이들의 뻥 뚫린 베란다(여기는 베란다를 유리창 등으로 막아서는 안 된다)에서 햇빛을 받아 눈부시게 빛나고 있는 검은 잠수복과 화려한 색깔의 큼지막한 서핑 보드를 말이다. 이 세상 개성은 다 쏟아 부어 칠한 듯 보이는, 그러나 또 그 자체로는 천편일률적이기도 한 풍경을 처음 보았을 때 나는 '설마……' 했다. 머리숱이 얼마 없는 아저씨가 아파트 주차장에서 그 화려한 서핑 보드를 펼쳐놓고 스프레이로 그림을 그리는 모습을 보았을 때도 '에이, 설마……' 했다. 잠깐, 그러고 보니 이 동네에는 베란다에 서핑 보드를 전시해놓아야 한다는 법이라도 있나 싶을 정도로 서핑 보드가 많았다. 따로 아는 바가 없었던 나는 '여기 사람들은 이런 장식을 좋아하나 보다' 정도로만 생각하고 말았다.

이런 내 안일한 예상은 완전히 빗나갔다. 그해 연말에 아침 바다를 보러 간 적이 있다. 새해 첫날 떠오르는 해를 볼 수 있을지, 괜히 나갔다가 실망하지 않을지 사전 답사를 하러 나간 것이었다. 모래가 섞인 차가운 바닷바람이 부는 날이었다. 나는 두꺼운 털모자와 KF94 마스크로 얼굴 대부분을 가리고, 가장 두꺼운 외투를 입고 털장갑까지 낀 채로 어둑어둑한 바닷가를 향해 종종걸음을 걸었다. 바닷가에 도착했을 때 눈앞에 펼쳐진 광경에 입을 다물 수 없었다(마스크 덕분에 모래가 입에 들어가지는 않았다. 모자를 안 썼으면 귀에 모래가 잔뜩 쌓였을 것이다).

붉은 기운으로 물들기 시작한 동쪽 하늘과 바다도 분명히 장관이었지만, 그보다 내 눈길을 사로잡은 것은 오렌지빛 하늘 아래 검푸른 바다에서 밀려오는 은빛 파도, 그 위로 꿈틀꿈틀 솟아나는 아침 해의 붉은 기운 가운데 점점이 떠 있는 서퍼들이었다. 가장 추운 시간대인 동트는 아침에 겨울 바다에 몸을 잠그고 있거나 파도 위에 서 있는 사람들. 해가 떠오르자 그들은 하나둘씩 바다에서 걸어 나와 보드를 옆구리에 끼고는 집으로 향했다. 그런데 이 사람들, 응? 심상치가 않은데? 밤마다 마신 맥주로 불룩 나온 배. 자세히 보니 임대 아파트 계단에서 가볍게 목례를 나누던 이웃 아저씨들이었다. 그들은 물이 뚝뚝 떨어지는, 얼마 남지 않은 머리카락을 섹시하게 쓸어 올리며 서핑 보드를 실을 수 있도록 개조한 자전거를 타고 각자의 집으로 돌아갔다.

'저, 저기…… 잠, 잠깐만요…….'

나는 속으로 소리를 질렀다.

'저기, 여러분이 그러니까 낮에 마트 도시락 코너에서, 맥주 코너에서 본 그분들이 정말 맞으세요?'

그러고 보니 이 책의 11장 '노를 저어라'에 나오는 존 에버릿 밀레이의 그림 〈오필리어〉를 패러디한 기키 기린의 광고를 보았을 때도 같은 느낌이었다. 광고에서는 "죽을 때만큼은 하고 싶은 대로 하게 내버려둬"라는 문구와 함께 아름다운 오필리어 대신 기키 기린이 꽃다발을 손에 쥐고 물 위에 떠 있었다. 그때 그의 몸에는 암세포가 퍼져 있었단다. 언동이 경박해 사람들 입에 오르내리던 록 뮤지션 남편과 이혼하지 않고 50년째 별거 중이던 기키 기린의 삶을 알고 있었기 때문일까. 오필리어가 된 그의 모습을 보았을 때 '일상적인 죽음'을 표현하고 싶었다는 그 자신의 바람과 달리 나는 푸르른 생기를 느꼈다. 내가 가끔 달리는 해변 공원의 바다로 내려가는 계단에는 볕이 좋은 날이면 서핑 슈트를 깔고 누워 일광욕을 즐기는 비키니 차림의 할머니들이 있는데, 그들에게서도 비슷한 기운이 느껴진다.

도쿄의 친구들에게 이 이야기를 하면 부자들의 별장이 많은 지역이냐고 묻지만, 아니 이것은 임대 아파트 앞의 바닷가에서 만난 풍경이다. 지은 지 50년이 넘은 싸구려 임대 아파트에서 연금으로 생활하면서 앞으로 몸을 움직이기 힘들 때를 대비해 저축을 하는 사람들이 만들어낸 풍경. 총천연색 서핑 보드에 올라 파도를 타고, 지치면 슈트를 벗어 바다에 깔고 누워 일광욕을 즐기는 노인들을 바라보며 내 안에서 이런 물음이 떠올랐다.

'나는 앞으로 어떻게 살아야 할까? 이미 어른이 된 나는 앞으로는 어떤 사람이 될까? 나이가 들어도 철들지 못한 나는 세상이 바라는 근엄하고 진지한 할머니는 아무래도 자신이 없다. 그렇다고 비키니를 입을 자신도 없지만.'

그런 면에서 브래디 미카코가 묘사한 '해머타운의 아저씨' 세대는 참 솔직하게 사는 것 같다. 아마도 그들은 몇 살이 되더라도 엉덩이를 내보이며 살 것이다. 요람에서 무덤까지 안정적인 삶을 보장받을 줄 알았는데 현실은 그렇지 않았다. 나이가 들어서도 은퇴하지 못하고, 시시각각 변화하는 세상에 맞서 현재를 살아내야 하는 그들은 조금 더 젊은 우리와 다를 바가 없다. 그럼에도 그들의 자유분방함과 삶에 대한 치열함이 부럽다. 나도 그렇게 '늙지 않고' 살고 싶다. 아니, 어쩌면 지금과 다름없이 '늙지 않고' 살 수 있을 것 같아 그들의 트러블 많은 삶에 안도하게 된다. 고민 가득한 변두리의 삶을 실컷 읽고도, 그들이 여전히 품고 있는 '젊음'을 부러워하고 질투하는 젊은 세대를 이해할 만하다 싶으니 큰일이다. 영국 아저씨들의 매력에 흠뻑 빠졌나 보다.

그래서 저자 브래디 미카코가 새삼 존경스럽다. 이 아저씨들의 모습을 편견 없이 이해하려 했으니, 사랑을 가득 머금은 시선이 번역하는 내게도 느껴질 정도였으니 말이다. 영국에서 오랜 세월 동양인 이민자로서 생활한 저자에게는 분명 많은 일들이 있었을 것이다. 본문에 등장하는 태국과 베트남에서 온 젊은 여성들이 받은 오해만큼이나, 아니면 그보다 더 많이 어려운 상황을 겪었을 것이다. 배우자 곁에 가만히 앉아 있는, 자기주장 없는, 조용한 일본 여성인 척 연기도 했을 것이다. 보육사답게 싸우기 전에 일단 '케어'부터 하고, 주변 사람들을 하나하나 이해해보려 했을지도 모르겠다. 늘 궁금하다. 저자의 그런 넘치는 애정은 어디서 온 것일까? 사람은 한두 가지 정해진 논리로만 움직이는 기계가 아니기 때문에, 저자가 말한 것처럼 살아 있기 때문에 기꺼이 사랑을 줄 수 있는 것일까? 그런 사랑을 저자도 받은 적이 있을까? 돌려받지 못할 줄, 아니 배신당할 줄 알면서도 노숙자를 집으로 초대하는 션처럼 말이다.

베이비부머 세대 노동 계급 아저씨들에게 느끼는 저자의 애증은 대니의 2주기 에피소드에 잘 드러나 있다. 잘생긴 백인 남성 대니는 죽기 직전까지 아시아에서 젊은 여성을 데려와 임종까지 지키게 하고, 이어질 유산 싸움에는 아무런 대책도 마련하지 않은 채 나 몰라라 죽어버렸다. 대니와 친구들이 어떻게 살아왔는지를 잘 아는 저자는 결코 그들을 칭찬할 수는 없다고 한다. 그럴 만하다. 나라면 야속하기만 할 텐데, 그래도 저자는 그들이 어린 시절에 만나 함께 성장하고 나이 들고 변해가는 모습을 담은 사진들을 사랑이 담긴 눈으로 바라보며 가슴 아파했다. 저자의 애정 어린 시선이 느껴지는 문장을 번역할 때면, 나는 내게 잘못한 사람들을 용서하며 나의 잘못을 용서받을 수 있기를 기도했다.

이런 멋진 책을 번역할 기회를 준 사계절출판사와 이진, 이창연, 홍보람 편집자님에게 감사드린다.

인생이 우리를 속일지라도

– 영국 베이비부머 세대 노동 계급의 사랑과 긍지

2022년 6월 17일 1판 1쇄

지은이 브래디 미카코
옮긴이 노수경

편집 이진·이창연·홍보람 **디자인** 김효진
제작 박흥기 **마케팅** 이병규·양현범·이장열 **홍보** 조민희·강효원
인쇄 천일문화사 **제책** J&D바인텍

펴낸이 강맑실 **펴낸곳** (주)사계절출판사
등록 제406-2003-034호 **주소** (우) 10881 경기도 파주시 회동길 252
전화 031)955-8588, 8558 **전송** 마케팅부 031)955-8595 편집부 031)955-8596
홈페이지 www.sakyejul.net **전자우편** skj@sakyejul.com
블로그 blog.naver.com/skjmail **페이스북** facebook.com/sakyejul
트위터 twitter.com/sakyejul

값은 뒤표지에 적혀 있습니다. 잘못 만든 책은 서점에서 바꾸어 드립니다.

사계절출판사는 성장의 의미를 생각합니다.
사계절출판사는 독자 여러분의 의견에 늘 귀기울이고 있습니다.

ISBN 979-11-6094-939-1 03300